U0921984

珍藏本
纪念版

汉译世界学术名著丛书

法国文明史

自罗马帝国败落起

第四卷

〔法〕基佐 著

沅芷 伊信 译

商务印书馆
SINCE 1897
The Commercial Press

2017年·北京

F.P.G. Guizot

HISTORY OF CIVILIZATION IN FRANCE

From the Fall of the Roman Empire

本书根据 1908 年 George Bell and Sons 出版社英译本译出

汉译世界学术名著丛书
（120年纪念版·珍藏本）
出 版 说 明

2017年2月11日，商务印书馆迎来120岁的生日。120年前，商务印书馆前贤怀揣文化救国的理想，抱持“昌明教育，开启民智”的使命，立足本土，放眼寰宇，以出版为津梁，沟通中西，为中国、为世界提供最富智慧的思想文化成果。无论世事白云苍狗，潮流左右激荡，甚至战火硝烟弥漫，始终践行学术报国之志，无改初心。

逐译世界各国学术名著，即其一端。早在20世纪初年便出版《原富》《天演论》等影响至今的代表性著作，1950年代后更致力于外国哲学和社会科学经典的译介，及至1980年代，辑为“汉译世界学术名著丛书”，汇涓为流，蔚为大观。丛书自1981年开始出版，历时三十余年，迄今已推出七百种，是我国现代出版史上规模最大、最为重要的学术翻译工程。

丛书所选之书，立场观点不囿于一派，学科领域不限于一门，皆为文明开启以来，各时代、各国家、各民族的思想与文化精粹，代表着人类已经到达过的精神境界。丛书系统译介世界学术经典，引领时代思想，为本土原创学术的发展提供丰富的文化滋养，为推动中国现代学术和现代化进程做出了突出的贡献。

为纪念商务印书馆成立120周年，我们整体推出“汉译世界学术名著丛书”120年纪念版的珍藏本，寄望既利于文化积累，又便于研读查考，同时向长期支持丛书出版的译者、编者和读者致以敬意。

两甲子后的今天，商务印书馆又站在了一个新的历史时间节点上。我们不仅要铭记先辈的身影和足迹，更须让我们的步伐充满新的时代精神。这是商务人代代相传的事业，更是与国家和民族的命运始终紧密相连的事业。我们责无旁贷，必须做好我们这代人的传承与创造，让我们的努力和成果不仅凝聚成民族文化的记忆，还能成为后来人可以接续的事业。唯此，才能不负前贤，无愧来者。

商务印书馆编辑部

2017年10月

第　四　卷

目　　录

第四十六讲[①]

法国的第三等级——它的历史的重要性——它一直是我们文明的最积极和最有决定性的因素——这件事很新奇;像这样的事在世界史上从未看到过——它的民族性;第三等级在法国获得了它的充分的发展——第三等级与自治市市民之间的重要区别——十一和十二世纪自治市市民的形成——这个运动的广度和力量——说明它的各种制度——它们是狭隘而不完备的——这个时代城镇居民的各种来源——
1. 在其中残存着罗马的自治市市政制度的城镇——2. 虽然没有建设成 1
为自治城镇但已在发展中的城市和城镇——3. 严格意义上的自治城镇——这些不同的成分联合起来组成第三等级

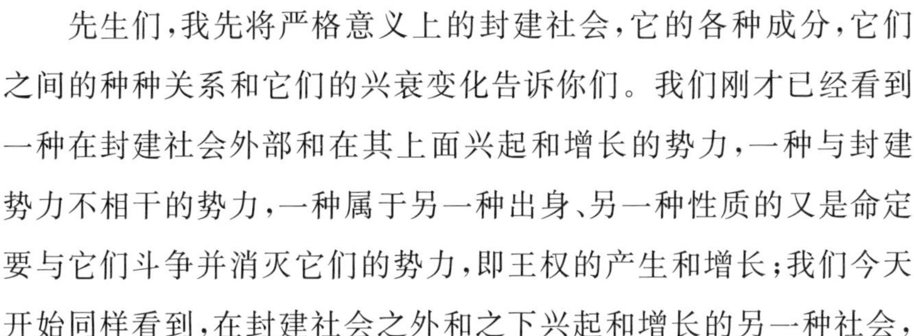

先生们,我先将严格意义上的封建社会,它的各种成分,它们之间的种种关系和它们的兴衰变化告诉你们。我们刚才已经看到一种在封建社会外部和在其上面兴起和增长的势力,一种与封建势力不相干的势力,一种属于另一种出身、另一种性质的又是命定要与它们斗争并消灭它们的势力,即王权的产生和增长;我们今天开始同样看到,在封建社会之外和之下兴起和增长的另一种社会,

① 天眉钉口处系原书页码。本讲自英译本第四卷第289页起。——译者

也是另一种出身、另一种性质的，又是命定要与它们做斗争和消灭它们的势力，我说的是平民、城镇居民、第三等级。

我们这一部分历史的重要性是很显著的。谁都知道第三等级在法国所起的重要作用。它一直是法国文明的最积极最起决定性作用的因素，甚至可以这样说，它决定了法国文明的方向和它的性质。从某一社会观点、并就其与我们领土内并存的各个阶级的关系来考虑，这个被称为第三等级的阶级已逐渐地扩展和提高自己，起初有力地改变了、接着战胜了、最后吸收同化了或几乎吸收同化了一切其他阶级。如果我们以一种政治观点来看它，如果我们就其与国家的一般政府的关系来研究这个第三等级，我们开始时看到它在六个世纪里一直与王族联合在一起，致力于摧毁封建贵族制度而代之以一个独一无二的中央权力，即纯粹的君主制度，至少在原则上非常接近于绝对君主制的制度。但第三等级一旦取得了这个胜利并完成了这个革命时，它就追求另一种新的制度了；它遇到了这个它曾大力协助其建立的这个独一无二的绝对权力，便着手使这纯粹的君主制度变成君主立宪制度，并同样取得了胜利。

2

因此，不论我们从哪一方面看它，不论我们是研究社会的逐渐形成，还是研究政府在法国的逐渐形成，第三等级是我们历史上一个巨大的事实。它是支配我们文明的各种势力中最强大的势力。

先生们，这件事不但是巨大的，而且是新的，是世界史上没有先例的。在近代欧洲之前，在我们法国之前，像第三等级的历史那样的东西从未看到过。我要迅速地将亚洲和古代欧洲各主要民族指给你们看:你们可以在它们的命运中看到几乎一切曾使我们自己的命运动荡不安的伟大事件;你们将在那里看到各种不同的民族的混合物,一个民族被另一个民族所征服,征服者屹立在被征服者之上,各阶级之间深刻的不平等,在统治的形式和权力的范围方面频繁的变动。在任何地方你们都不会遇到这样一个社会阶级,它起步时地位很低、很荏弱,被人看不起,几乎觉察不到它的起源,它通过不断的运动和不断的努力提高了自己的地位,逐个时代加强自己的力量,不断地侵犯和并吞它周围的一切,权力、财富,权利,影响力,改变社会和政府的性质,最后变得如此有势力,以致我们可以称它为实质上的国家。在世界史上,曾不止一次地出现过像我们研究的那些时代的社会状况的外貌;但它们仅仅是纯粹的外貌而已。我要把亚洲最大的四五个国家指给你们看;你们将会看到,它们并没有提供任何类似我现在指给你们看的那种事实。

3

例如在印度,外国的入侵,各种民族在这块土地上的迁徙和定居都是频繁地一再重复的。结果如何呢?种姓的永久性没有受到丝毫影响;社会依然被分成一些截然不同和几乎不可改变的阶级。没有一个种性侵犯另一个种性的事;没有由于一个种性的胜利而普遍消灭种性制度的事。在印度之后,我以中国为例。历史证明,那边也有许多次类似日耳曼人征服近代欧洲那样的征服;蛮族征服者不止一次地定居在一个被征服人民的国家里。结果怎样呢?被征服者几乎吸收同化了征服者,而不可改变性仍然是这个国家的主要的特性。看看土耳其人和他们在西亚的历史吧;征服者与被征服者的隔离仍然是不可战胜的。消灭征服的这第一个结果并不是任何社会阶级、任何历史事件所能办得到的事。现在小亚细亚的状况、土耳其人侵犯的那部分欧洲的状况，几乎同开始侵犯时一样。在波斯，类似的事件一个跟着一个地发生。各种不同的民族集合并混合在一起；他们仅仅结束了一种巨大的不可克服的已持续了几个世纪的混乱状态，丝毫没有改变这个国家的社会状况，那边也没有任何变动和进展，我们也不能辨认出任何文明的发展。

我只对你们介绍了一些非常笼统、非常粗略的概况；但我要寻找的重大事实已充分地展示在那里了。你们绝不会，我说你们绝不会，在一切亚洲国家的历史中找到任何像在欧洲、在第三等级的历史中发生的那种事情，尽管某些事件的外貌极为相似。

4

让我们来研究一下古代欧洲，希腊、罗马时代的欧洲。最初你们会认为你们已看出了某些相似之处；切不可自己欺骗自己：这仅仅是外表的相似，而相似并非就是真实；那里也没有任何第三等级的范例，也没有第三等级在近代欧洲的命运的任何范例。我无须用希腊各共和国的历史来缠住你们；它们显然提不出任何类似的特色。聪明人认为，完全像自治市自由民反抗封建贵族的斗争的唯一事实是罗马的平民与罗马的贵族的斗争；人们曾不止一次地把它们作对比。先生们，这完全是一种错误的对比。在我说出错误的原因之前，请看看下列简单而惊人的证据。罗马平民与罗马贵族之间的斗争是从这共和国婴幼时期开始的。这个斗争不是像我们在中世纪时那样是一个在力量、财富和荣誉方面远为荏弱的阶级的缓慢而艰难的、不完善的发展的结果，这个阶级逐渐发展和提高自己的地位，终于和这个高贵的阶级进行了真正的搏斗。这个事实本身就是明明白白的。尼布尔的杰出的研究充分说明了这一点。尼布尔已在其《罗马史》中证明，罗马平民反对罗马贵族的斗争并不是一个长期被贬低的可怜的阶级的逐渐进展的费劲的解放运动，而是一种后果，可以说是征服战争的一种延长，是被罗马征服的各城市的贵族力图分享征服者贵族的权利。

罗马平民的家族是被征服人民中主要的家族。他们被移居到罗马并由于战败而被置于低微的地位，但他们是同样的贵族的、富裕的家族，四周都围着一些受他们保护的食客，这些食客最近在各自的城市里都很有势力，同时能同他们的征服者争权。毫无疑义，这里没有任何类似近代资产阶级的那种缓慢、暧昧而痛苦的努力，他们通过无穷的困难从奴役的核心中或从接近奴役的状况中摆脱出来，使用几个世纪的时间不是从事于争夺政权而是去争取自己的世俗生活。我重复说一遍，我们的第三等级是世界史上迄今没有先例的一个完全属于近代欧洲文明的新的事实。

5

先生们，这不仅是一个重大而新颖的事实，而且对我们有着十分特殊的关系；因为，用一句今天已被大大地滥用的话来说，它是一件明显地属于法国的事情，基本上是一件有民族特色的事情。资产阶级，第三等级，在任何地方都没有像在法国那样得到如此充分的发展，享有如此广阔、如此富饶的一种命运。在整个欧洲，在意大利，在西班牙，在德国，在英国以及在法国，都有城镇，同时，那里不仅有而且到处都有城镇，但法国的城镇并不是那些在中世纪时曾以城镇的名义在历史上起过最大的作用、据有最重要的地位的那种城镇。意大利的城镇产生了一些光辉灿烂的共和国；德国的城镇已成为自由的独立自主的城市，它们都有它们独特的历史，而且在德国的总的历史上发挥过巨大的影响；英国的城镇则与一部分封建贵族联系在一起，并已和他们组成了议会中的一个院，即不列颠议会中有势力的这个院，因而在他们国家的历史上很早就起着强大的作用。法国的城镇在中世纪时，在那个名义下，远没有提高到那种政治上的重要地位，那种历史地位；然而只有在法国，城镇的居民，即市民阶级，能得到最充分最有效的发展，最后在社会里取得了最有决定性的优势。整个欧洲都有城镇，但唯独在法国有一个第三等级。在 1789 年引起法国革命的那个第三等级是我们在别处怎么找也找不到的、属于我们历史的一个命运女神和力量。

因此，先生们，从任何方面的关系来说，这个事实都值得我们予以最深切的关怀；它是伟大的，它是新颖的，它是有民族特色的；我们也不缺少任何关于它的重要的、富有吸引力的资料。因此，我们必须特别注意它。我不能在这一年里把它的各方面的情况都介绍给你们，也不能使你们看到第三等级逐步发展的情况；但我将努力在剩下的短时间里比较精确地指出它从十一世纪到十四世纪的主要发展阶段是什么情况。

6

先生们，在很长一段时间里，人们都把法国城镇的起源和最初形成与十二世纪联系在一起，他们还把它的起源归功于国王们的政策和干涉。在我们的时代里，有人对这个体系提出了质疑，这是很有好处的。一方面，有人坚持说，城镇的起源比一般所说的古老得多，它们远远在十二世纪之前就以这个名称或类似这样的名称兴起来了；另一方面，有人说它们并不是王家的政策和特许的成绩，而毋宁是市民们自己的胜利，城镇反对贵族老爷们的造反的结果。我的朋友奥古斯丁·梯也里先生在其《关于法国史的书简集》的后半部里提出并以罕有的才能加以辩护的正是这后一种体系。

先生们,我担心这两种体系都不是完善的,一切事实都不能在那里找到自己的地位,而为了正确地了解第三等级的真实的起源、真实的性质,必须考虑到远为繁多的情况,同时加以更仔细和更高的考察。

毫无疑问,十二世纪时,在法国的各城镇中已完成了一个伟大的运动,它使它们的地方有了一个转机,并给它们的历史造成了一个新时代。简单地概述一下就足以使你们相信这一点。打开《国王法令汇编》,你们就会看到那里在十二、十三世纪时有很多很多关于各城镇的法令。它们显然是从各个方面产生出来的,而且日益变得重要而成为政府的一项重要的事务。我已把各种法令,包括关于各种特权的执照和特许状,关于内部规则和由王家权力机关颁发的关于十二三世纪的城镇的其他文件,作成一张法令报表。从此我们获悉这部法令汇编里包含的关于各城镇的法令是:国王胖子路易的有九件;路易七世的有二十三件;菲利浦·奥古斯都的有七十八件;路易八世的有十件;圣·路易的有二十件;勇夫菲利浦的有十五件;美男子菲利浦的有四十六件;路易十世的有六件;高个子菲利浦的有十二件;美男子查理的有十七件。

7

因此,单单在我们研究的这个时代里,单单在一个集子里,我们就看到了二百三十六件以平民为主题的政府法令。

关于任何其他问题,这个时代都没有留下如此大量的官方文件。

要看到,这里的问题并非仅仅是关于王家颁发的法令的问题。对于分享法国领土的各个大封建主,也可能做类似的工作。你们知道,国王们并不是颁给执照和干预城镇事务的唯一的人物;每个领主，如果他在自己的领地里有城镇的话，都有权支配其命运或权利；而如果我们能够把这种由城镇引起的从十二至十五世纪的法令全部收集起来的话，其数量一定是很庞大的。但我向你们提出来的这个看法，虽然仅限于王家的法令，已完全足以使你们对于在这个时期前后爆发的巨大的运动，对于城镇的存在和第三等级的发展，有一个概念。[①]

8

先生们，对这些法令仅仅看一眼，而不进行深入的调查，我看是不可能使我们全都了解我刚才想到的关于法国城镇的起源及其早期历史的两种学说体系中的任何一种的。最粗略的考察指出，在这二百三十六个法令中，三类事实是完全截然不同的。有些法令说到市镇、说到自治城市的种种自由和习俗时好像是在说到一些古老的、无异议的事实似的；它们甚至没有明确地承认这些事实，它们不觉得有必要给予它们一个确切的形式，一个新的日期；它们修改它们，扩大它们，使它们适应于一些新的需要，适应于某种社会状况的变化。另一些法令的内容是为了某一个镇、某一个市的利益而让予某种特权、某种豁免，但没有让它组成一个真正的社团，也没有给予它独立的管辖权，任命自己的官吏的权和可以说是自治的权；它们免去某些地方居民的某一种税、某一种服务；它们对他们作了某种约许；特许的种类是多极了；但它们不给予政治上的独立。最后，有一些法令允许居民组成真正的社团，也就是说承认或给予居民结社的权利，互相约定要忠诚互助对付任何外来暴力或冒险行为的权利，任命自己的官员的权利，集会、讨论的权

① 参看本卷末尾对这个观点和这里提到的法令的分析。

利，总之是在自己的城墙之内行使一种类似封地所有者在自己领地内行使的那种主权的权利。

先生们，你们看，这些就是三类截然不同的事实，它们基本上表明了各不相同的市政制度。这种在十二世纪的官方文件里表现出来的差异，在历史上，在各种事件中，同样可以看到；而且通过评论它们，我们可以达到阅读特许状和执照的同样的结果。

首先，你们可以回想一下，我曾说到过罗马市政制度在蛮族入侵后在许多城市里继续存在。说罗马市政制度并没有随着帝国而消亡，这在今天是一个公认的论点。我已向你们指出过，它在七八世纪时，特别在南部高卢诸城市里仍然活着而且很活跃，在南部高卢，罗马的色彩远比北高卢为浓。我们在九世纪、十世纪和十一世纪里同样看到它。雷努阿尔先生在其《法国市政法历史》的第二卷的后半卷里澄清了这一事实。他为许多城市，包括佩里格、布尔日、马赛、阿尔勒、图卢兹、纳尔榜、尼姆、梅斯、巴黎、兰斯等的城镇，以不懈的精力从八世纪到十二世纪逐个时代地收集了市政制度的痕迹。因此，当那能表明其特色的伟大运动在这最后一个时代在这些城镇的所在地爆发时，对于那些已经拥有一个如果不是类似那即将诞生的、至少也是足以满足人民需要的一个市政制度的城市来说，已没有什么需要做的事了。因此，有许多城市的名字在十二世纪的自治市特许状里是看不到的，但它们同样享受着主要自治城市的种种设施和各种自由，有时甚至还拥有公社（communitas）的名义，例如阿尔勒市。这些显然都是帝国灭亡后仍然存在着的罗马城市，它们无须新政权颁发一个法令来承认或建立它们。

9

这是完全确实的，从八世纪到十一世纪末，这些自治城市的存在在历史上似乎是很罕见和很混乱的。对此，有什么可惊奇的呢？在这种混乱和暧昧状态中，对城镇或是市政制度来说，任何事情都是不奇怪的。在九世纪和十世纪时，封建社会本身，即征服者、权力和土地的主人的那个社会，是没有历史的，要探索其命运的线索是不可能的。那个时候，财产几乎完全听凭武力命运的摆布，各种典章制度简直毫无保障、毫无系统，一切事物都成为动荡的无政府状态的牺牲品，因此，任何事物之间的相互联系性、任何历史的明晰性都不能看到。历史需要某种秩序、某种连续性、某种光亮；它只依靠这种条件而存在。在九世纪、十世纪时，对任何一类事实、对任何社会地位来说，既没有秩序和连续性，也没有光亮，到处是混乱的天下，只有到了十世纪末，封建社会才摆脱了它，真正成为历史的主体。远为荏弱和暧昧的自治城市社会怎能不如此呢？许多罗马自治城市仍然存在着，但对任何一般事件毫无影响，也没有留下任何痕迹。因此，我们看到一些珍贵的文献和这个时代的可怜的编年史家对它们保持缄默时不必感到惊讶。这种缄默是从社会的一般状况中产生出来的，并不是由于完全没有种种典章制度和自治城市的存在。封建社会在普遍的黑暗和混乱中形成自己，罗马自治城市也以这种方法使自己长期存在。

当一切事情稍稍平静和稳定下来时，立刻出现了另一些自治城市。先生们，我已不止一次地让你们注意，蛮族入侵使欧洲社会状况发生的主要变化之一是，有主权的人口、权力和土地的所有者分散到乡村地区中去。在此以前，特别在罗马世界里，人口都集中在各城市的中心，业主们，特别是重要人物，即当时的贵族阶级都住在那里。征服推翻了这件大事；蛮族征服者喜欢定居在他们的地产内，在他们的坚固的城堡里。社会的重心从城市转移到了乡村地区。一批专门从事于大地产的耕耘的人立刻聚集在各城堡的周围。这些新的凝聚体的命运并不完全相同；有许多仍然没有什么发展，贫困而蒙昧；另一些较为幸运。稳定的进展、有条理生活的进展，引起了新的需求；新的需求激发出更广泛、更多样化的劳动。聚集在城堡周围的人是唯一从事劳动的人。我们并非到处都能看到他们完全以隶农或农奴的身份依附于土地的耕作。工业、商业得到了复苏和发展。它们在某些地方，由于各式各样偶然的缘由而特别繁荣。那些在城堡周围、在封地所有者的领地上形成的人口凝聚体中有些逐渐成为大市镇或大城市。一段时间之后，它们所在的领地的所有者们承认他们从它们的繁荣中获得了利益，同时他们也有兴趣帮助它们的发展；于是他们给予它们某些优惠、某些特权，这事并没有让它们脱离封建控制，并没有给予它们真正的独立，而仍能达到把人们吸引到那边去和增加财富的目的和效果。所需的更多的人口、更大的财富又导致了更有效的优惠和更广泛的特许。这些文件的集子里充满着这一类由于受到种种事态的影响而给予一些新建立的乡镇和城市的文件，而这些城镇的独立绝不超过这些相当不可靠的特许状所规定的范围。

我要找一个能使你们彻底了解我刚才描述的事的例子；我发现最合适的例子是侨居地的例子。人们想要建立侨居地时他们怎么做呢？他们把土地和一些特权让给定居在那里的、愿意在若干年内承担某些义务同时支付一笔固定的租金的人。这恰恰是十一、十二世纪时各城堡周围的乡村地区常常发生的事情。

我们知道，有一大批封地所有者把土地和特权让与所有那些定居在他们领地内各城镇里的人。他们这样做不但增加了收入，还增加了物质的力量。这些城镇的居民必须对他们的领主承担某种军役；我们看到这些市民在很早的一个时期里，一般在他们教士的带领下开赴战场。1094 年，在菲利浦一世对布列赫瓦尔城堡的一次远征中——

“教士们举着旗帜率领他们教区的居民们。”

1108 年，在菲利浦一世去世的时候——

奥尔德里克·维塔尔说，“主教们在法国建立了一个普通的村镇；这样一来，教士们便可以掌着旗帜、率领全部教区居民跟着国王去出征、去围攻城镇。”

据絮热说：

> “国内各教区的一些社团都参加了胖子路易发动的对索雷的围攻。”

1119 年，在布伦内维尔战役中被击退后，向胖子路易提出了下列意见：

> “让主教们、伯爵们和您王国内一切有权力的人都到您那里去，还让教士们连同他们教区的全部居民都跟着您到您要他们去的地方去……
>
> “国王决意要做所有这些事情……他立刻派出使者把他的敕令送给主教们。他们欣然服从他，并威胁说，如果各主教辖区的教士和他们教区的居民不赶快在指定的时间参加到国王的远征队里去，如果他们不尽其全力与反叛的诺曼人斗争，就要把这些教士和他们的教区居民逐出各主教

> 辖区。
>
> “勃艮第的、贝里的、奥弗涅的、桑斯的、巴黎的、奥尔良的、圣·康坦的、博韦的、拉昂的、埃当普的和其他许多地方的人民都像狼似的贪婪地冲向他们的猎物……。
>
> “努瓦永的主教和拉昂的某主教还有其他许多人参加了这次远征；而由于对诺曼人作了错误的估计，他们同意和鼓励部下对他们的人民犯了各种罪行。他们甚至还允许他们凭着上帝的许可，劫掠神圣的大教堂，以便通过用各种方法阿谀他们来增加各军团的人数，并用准许他们做一切事情来激励他们反抗敌人。”

增加跟着他们去打仗的“各军团的人数”这个需要，无疑是诱使封地所有者宠爱他们领地上的这些居民团体、从而让与他们一些特权的主要动机。让与特权是唯一能吸引新居民的方法。这些非常不完全的特权，完全受个人利益的支配，不断地遭到侵犯，常常被撤回。因此，我再说一遍，不能组成一些赋有独立的管辖权、能任命自己的官吏并几乎能实行自治的真正的自治社团，但它们仍然有力地促进了那个后来成为第三等级的阶级的组成。

13

我现在要来谈这些起源中的第三个，即梯也里先生已十分正确地指出和发挥的那个起源，市民们反对领主们的猛烈的斗争。这是严格意义上的城镇的一个起源，也是第三等级形成的最有效的原因之一。领主们施加于其领地内各城镇居民身上的令人恼怒的事是天天发生的，往往具有暴行的性质，非常使人生气；安全甚至比自由更为缺少。随着财富的增长，反抗的袭击变得越来越频繁和有力了。十二世纪时终于到处爆发市民的起义。他们为了保卫自己、反对领主们的暴行,为了得到保障,组成一些小小的地方联盟。从此兴起了无数的小战争,有些以市民们的失败而告终,另一些则由于签订了一些称为共同宪章的条约而告终,这些条约使许多城镇得到一种当时唯一能保障安全和自由的“自己范围内的主权”。

由于这些特许都是战争胜利的结果,它们一般比我刚才说的那些更为广泛、更为有效,而别的一些城镇不经过战争也能得到。因此,比之历史上存在过的那些城镇来,那些在历史上占有地位的最强大、最辉煌的城镇的形成,必须归功于这种剑拔弩张的斗争。可是,你们知道,它们并没有长期保持它们的政治独立,它们的地位最后变得非常类似没有进行过这种斗争的其他城镇的地位。

14

先生们,这些便是法国市民阶级,即第三等级的三个来源。1. 在许多城市里继续存在的罗马市政制度。2. 在许多领主的领地上自然地形成的居民团体。它们由于日益增长的财富这个唯一的影响力,由于领主需要它们的服务,不断地取得一些特许和特权,虽然没有给予它们政治实体的地位,但仍然保证着它们繁荣的发展,从而保证着它们政治重要性的发展。3. 最后,严格意义上的自治社团,即通过武力、通过或长或短的时间的斗争,从它们领主那里夺得相当大的一部分主权、组成它们自己的小共和国的那些乡镇和城市。

先生们,在这里我们看到了十一、十二世纪自治城市运动的真正的性质,看到了远比一般所说的多样化而广泛的它的全部真相。我们现在要深入到我已对你们讲过的各种不同的社团的内部去;我们将致力于把它们一个与另一个区别开来并相当精细地确定,在罗马渊源的自治城市中，在拥有领主们让予的一些简单特权的乡镇中，或在通过战争和征服而形成的真正的社团中，市政制度是怎么样的。我们将从而得出一个非常严肃的问题，得出一个我认为大大地被人忽视的问题，即在古罗马自治城市与中世纪自治社团之间存在着什么重要的区别这个问题。毫无疑义，在中世纪的享有自治权的城镇中有罗马的自治城镇，而且这一点是十分普遍地被忽视的。但同样确实的是，中世纪时，甚至在一些罗马渊源的城市里也发生过一个重大的变化，一个真正的革命，它使它们的自治城市制度有了另一种性质、另一种倾向。我首先要用几句话来指出我认为的最基本的区别的是什么：罗马自治城市的主要特征是贵族政治；近代自治社团的主要特征是民主政治。这是我们仔细研究这个问题后就会得出的结果。

15

总之，先生们，我们彻底研究了中世纪各自治市镇和城市的形成及它们的内部制度之后，我们就将探索它们在整个封建时期中，从十一到十四世纪的历史上的变迁；我们将努力判定它们在那个时期必然遭遇的一些主要的革命以及它们开始时和结束时的实际情况。那时我们对于法国第三等级的起源及其初期的命运将有一个稍稍完美而精确的概念。

第四十七讲

为什么说,重要的是绝不可忽视第三等级各个来源的差异——1. 长期保存着罗马自治城市制度的一些城市——为什么涉及那些城市的文献又少又不完备——佩里格——希尔日——2. 尚未建成严格说来的自治市但已从其领主手中取得各种特权的城市——奥尔良——加蒂奈的洛里斯的习俗——3. 严格地说的自治城镇——拉昂的特许状——这特许状和十二世纪自治市革命的真实意义——近代立法的诞生

先生们,我希望你们片刻也不忽视我们此刻研究的这个真正的问题;它不仅是自治城镇的形成和它最初的发展的问题,而且也是第三等级的形成及其最初的发展的问题。这个区别是很重要的,我在这里坚持这一点是有许多理由的。

第一,它是真实的,建立在种种事实上的。"第三等级"这个词的含义显然比"自治城镇居民"的含义更广泛、更全面。不包括在"自治城镇居民"这个词的范围内的许多社会职位和个人都被包括在"第三等级"这个词里。例如,国王的官员们,法学家们——法国的官员几乎全都是从那里产生出来——显然是属于第三等级这个阶级的;他们在很长的一段时间内被收编在这个阶级之内,直到我

们这个时代之前不久，当我们已不能把他们列在自治城镇居民里时才把他们与这个阶级区别开来。

此外，这个区别往往被忽视；其结果是在叙述事实的方式方面发生了严重的错误。例如，有些史学家特别把从国王的官员中派生出来那部分人，即法学家，各种地方行政官，看作是属于第三等级的，还说第三等级总是和国王密切地联系在一起的，总是支持他的权力，分享他的命运的，还说，两者的发展总是并行而同时的。另一些史学家则与此相反，他们几乎完全把第三等级看作是那些为了摆脱领主们的暴政起来造反因而建成的那些自治城镇的居民。这些史学家断言第三等级要求一切国民自由，还说他们一直在进行斗争，不仅反对封建贵族，而且也反对王权。由于人们已给“第三等级”这个词作了这样一种界说，由于他们已仔细地考察了它的某些基本成分，他们在关于它的真实历史和它在我们历史上所起的作用方面，推断出了一些绝对不同的和完全同样不完备的、同样错误的结论。

总之，我一个人坚持的这个区别说明了我们历史上一个显著的事实。通过大家的许可，这些严格意义上的自治城镇、这些独立的和半自主的城市任命自己的官员，几乎有权决定战争与和平，往往甚至还有权铸造货币——这些城镇，我说，已逐渐丧失了它们的特权，它们的宏伟和庄严，它们的地方自治的实质。从十四世纪起，它们已逐渐黯然失色；而在这同一个时候，在这些自治城镇衰落的时候，第三等级发展壮大起来，日益富裕而重要，在国内所起的作用日益巨大。因此，它就必须从自治城镇的来源以外的其他不同性质的来源汲取生命和力量，而当自治城镇衰落时，这些来源的确供给了它扩张所需的资力。

因而这个区别非常重要，而且也显示出了我要使你们据以考虑这个问题的那个观点的特色。我们现在所要研究的是第三等级的形成和发展的整个情况，它的各个不同的组成成分，而不是单单研究平民。

在上一讲中，我对你们讲了第三等级各种成分的最初形成，并力图使你们彻底了解它的来源的多样性。我们现在要研究的是已成为第三等级的那个新阶级在其中形成的那些自治城镇的内部组织。

从这些来源是各不相同的这一事实来看，这就十分明显，这些城镇的组织，它们的内部构造，也必然同样是如此的。我早已指出，我认为第三等级的三个来源是：1. 至少大部分保存着罗马市政制度的那些城市，这种制度在那里始终处于支配的地位，虽然有
18 些修改；2. 在大封地所有者的领地内逐渐形成的那些城市和自治市镇，它们没有建设成为严格意义上的社团，从未取得能显示出真实的社团的特性的那种独立，那种地方自治的半主权，仍然接受特权和不断的让予，但已达到高度的富庶，受到社会的重视；3. 最后，植基于独特的十足的特许状上的那些严格意义上的自治城镇，特许状使它们正式建设成为自治城镇，并给予它们自治城镇一般固有的一切权利。这些就是法国市民阶级，我们的第三等级的三个来源。

先生们，我就要逐个地来谈这三类城镇，或地方自治团体，并稍精细地描述它们十二世纪时的内部组织。

让我们首先来看看罗马市政制度仍然存在或几乎仍然存在的

那些罗马渊源的城市。

不难理解,关于这些城市的正式的、精确的文献,我们是缺少的。这种组织基本上是罗马的组织,这个唯一的事实就是我们所以找不到中世纪某一个日期写的这种文献的原因。这是入侵后仍然存在着的一个古老的事实,即谁也没有想到把近代国家形成的历史写出来并加以公布。因此,入侵后似乎保存着最完全最纯粹的形式的罗马市政制度的一个城市是佩里格。可是我们没有找到关于佩里格城市组织情况的任何文献,也没有遇到规定或修改其内部组织、其官吏的权利、其与其领主或邻人的关系的任何特许状。我把它重复说一下,这个组织是一个事实,是古罗马市政制度的一个残骸;罗马行政官员、执政官、两头执政官、三头执政官、街道市场管理员等名称在佩里格的历史中都遇到过,但它们的职责哪一处都没有制定或加以界定。许多其他城市的情况也是如此,尤其在南部法国。这是一个无可争辩的事实,南部法国诸城市在我们历史上是最早以富庶、人口众多、重要而在社会上起着重大作用的姿态出现的。我们从十世纪,而且几乎从九世纪起就看到它们是这样了,这就是说远比北方各城镇为早。然而关于南方各城镇,我们拥有的立法方面的细节和正式文件的数量却更少。给予北部法国的地方自治特许状比给予南部法国的多得多。为什么这样的呢?因为大部分南方城市都保存着罗马的制度,人们不感到有必要把他们自治城市的组织情况写出来。它并不是一个必须加以编写、公布或确定其年代的新事实。因此,当我们知道,我们对新城市和真正的自治城镇的内部组织知道得比对那些保持着罗马原来的市政制度并按旧传统过日子的那些城市的内部组织更精确

19

而详细时，也不必惊讶。这证明绝对没有任何事物违反已被许多事实间接地证实了的关于自治城市的自由的设施和范围的实际情况。

雷努阿尔先生在其《法国市政法历史》中，为许多城市收集了能证明罗马市政组织的继续存在的各种原文和事实，并使它在没有任何正式机构和任何详细的文件的条件下，稍稍为人所知。我要把他对布尔日市的研究成果告诉你们。[①] 这个例子将足以使你们对法国的第三等级的这个最古老、也许是最丰富的第一个来源，有一个明晰而正确的概念。

在蛮族入侵时期，布尔日有一些竞技场、一所大会堂和一切能显示罗马城市特征的事物。

七世纪时，出身于布尔日的《圣・埃斯塔迪奥传》的作者说，
20 “她的父母是著名人士，按照世俗的身份地位可被推为元老院贵族。”现在人们把元老院贵族这个头衔授给在市政管理方面担负重大责任的家族。图尔的格列高利就在这个时代引录了一个由布尔日市的首脑们(premores)作出的判决。因此，在这个时代，在布尔日，存在着一个类似罗马元老院的司法权那种真正的自治城市的司法权。

教士们在人民的协作下选举主教，这在过去是罗马各自治城市，各严格意义上的城市的一般特征。现在我们发现，在布尔日，在墨洛温王朝和加洛林王朝诸王治下，许多主教，例如苏尔比西乌斯、狄第厄尔、奥斯特里吉西勒斯、阿久尔菲等，完全是像在罗马皇

① 雷努阿尔，《法国市政法历史》，第 II 卷，第 183—190 页。

帝治下那样被选举出来的。

我们还发现这个时代的铸币上都镌有布尔日市或其居民的名字。有一个秃头查理时代的和另一个洛泰尔国王时代的这种铸币上面正式刻着这个字:Biturices(布尔日的居民)。

1107年,菲利浦一世购买了子爵赫尔宾的布尔日子爵领地,这位子爵是为了动身去参加十字军而卖掉这块领地的。我们发现当时在布尔日存在着一个自治团体,其成员称为 prud' hommes(正直的人),此外没有发现更多的细节。

在大主教伏尔格林时期,根据他的意见并按照教士和人民的请求,胖子路易颁发了一个敕书,它没有给予布尔日市任何新的权利,也没有在该市设置任何国家权力机构,只是改革了一些该市通行的、显然只有王家权力能够加以制止的坏习惯。

1145年,路易七世认可了路易六世所颁的敕书,在此认可书中,那些七世纪时还称为 senators(元老)的布尔日的主要居民都被称为 bons hommes(好的人)。字是随着语言而改了,但显然这是同样的一些人,同样的社会地位。

在这个敕书中,也给了布尔日的主要居民另一个名字。第九条是用下列词语表示的:

"这是我们父亲规定的,任何人如果在本城犯了错误,犯了罪,他必须按照本城 barons(贵族——译者)的评价为所犯错误赔偿损失。"Barons 是一个封建的字眼,它表示这种新的社会地位,但它也像 bons hommes 那样相当于罗马城市的 senators。

1118年,菲利浦·奥古斯都颁发一个新的敕书给布尔日。这些用各色各样称号保证的各色各样的特许状,所说的只是一些关于立法和当地方针的问题，没有关于市长、行政司法长官或自由人的问题，因为城镇的自治机构，自治城镇的司法权，远古以来就在布尔日存在着了，这个城市就是由 senatores(boni homines，probi homines，barones)管理的。

我不再进一步探究布尔日市的这部历史了，雷努阿尔先生已把它写到十五世纪末了。这是有类似起源和处境的其他许多城市发生的事情的一部忠实的写照。你们可在这里不断地从五世纪到十四世纪在这些诚然无足轻重且没有被详细说明的、但非常有意义、非常明白的事实里看到——我说你们可在这里看到罗马自治城市制度的长期存在，在名称或甚至事物方面有一些符合于一般社会革命的修改，但在任何地方都没有遇到过任何关于那些城市的内部组织、它们的官员或它们与封建社会的关系的精确的或新的细节。我们只能回过头去探索古代罗马市政制度，去研究它在罗马帝国覆亡时的实际情况，然后逐个时代地收集那些能说明这个制度的长期存在及其逐渐改变的分散的事实。只有这样，我们才能使我们对罗马渊源的城市在十二世纪时的状况有一个正确的概念。

22

如果我们希望研究那些可以称为属于近代建立的城市——那些与罗马城市无关的，虽从中世纪时起就已设置或存在，可是从未建成真正的自治城市、从未获得一份真正的特许状，注明从某一指定的日期起已确认它是一个真正的、完全的自治的政体，那么我们就会遇到如果不是同样的、至少也是类似的困难。我要给你们一个这一类的例子。它就是奥尔良市。它是一个古老的、在帝国时代就已很繁荣的城市，但是罗马市政制度的长期存在性，在那里并不像你们刚才在布尔日市看到的那样显示得明明白白。奥尔良是从中世纪时起就从各位国王手中取得它的自治城市的自由和它的种种特权的。你们知道,它是卡佩王朝诸王,甚至他们登基之前国内仅次于巴黎的最重要的城市。我要给你们看从亨利一世到勇夫菲利浦法国国王们的一系列有利于奥尔良的法令。这个分析将比任何其他方法更能使你们了解它的真实的性质。

我们在《法令汇编》中看到,从1051到1300年,有七个关于奥尔良的敕书。

1051年,国王亨利一世在奥尔良的主教和人民的请求下(在这个敕书里,主教是作为人民的领袖,作为关心人民利益、代表人民说话的人出现的,其地位相当于五世纪罗马自治城市制度中被称为 defensor civitalis[人民的护卫者]),下令说,在葡萄收获季节,城门不得关闭,好让大家自由出入,并说他的官员不得再在城门口非法勒索葡萄酒。这是国王要在奥尔良市取缔的一种陋习、一种勒索。这个敕书完全不是一件关于自治市政体的特许状,丝毫不像一个特许建成严格意义的自治城市的敕书。

23

1137年,青年路易下令禁止"奥尔良的总督和警官……",仅仅这几个字就说明这个城市没有独立的自治城市的政体,说明它是由总督和警官以国王的名义管理的——也就是说由国王的官员而不是由它自己的官员管理的。我再继续谈这个法令:路易七世下令禁止奥尔良的总督和警官干一切使市民们苦恼的事情;他和他们约定,当市民们应召到他的宫廷去时,不得横暴地阻留他们,也不得稍稍改变奥尔良铸币的成色,等等。作为对这最后一项约定的酬报,国王准备对每担小麦和每桶葡萄酒征收一笔税。

这些是反对陋习的公告和有利于奥尔良市的安全和繁荣的特许状，但它们并没有使人们对自治市的政体有一个概念。

1147 年，这位国王取消了他在奥尔良市原来享有的 mainmorte(永久管业)权。你们知道，这是一种在农奴或者处于完全自由与奴役之间的中间地位的人死亡时行使的一种非常变化不定的权利。他们无权立遗嘱把自己的财产遗留给自己愿意留给的人。如果他们没有孩子、没有直接的自然继承人，则由国王继承其财产。在某些地方，他们可以自己处理自己的一部分财产，但继承这部分财产的人必须付给国王一笔钱。我不来详述这种 mainmorte 权利的一切仪式和一切变化了，说一说这一点就够了，即这是国王的一大收入来源，而人民则随着人口和繁荣的日增，不断地力图摆脱它。因此，路易七世于 1147 年在奥尔良取消了这种 mainmorte 权，这对市民的安全和命运来说是一种新的进展，但并没有改变他们的市政制度。

24

1168 年，这位国王的另一个特许状取消了许多非法引入奥尔良的捐税和陋规。他公布了许多有利于交易、有利于贸易自由的法规；他豁免了只提供商品并规定其价格的酒贩的一切捐税。他禁止人们在为五个苏以下的价值而争讼的案子里决斗或司法决斗。

1178 年，路易七世在奥尔良取消了更多的捐税和加在贸易自由上的桎梏。他批准了用实物来支付他凭 1137 年的法令可征得的酒税。

1183 年，菲利浦·奥古斯都豁免了奥尔良和一些邻近城市现在和将来的居民的一切捐税，并授予他们各种特权：例如，不到比埃当普、叶夫雷·勒·沙特尔或洛里斯更远的地方去出庭答辩的特权;除在某些明确的案子里外,不支付六十个苏以上的罚款的特权等等。

这种特许是以每计量单位的小麦或酒缴纳二个但尼尔的税作为交换条件而给予的。国王每年派他王室的一个警官协同上述城市的警官和十个知名的自治市自由民(即由自治市全体自由民选出来的公众代表)为每户制定这种税的数额。

1281 年,勇夫菲利浦确认了菲利浦·奥古斯都的这些特许状并换发了新照。

先生们,你们在这里可以看到,大约一百五十年中,一系列或多或少完整地被遵行的重要的特许在注视和支持着奥尔良市人口、财富和安全的进展,但它绝不能使它挺立起来成为一个真正的自治城市,总是让它处于一种完全的政治依附的状态。

大量城市都处于这种状态。我再说几句:有些城市得到了非常确实、非常详细的特许状,这种特许状授予它们的权利似乎像真正的自治城市所得到的一样可观;但如果我们仔细加以考察,那我们就会看到它完全不是这种东西,因为这些特许状事实上只包含一些我刚才告诉你们的类似给予奥尔良的那种特许权,绝不能使这个城市组成一个真正的自治城市,绝不能使它成为完全独立的存在物。

这里有一份特许状,在中世纪时起着很大的作用,因为它是正式授予许多城市并成为其他城市内部状况的典范的;它是青年路易颁给加蒂奈的洛里斯城市的特许状,它看起来似乎仅仅是胖子路易的一份特许状的复制品。请容许我把它整个说一下,虽然这未免有些冗长而且涉及平民生活的细节。但这很重要，因为能使我们比较确切地评价这种特许状的意义和范围。先生们，人们几乎总是过于笼统地谈到自治城市（请原谅，我必须离开正题再次坚持这一点）和自治城市的特许状；他们既没有十分仔细地考察事实，也没有正确地区别那些实际上不同的东西。这种混乱的、不完全的知识使人们的思想远远脱离了实际。在事物的图景上呈现出来的并不是这些事物的实际状况；而理性又在它从它们中推断出来的结果中任意漫游。这是我所以要把那些一般被看作互相类似的特许状的原文拿给你们看的原因；你们会看到它们本质上是多么不同，如何发源于不同的原则，并在中世纪自治城市制度方面阐明了老是被看漏的种种变化。现在请看这件汇集里称之为 *Coutumes de Lorris en Gâtemus*（*Consuetudines Lauriacenrses*）的洛里斯自治市特许状。

26

“路易，等等——谕令一体周知，等等。

“1. 凡是在洛里斯教区内有住宅和土地的人，需为他的住宅和每英亩土地各缴纳六个但尼尔的徭役地租，如果他得到这样一宗利益，就让它作为他住宅的徭役地租。

“2. 洛里斯教区的居民都不需缴纳入籍税，也不需为他的食物缴纳任何捐税，也不需为他的劳动或他可能有的牲畜的劳动为他挣得的谷物、和他从他的葡萄园取得的酒缴纳任何捐税。

“3. 洛里斯教区居民徒步或骑马参加远征，如果他希望当天能从那里回到家、但因路远办不到的话，那他就不必参加远征。

“4. 洛里斯教区居民到埃当普、奥尔良或加蒂奈的米里去都无须缴纳通行税，到默伦去也无须缴纳。

“5. 任何一个在洛里斯教区有财产的人都不会因任何不端行为而丧失一些财产，除非所说的不端行为是冲着我们或我们的宾客犯的。

“6. 对每个到洛里斯的集市或市场去或正在从那里回来的人，都不得加以阻拦，除非他在这一天犯了某种不法行为；任何人在洛里斯的集市日都不得扣押其保证人给的保释金；除非这保释金是这同一天给的。

“7. 六十个苏的罚款应减为五个苏，五个苏的罚款应减为十二个但尼尔，而在各种控诉案中应缴给总督的费用应减为四个但尼尔。

27

“8. 不得迫使任何一个洛里斯人离开洛里斯到国王陛下面前来申辩。

“9. 我们或任何其他人都不得从洛里斯人手中收取任何捐税、贡物或向其强征勒索。

“10. 除国王外，任何人都不得用公告在洛里斯出售葡萄酒，国王可以用公告在他的酒窖里出售他的葡萄酒。

“11. 我们要在洛里斯得到一笔以食物形式拨付的十足两星期的贷款，供我和王后使用，如果有个居民已从国王那里收到一件抵押品，他不需要把它保持八天以上，除非他自己愿意。

“12. 如果有人与另一人发生争吵，但没有闯入对方的家宅；如果他们没有向总督控告而自己和解了，那他们就无须为此事向我们或我们的总督缴纳罚款。如果已向总督控告,只要他们缴付罚款,他们仍能达成协议。如果有人控告另一人而双方都没有被判处罚款,那双方都无须为此而向我们或我们的总督缴纳任何财物。

“13. 如果一个人对另一个人不履行誓约,则应允许后者抛弃誓约。

“14. 如果任何洛里斯人轻率地作出战斗的誓约,如果经总督同意后,他们在作出誓约之前就和解了,则双方各付两个半苏;如果誓约已经作出,则双方各付七个半苏;如果决斗双方都是有权在竞技场上进行决斗的人,则战败者的人质需付一百一十二个苏。

28

“15. 不要让洛里斯人为我们做强迫的工作,除非这是每年两次的把我们的酒运送到奥尔良(不到任何其他地方)的工作,而且这项工作也只有那些有马又有车的人才能做,我们应事先将此事告诉他们,同时我们也不供给住所。劳工们还应为我们的厨房运送木柴。

“16. 谁也不会被拘留在监狱里,如果他能为其出庭缴纳保释金。

“17. 谁愿意出售其地产的都可以这样做;他收到价款后就可以自由自在地、不受干涉地离开本城,如果他愿意的话,除非他在本城犯了不法的行为。

“18. 任何人已在洛里斯教区内待了一年零一天,既没有人要求到那里来追捕和认领他,而我们和我们的总督也无权禁止他,那他可以在那里自由而安静地耽着。

“19. 任何人都不得对另一个人进行抗辩，除非这是为了恢复他所应得的东西，或为了保证奉行他所应做的事。

“20. 洛里斯的人带了商品到奥尔良去，如果他们不是为了市场而去的，则在离开洛里斯市时应为其车辆缴纳一个但尼尔，如果他们是为了市场而去的，则在离开奥尔良时每辆车应缴纳四个但尼尔，进入时每辆车缴纳二个但尼尔。

“21. 在洛里斯，婚礼上公设的祷告人不应收费，守夜者也不应收费。

“22. 洛里斯教区内用犁耕地的耕种者，收获时给洛里斯全体警官的黑麦不应超过一米那(希腊重量单位名称——译者)[①]。

“23. 任何骑士或警官如果在我们的森林里看到属于洛
里斯人的马匹或其他牲畜，不得把它们交给洛里斯总督以外 29
的其他人；洛里斯教区的任何牲畜如果被公牛追逐或被飞虫攻击而逃入我们的森林或跳到我们的河岸上来的，牲畜的所有者如能宣誓说这牲畜是不顾看守者的叱斥而进入森林的，则可不向总督缴纳罚款。但如果牲畜进入森林，它的看守者是知道的，则牲畜的主人应缴纳十二个但尼尔，如果牲畜不止一只，则每只牲畜缴纳十二个但尼尔。

“24. 在洛里斯，使用炉灶可以不缴纳捐税。

“25. 洛里斯不收守夜费。

“26. 洛里斯的人运送盐或酒到奥尔良去，每车只需缴纳

① 据迪康热说，一米那等于六蒲式耳。

一个但尼尔的捐税。

“27. 洛里斯的人无须向埃当普的总督或皮蒂维埃的或整个加蒂奈的总督缴纳罚款。

“28. 洛里斯人进入费里埃、兰顿堡、普瓦梭或尼贝尔都无须缴纳入城税。

“29. 洛里斯人可以在森林里拿走死树供自己之用。

“30. 任何人在洛里斯市场上购买或出售任何货物时忘了缴税的，可在八天之内补缴而不受任何处分，如果他能宣誓说，他并不是故意不缴税的。

“31. 在圣本笃领地内有房屋、葡萄园、草地、田地，或任何建筑物的任何洛里斯人，都不归圣本笃修道院院长或其警官管辖，除非这事涉及他必须缴纳的实物形式的徭役地租，而即使在那样的情况下，他也无须走出洛里斯去受审。

“32. 任何一个洛里斯人如果被控告犯了什么罪，而控告者不能用证据来证明此事，则他可以通过一次宣誓来证明他没有做过原告所断言的事。

“33. 这个教区里的人都无须为他在这个区域内购买或出售供自己使用的东西而缴纳任何捐税；也无须为他星期三将在市场上购买的东西而缴纳任何捐税。

“34. 我们准许洛里斯人保留这些习惯，它们对于居住在库巴雷、尚特卢普和哈尔巴德总督管辖区的人是共有的。

“35. 我们规定，一旦这个城市的总督换了人了，继任者应宣誓忠实奉行这些习惯;新警官上任时也应这样做。”[①]

先生们,市民们认为这个特许状非常好,非常值得赞许,因此,在整个十二世纪中,许多城市都需要它,他们要求按照洛里斯的习惯行事,他们上书给国王要求颁给这种特许状。

在五十年中,对七个自治城、镇颁发了这种特许状:

在 1163 年,颁给鲁瓦新城。

在 1175 年,颁给洛阿尔上的夏依翁(松夏洛)。

在 1186 年,颁给加蒂奈的博伊斯考门。

在 1187 年,颁给伏伊西纳。

在 1188 年,颁给马孔附近的圣·安德雷。

在 1200 年,颁给迪蒙。

在 1191 年,颁给克莱里。

然而仔细读了这份特许状,没有看到任何就这字的特殊的历史意义说的自治团体,任何真正的地方自治机构,因为那里既没有正正经经的管辖权、管辖范围,也没有独立的行政长官。封地所有者,最高的行政长官,国王,对自己领地内的某些居民作出某种约许——他约定按照某些规则管理他们——他自己把这些规则强加到自己的官员、自己的总督身上。但那里丝毫没有、绝对没有任何像是真实的政治的保证的东西。

可是,先生们,切勿认为这些特许状是毫无价值的,绝不会有什么结果的。我们在我们历史的进程中,探究那些虽未成长成为真正的自治城镇但已获得这种利益的主要城市时,我们看到它们

① 《法令汇编》,第 XI 卷,第 200—203 页。

逐渐成长壮大、增加人口和财富，日益依附于它们从他那里取得了特权的国王，虽然国王常使这些特权不能完满地被奉行，甚至侵犯它们，但仍能接受要求随时压制其官员的不端行为，紧急时恢复这些特权，甚至在其行政管理方面遵循文明的进程和理性的命令，从而使市民们支持自己，虽然在政治上没有给予他们以公民权。

奥尔良便是这个事实的一个惊人的例子。在整个法国史上，这个城市无可争辩地是最坚强、最不变地支持国王并证明是最忠诚于国王的城市之一。它在反对英国人的伟大战争中的所作所为和它在这个时期甚至直到我们这个时代表现出来的精神都是这一点的惊人的证据；然而奥尔良从来不是一个真正的自治城镇。它是一个几乎独立的城市，但它始终处在王家官员的管理之下，赋有一些朝不保夕的特权；但完全由于这些特权的照顾，它的人口、它的财富、它的重要性才渐渐得以发展。

32

我现在要转而谈到我开始时指出的第三等级的第三个来源，即严格意义上的享有特权的自治城镇、那些享受几乎独立的生活，受到真正的政治保证的保护的那些城镇，那些自治城镇了。

你们知道，它们中大多数是如何形成的：通过造反，通过反对领主的战争——这种战争导致那些称为特许状的和平条约，条约中规定着缔约双方的权利和关系。

初初一看，这些和平条约、这些特许状似乎仅仅包含造反者与封地所有者，公社与其领主签订的协议的一些条件。今后他们之间的关系将如何呢？自治城镇的独立要得到承认必须付出什么代价呢？它的范围有多大呢？它将如何建立起来呢？它们的权限到何处为止呢？——这些都是斗争中必然会涌现出来并被写进结束战争的特许状中去的一些安排。

事实上，他们几乎总是，而且甚至最近还在那些以我们这部分历史为主题的著作中，他们在自治城镇的特许状中，除此之外几乎没有看到任何东西，或者至少没有注意到任何东西。可是，事实上存在着另外一些东西——存在大批别的东西。

我要让你们全面地看一下一份最古老的自治城镇的特许状，这份特许状最能说明一个城市在反抗其领主的长期的战争终于缔结和约而平定下来，但内部事务尚百废待举时的情况。我这里说的是胖子路易于1128年颁给拉昂自治市的特许状。你们可以在梯也里先生的《关于法国历史的信件》里看到放在这份特许状之前的关于这事的报道，拉昂主教的暴政，自由民的最初反对其主教、接着反对国王本人的起义，他们的内部的叛乱，他们的谈判以及关于这场可怕的斗争的一切沧桑变化，都叙述得既翔实又生动活泼。经过了十九年之久，终于达成了这份我认为非常正确地题名为《和平的建立》的特许状。为了理解它，必须彻底知道它：

“蒙上帝之恩的法国人的国王路易以神圣的三位一体的名义，阿门！我们希望我们一切信徒，现在到场的和将要来的，都知道我们在我们的大人物和拉昂的公民们的劝告和同意下在拉昂制定了下列平时的法规，拉昂这个城市从阿登一直延伸到树林，因此，卢伊尔的乡村和全部广大的葡萄园并从山那边起都被包括在这个范围之内。

“1. 任何人，如果没有法官的干预，都不得以任何不法行为的罪名逮捕任何一个人，不论是自由人还是农奴。如果没有法官在场，他们可以不收罚金而将被告留住直到法官到来，或者领他到法院，并按其被判的情况收取对不法行为的赔偿。

“2. 如果任何人以任何方法损害了一个教士、骑士或商人，如果加害者是这个城市的人则应传唤他在四天之内到法庭受市长和自由人的审判，并就加于他的罪名为自己辩护或按其被判的情况赔偿损失。如果他不愿赔偿损失，则应将他和他的全部家属逐出城市(受雇的仆人除外，他们没有义务跟随他去，除非他们自愿)，并在他以适当的赔偿弥补其不法行为之前不准他回来。

“如果他在这个城市的地区内有房屋或葡萄园等财产，则市长和自由人应要求他的财产所在地区的领主们(如果有几个领主的话)或主教(如果他有自由保有不动产权的话)制裁这个坏分子；如果他被领主或主教传唤后不愿在二周内弥补其过失，而他们又不能从其财产所在地的主教或领主那里获得对他的公正的惩罚，则应容许自由人蹂躏和破坏这个坏分子的一切财物。

“如果这个坏分子不是这个城市的人，则应将这案子送交主教；如果经主教传唤后，他没有在二周内补偿自己的不端行为所造成的损失，则应容许市长和自由人对他如他们所能的进行报复。

“3. 如果任何人由于不知道这事而把一个被逐出该城的坏分子带进了和平建制的地区，如果他能用宣誓来证明他的无知，则只有这一次可以让他自由地将这个坏分子领回去。如果他不能证明自己的无知，则应将这个坏分子扣留直到得到充分的赔偿为止。

“4. 如果在人与人的冲突中，一个人偶尔（像常常发生的那样）用拳头或手掌打了另一个人，或者说了任何侮辱另一个人的话，则他被合法的证据证明有罪后，应按照他的生活区内的法律赔偿被他冒犯的人的损失，并为破坏治安而向市长和自由人缴纳赔款。

“如果被冒犯者拒绝接受赔款，则不能容许他在和平建制地区内外对被告进行报复，如果他伤害了他，则让他付给受伤者请医生治伤的费用。

“5. 如果任何一个人对另一个人怀有刻骨的仇恨，则不能容许这个人在另一个人离城他去时追逐他或在他回来的路上伏击他。如果他在另一个人出去或回来时杀了他或伤了他身体的任何部分，并为这种追逐和伏击而受到传讯，则应让他靠上帝的裁判来为自己辩护。如果他在和平建制地区以外打了或伤了另一个人，因为追击或伏击的行为不能通过上述地区的人的合法的证据而得到证明，则应允许他用誓言来为自己辩护。如果证明他有罪，则应让他以头还头、以肢体还肢体，或者让他在市长和自由人的仲裁下，为他的头或肢体付出适当的赔偿。

“6. 如果任何人提出对另一个人的控诉，让他先向被告所在地区的法官控诉，如果他不能从这法官得到公正的处理，则让他向上述被告的领主提出控诉（如果领主住在城里的话），或者向上述领主的官员提出控诉（如果领主住在城外的话）。如果他从领主或其官员那里都不能得到公正处理的话，则让他找管治安的自由人，向他们说明他从他的领主和其官

员那里都未能得到公正的处理；让自由人去找这个领主（如果他住在城里的话）和他的官员（如果这领主不住在城里的话），让他们要求立即对控告他的人的他作出公正的处理；如果领主或其官员不能使他得到公正的处理或忽视这样做，则让前者设法使原告不丧失权利。

“7. 如果逮住了一个强盗，应将其送交他被逮住的地方的领主，如该地的领主不审判，则让自由人审判。

“8. 除下列十三人之外，在和平建制之前发生的一切不法行为完全赦罪：博马德的儿子福尔格；加泼利西翁的拉乌尔；勒贝特人哈蒙；帕扬·塞叶；罗伯特；雷米·班特；梅纳尔·德雷；苏瓦松的雷姆博德；帕扬·霍斯特卢普；安塞·卡特勒曼；拉乌尔·加斯蒂纳；让·德·摩尔兰姆；勒贝尔的女婿安塞。除了这些人之外，任何一个因昔日的不法行为而被逐出本城的人如果想回来，可以让他收回一切属于他的和他能证明一向是他所有的并没有出售或典押掉的财物。

“9. 我们还规定，有纳贡义务的人应向其领主缴纳应缴的租赋，但不能多缴；如果他们不能按约定时间缴纳，则让他们按照他们生活区内的法律缴纳罚款；他们也不得将任何东西都按照他们领主的要求缴纳，除非他们自己愿意，但他们的领主有权向他们追索他们没有缴纳的租赋；并从他们那里取走依法判决的东西。

“10. 保安人员（教堂的仆人和重要保安人员的仆人除外）可以娶任何社会地位的妻子。至于不在这个地方范围之内的教堂仆人和重要保安人员的仆人，则不经他们领主同意，是不允许他们娶妻子的。

“11. 如果任何一个卑鄙的、不诚实的人以严重的伤害侮辱了一个诚实的人或妇女，则应允许任何一个近旁来的和平的正直的人遏止他并(不作为坏事)打他一拳、二拳或三拳来压制他的横暴。如果他被控为了一桩宿怨而打人，则应允许他用宣誓来表白自己说，他并不是出于仇恨，恰恰相反是为了保持和平友好而这样做的。

“12. 我们完全废除杀头的刑罚。

“13. 如果此地的任何人在他女儿或孙女或亲属出嫁时给了她土地或金钱的，如果她死时没有后嗣，则应将她身后留下的别人给予她的土地或金钱归还给给予的人或其后嗣。同样，如果一个丈夫死时没有后嗣，则应让他的一切财产，除了他给予他妻子的妆奁以外，都回到他的亲属的手里；他妻子生时可以保持这笔妆奁，但她死后，这笔妆奁应回到她丈夫的亲属的手里。如果丈夫和妻子都没有不动产，但通过做买卖他们挣得了一大笔财产，可是没有后嗣，他们中一个死时，一切财产应留在另一个手里，如果那时他们没有任何亲属，他们应为他们灵魂的安宁将他们财产的三分之二作为施舍物施舍掉，其余的三分之一应用于建筑城墙。

“14. 此外，任何异乡人，包括本城教堂或骑士的纳贡者，未经其领主同意，都不得被收留在本治安区内。如果由于无知，未经其领主同意而被收留了，则应允许他在十五天之内不缴罚款而安安全全带着他的全部资财到他愿意去的地方去。

“15. 任何人被收留在本治安区内的，都必须在一年之内为自己造一所宅子，或买一片葡萄园，或将自己足够数量的动产运进本城来，使自己能够偿还法官判他偿还的财物，如果碰巧有任何控告他的问题的话。

“16. 如果任何人否认听到过本城的布告，让他用司法长官的证言来证明它，或者用举手宣誓来表白自己。

“17. 关于采邑领主自称在这个城市里享有的权利和惯例，如果他能在主教法庭上合理地证明这些是他先人们原先就享有的，那就让他友好地享有它们；如果他不能证明，就不让他享有它们。

“18. 我们已这样改革了关于赋税的习俗：每个应缴税的人在他缴税的时候让他缴四个但尼尔，但除此之外不要让他再缴其他税了；除非在本治安区范围之外，他还有一些应纳税的土地，而他保有的这部分土地的收益足可为上述财产纳税。

“19. 不得迫使治安人员到本城之外的任何法庭去受审。如果我们有任何理由控告他们中的任何一个人，则应由自由人来审判他；如果我们有理由控告他们全体人员，则应由主教法庭执行审判。

“20. 如果任何一个教士在这个治安区范围内犯了不法行为，如果他是一个司铎，应将控诉状送呈教长，并由教长执行审判。如果他不是司铎，则必须由主教、副主教或他们的官员执行审判。

“21. 如果国家的任何大人物损害了治安人员并已被传唤，他不想审判他们，如果这些人是在治安区范围内找到的，则应由其被捕地区的法官扣押他们和他们的财产，以补偿这种损害使治安人员可以因此而保存自己的权利，同时法官自己的权利也可不被剥夺。

“22. 因此，为了我们通过一项王家的恩典赐予这些公民的这些好处和另一些好处，本治安区的人已和我们签订了这个协定——即，不把他们应该为我们王宫、为远征和马匹供应等做的事计算在内，如果我们进城的话，他们每年三次招待我们住宿；如果我们不进城的话，则他们应付给我们二十个利弗。

“23. 于是我们规定了这一切规章，不包括我们的权利，主教的和教会的权利，以及大人物们的权利，大人物们在本治安区范围内享有他们的正统的截然不同的权利。如果本治安区的人在任何方面侵犯了我们的权利，主教的、教会的和本城的大人物们的权利，他们在十五天之内缴纳一笔罚款就可以无须丧失权利而补救他们的侵害行为。”①

39

先生们，你们看，这涉及其他事情而没有涉及新自治城镇与其领主的关系，没有涉及建立它的地方自治政体。确实说来，这特许状事实上并没有创立那种政体，没有规定任何涉及地方行政长官职权结构的法制，而这些是它的力量和保证之所在。

你们在这里看到了市长和自由人这两个名称；你们在这里看出了它们管辖权的独立性；你们在这里辨认出了政治生活的变动，选举、和平和战争的权力，但没有任何正式制定它们的条款。这些都是公认的、无可争辩的事实，它们通过它们的影响而呈现出来，

① 《法令汇编》，第XI卷，第185—187页。

但可以说是人们顺便把它们记录下来的，而不是创立它们的。那里也没有任何精确地细致地规定下来的东西，例如拉昂自治市与各方面的关系，无论是与国王、与它的主教，或是与它可能与之打交道的那些领主们的关系。有许多条款都涉及这些关系，但它们都不是这特许状的主要目的。它具有一个远为不同的领域，一项使其作者们奔忙的远为广大、远为艰难的任务。我们在那里看到一个粗野的、野蛮的社会，它从一个几乎完整的混乱状态中产生出来，不仅接受一份自治城镇特许状，而且还接受一部刑事法典，一部民事法典，可以说是一部完整的社会法规。十分明显，这问题并非仅仅是一个自治市与其领主的关系的问题，并非仅仅是设置自治市地方行政长官的问题；手头的问题是整个社会组织的问题；我们正面临着一个小的混乱的社会，对于它，正规的法律、成文的法律已成为必需的东西，它由于不知道如何取得这些东西，因而从一
40 个它刚刚与之交战的、但仍然对它行使着那个权力、发挥着那个优势的一个强大力量手中接受了这些东西。那个优势正是一切有效的立法的紧要的条件。

先生们，读了，并再次专注地读了拉昂的特许状，你就会越来越深信这些就是它的真实的性质。这是无数类似的特许状的真实性质：我再说一遍，它们不但调节了自治城镇与领主的关系，不仅制定了自治城镇的规章制度，而且还在城市内部组织了整个社会；它们把它从混乱状态、愚昧状态、没有立法权力的状态中拉出来，并以一个上级权力的名义给予它一个正规的形式来写下它的习俗，来调节它的各种权利并在取得它的同意之后（如果我可以这样说的话）把刑法、民法、治安法和保持长治久安的一切手段硬塞给

它，而这些东西正是半野蛮社会所深感需要的，但让它自己来找的话，是绝不可能发现的。

拉昂的特许状是最广泛而完全的一个特许状，也是最明白地展示着我指给你们看的事实的一个特许状。但我们在其他许多特许状里，特别在圣康坦、苏瓦松、鲁瓦耶等的特许状里也看出了这个事实。这个时期在各自治城镇的地位方面发生的革命要比一般所说的大得多；它除了给予它们政治权利之外，还给了它们很多的东西，它开始了整个社会的立法工作。

先生们，我很遗憾，不能更多地详谈这个重大的问题了；我很希望彻底研究这个新兴的公民国家，它的各种制度、它的法律、它的一切已十分有生气但还十分闭塞的生活。但我迫于时间而且文献也不完全。我想，无论如何我已给了你们一个关于第三等级的起源的正确的观念。今天我的抱负只能限于这里。在下一讲里，我将努力向你们指出，在古代自治城市制度到我们刚才研究的自治城市制度这个过程中发生了多么深刻的一场革命，而罗马的自治市与中世纪的自治城镇又有怎么样的本质的、根本性的区别。谁没有成熟地考虑到这些区别和它们的一切关系，就不能理解近代文明、它发展的各个阶段及其真正的性质。

第四十八讲

本讲的目的——罗马自治城镇制度与中世纪自治城镇制度的区别——名称不变的危险——1. 罗马城市和近代自治城镇有不同的起源;2. 它们的政体是不同的;3. 它们的历史是不同的——从而导致了,在罗马城市里居统治地位的是贵族政治的原则;在近代自治城镇里居统治地位的是民主政治的原则——关于这个事实的一些新证据

先生们,为选举而必须出发(我刚刚在法国南方投票)迫使我比我原来打算更早地结束这次讲课。我们还要在下星期上课,但这将是最后一次。幸而我们将于星期六就要结束封建时期严格意义上的世俗社会的历史。诚然,我们还将考察那个社会的法典、法规、立法方面的种种变动,其中主要的是《耶路撒冷的基础》、圣·路易的《法制》、博马努瓦尔的《博韦人的习俗》和皮埃尔·德·封丹的《法国人的旧刑法论著》,但我们将不得不把这个研究暂缓到下一年去。我们至少将在本课程中全面地研究十至十四世纪的封建制度、王权和平民,也就是说,这个时期世俗社会的三个基本因素。

先生们,你们会想得起来我们目前必须研究的是什么问题。我首先对你们讲了第三等级在法国的形成,它的一些不同的起源

和它的最初的发展情况。我接着努力使你们了解了各个不同的自治城镇的内部情况并描述了它们的政体。现在让我们致力于确定罗马的自治城市与中世纪的自治城镇之间有何相似之处,又有何种区别。这是达到彻底了解后者的唯一方法。

我已好几次向你们指出,那些历经许多世代而不变的但常被应用于变化着的事实的那些字眼的危险性。一个事实出现了;人们给予它一个带有该事实的某种最惊人、最普遍的特征的印记的一个名称。经过一段时间之后,另一个事实、一个与第一个事实类似的、至少在那具体的特征方面类似的一个事实出现在人们面前,而他们不费精力去弄明白这种类似在别处是否也完全如此的。他们把这个同样的名称给予新的事实,虽然也许它基本上是不相同的;这就产生了一个被一名称确立下来的谬误,这个谬误将成为无穷的错误的根源。

例子是很多的。我举我最初想到的一个。许多世代以来,republic这个词的意义是指没有独一无二的、世袭的权力的某种统治形式。因此,不仅在近代人中间,而且在古代人中间,republic这个词的意义已被界定;这个名称已被给予具有这种特征的一切国家。可是,请把罗马共和国和联邦共和国比较一下。在这两个具有同样名称的国家之间,难道没有比联邦共和国和任何一个君主立宪国之间的更大得多的差别吗?十分明显,虽然在某一特征上,联邦共和国很像罗马共和国,但在其他方面,它是基本上完全不同的,因此,给它以这同样的名称,几乎是一件荒谬的事。先生们,也许再也没有任何事物比这种在千变万化的事实中间名称却一成不变的情况,在历史上造成更多的混乱和更多的谬误的了。

我不知如何强烈地警告你们,不能不看到这种使人上当的事物。

我们现在就要来研究它。我常常谈到罗马自治城市制度对近代城市、中世纪自治城镇的影响。我已努力指给你们看,罗马城市如何不随帝国而消亡,它如何使自己长存并可以说移注到近代自治城镇中去。你们可能已被引导到断定中世纪自治城镇非常像罗马城市,先生们,那你们就会受骗。同时,十分明显,罗马自治城市制度并没有灭亡,它对近代城市的形成发挥了巨大的影响。但必须了解,存在着这个制度的一个变态,而帝国各城市与我们的自治城镇之间的差异是很大的。我现在要适当地向你们说明的正是这个差异。

首先,在罗马世界的各城市和中世纪各城镇的起源方面和最
初的组成方面,存在着一个重要的能产生果实的差异。中世纪的
各城镇,无论是严格意义上的自治城镇,还是由封建领主的官员管
44 理的城镇,你们知道,都是由劳动和造反缔造的。一方面,自由民
的辛勤的劳动和陆续来自勤劳的财富;另一方面,反抗领主的造
反,弱者对强者和下属对上司的反抗;这些便是封建时期自治城镇
由以产生的两个根源。

古代城镇、罗马世界诸城市的起源则完全不同。它们大多数都是通过征服而形成的。一些军事的和商业的移民聚居区都是在人口稀少而粗放耕作的土地上形成的;它们不断地剑拔弩张地侵犯周围的地区。战争、武力的优势、文明的优势,这些便是古代世界大多数城市,特别是高卢的许多城市,尤其是南部高卢的如马赛、阿尔勒、阿格德等外国渊源的城市的摇篮。这些城市的自由民在这方面与中世纪的市民远不相同,他们一开始就是强者、征服

者。他们在诞生时就靠征服来进行统治,而他们的继承者则费了很大的劲才通过造反而得到一点儿自由。

还有另一个起源上的同样重要的差异。毫无疑义,勤劳在古代城市的形成方面,也像在近代自治城镇的形成方面那样,起着重要的作用。但在这里,这同一个词的意思又遮盖了一些完全不同的事实。古代自治市自由民的劳动与中世纪自治市自由民的劳动具有完全不同的性质。新兴城镇的居民,像马赛那样的移民聚居地的居民,在这些城镇刚建立时,都致力于自由而私有的农业。他们一侵入这个地区,就像罗马贵族改良从罗马掠取来的土地那样开垦这个地区。商业渐渐与农业联系在一起,但这是一种广泛的、多样化的、一般说来是非常自由而宏伟的海上贸易。请将这种劳动,商业的或农业的劳动,与中世纪新兴自治城镇的商业劳动或农业劳动比较一下;差异是何等巨大呵!在后者方面,一切都是奴隶般的、朝不保夕的、狭隘的、可悲的!自治市的自由民耕种土地,但毫无真正的自由,毫无真正的财产;他们获得这些土地并不是在一天里靠着他们的武器获得的,而是缓慢地靠着他们的汗水获得的。至于关于工业、关于商业的问题,他们的工业在很长一段时间里纯粹是手工劳动,他们的商业局限在一个非常狭隘的眼界之内。古代各移民聚居地的那种自由而广泛的劳动,它们与远处的多种多样的关系,是没有任何东西与它相像的。这些移民聚居地都是手里拿着剑、扬起风帆建立起来的;而中世纪的自治城镇则是从犁沟中、从工场中产生出来的。出身的差异确实是大的,整个生活必然已经证明了这一点。

45

如果你要得到一个关于古代城市的起源及其最初的发展情况

的正确的概念，请看看美洲过去发生的和现在正在经历的事就行了。波士顿、纽约、纽黑文、巴尔的摩，美国的所有那些沿海大城市是怎样形成的？一些无约束的、凶猛而大胆的人离开了自己的国家，移居到一些文化和武力远远落后的民族中来，掠夺了他们的土地，并作为征服者和主人而经营这块土地。不久，他们与他们的故国、与他们所离开的大陆建立起了远距离的贸易关系，于是他们的财富也像他们的力量那样急剧地发展起来。

这就是波士顿和纽约的历史；也就是马赛、阿格德、大希腊、腓尼基，或者南部高卢的罗马移民聚居区的历史。你们看，这种自治城市的起源与中世纪自治城镇的那种起源之间是很少关系的；在这两种场合里，自治城市的原先的处境是非常不同的，因而在自治城市的市政制度及其发展方面，从此导致了深刻而持久的差异。

现在让我们离开这些处于婴幼时期的城镇而来研究那些已经
46 成立的城镇；让我们来研究它们的内部社会状况，研究它们自己居民之间的或是与它们的邻居之间的关系；我们就会觉得，罗马自治市与中世纪自治城镇之间的差异既不小些，也不少些。

在罗马世界的城市和封建的城镇的内部状况方面，有三种事实给我的印象特别深刻。

在希腊或罗马渊源的城市里，在大多数高卢古代城市里，地方行政官的职务，宗教的和世俗的职能都是统一的。这同一个人，家族的族长，同样赋有这两种职能。你们知道，罗马贵族在自己家族内部既是教士又是地方行政官，这是罗马文明的一大特征。在那里，没有一批像基督教教士那样专门致力于宗教的行政管理的人。两种权力都在同一双手里，而且均等地放在家族和家庭生活方面。

此外，在古代城市里，家长的权力、族长在自己的家族中的权力是很大的。它随着时代而经受了一些重要的变化；它在希腊血统的城市里和罗马血统的城市里是不一样的；但在评价这种差异时，它仍然是那个社会状况的主要特征之一。

最后，存在着奴隶制度，家庭奴隶制度，一些重要的、大的家族，城市里的首脑们，其生活的各个方面完全靠奴隶的服侍。

这三种情况在中世纪的自治城镇里都看不到。在那里，宗教的职能和世俗的职能是完全分开的。一批坚强地孤立的人，即教士，单独管理着宗教事务，在某种程度上是控制着宗教。同时，家长的权力虽还很大，但比起罗马世界的家长权力来荏弱得很多：它对财产、对所有权的权力是大的，但对人身的权力是非常有限的。儿子一旦成年，就完全脱离他父亲而独立。最后，那里没有家庭奴隶制。城里的上等人、富裕的自治市自由民，在他们周围、为他们服务的都是劳工和自由人。 47

如果你们想通过一个取自近代世界的例子来了解最后这个情况可以在一个民族的生活方式方面造成多么巨大的差异，那就请看看美利坚合众国这个邦联。这是所有访问过甚至研究过它的人都知道的一个事实，即在南方诸州（例如卡罗来纳州和乔治亚州）的生活方式和北方诸州（例如马萨诸塞州和康涅狄格州）的生活方式之间存在着一个由于南方诸州有奴隶而北方诸州无奴隶而产生的深刻的差异。一个高等民族通过财产所有权控制并击败了一个弱小民族，仅仅这一件事就使城市居民的思想、感情和生活方式具有一种完全不同的性质。在美国，南方诸州各城市的法律、成文法一般比北方诸州各城市的更民主，然而蓄奴制的影响使南方的思想和生活方式实际上比北方的要贵族化得多。

先生们，现在让我们离开城市内部，让我们走到它们城墙外面去，去考察乡村居民的状况、他们与人民大众的关系。我们在这里，在罗马世界的城市与中世纪的自治城镇之间将看到一个我早已指出的巨大差异。你们知道，在蛮族入侵之前，城市是上等人的中心；罗马世界的一些头儿脑儿、长官、大师和一切要人都住在城市里或其附近；乡村地区则仅由下等人、奴隶或处于半奴役状态的隶农占据着。政治上有权有势的人都居住在城市的中心。在封建时期，我们看到的是一幅相反的景象。爵爷们、当地的头脑和有权有势的人都居住在乡村地区。城镇则多多少少被舍弃给下等人，他们为了掩护和保卫自己并最后使自己在城墙后面稍得喘息而费力地挣扎着。

48

因此，不管我们根据什么观点来考虑罗马世界和中世纪的城市及其居民，也不管我们注意的是它们的起源、它们的内部社会状况，还是它们与占据这块土地的人民大众的关系，差异是很多很多的、惊人的、无可置疑的。

我们将如何总结它们呢？它们最主要最惊人的特征是什么？你们早已感觉到它，你们自己已经给它命名了。贵族政治的精神必已在罗马的城市里占主导地位；民主政治的精神必已在中世纪城镇中占主导地位。从它们的起源、从它们的内部社会状况、从它们的外部关系看，罗马各城市必然是非常贵族化的。它们的居民长期占据着优越地位、长期拥有政治权力。觉察到这种崇高、傲慢、庄严以及一切与此有关的优点——这些都是贵族政治精神的有利的一面。强烈追求特权、企图禁阻他们下面各阶级的一切进展，这是它的缺点。十分明显，贵族政治精神的好与坏这两种倾向是受到罗马城市生活的一切主要境况的支持和激励的。与此相反，民主政治精神必已在中世纪各城市中占主导地位。它所特有的要点是什么呢？独立性，爱好独立存在和力争上游，是它的好的方面。它的坏的方面是忌妒，憎恨它的上级，对变革的盲目的爱好，并喜欢诉诸残酷的武力。谁没有从中世纪城镇的起源、从它们的内部社会状况、从它们的对外关系中看出民主政治精神的这种好的和坏的方面、这些优点和这些缺点必然是它们生活方式的主要特征呢？

让我们更深入地研究一下；让我们看看严格意义上的自治城市的各种制度、城市的行政组织；它的各级官员的职权及其选举；让我们根据这种新的关系比较一下罗马城市与中世纪的自治城镇；我们将达到同样的结果。

我在上一个课程中谈到过蛮族入侵时期罗马自治城市制度的状况。因此，你们知道 curia（元老院）、curiales（元老）、decurions（议员、参议）是什么，以及帝国末期罗马自治市是如何组织的。可是，我要用几句话来重复说一下：

每个 municipium（自治市）里有一个叫作 ordo（阶层、阶级、队列）或 curia 的元老院。这个元老院组织并制定这个严格意义上的城市的一切制度；权力都属于它；这就是说这个元老院管理着城市，少数非常的情况除外，遇到这种场合就请人民大众参与自治市的事务。

这个 ordo、这个 curia 由若干事先知道的、列名于一本叫作 album，album ordinis，album curiae（名册、上层人士名册、元老名册)的登记簿上的家族组成。它们的数量并不很多。从某些例子,有理由认为它在一百到二百之间。你们知道,自治市的权力集中在极少数家族手中。它不仅集中在这个里面,而且一般还世袭地掌握在那些赋有这个权力的家族的手中。如果一旦他们成为元老院的一员,他们就永不离开元老院;他们必须完成自治市的一切任务,同时有权享有自治城市的一切荣誉和权力。

这个元老院的人数日渐稀少,这种家族日渐绝灭,而由于各城市的任务总是存在着的,甚至会增多,这就必须填补这些空额。元老院如何补充员额呢?它自己来补充。新的元老并不是由人民大众选举出来的。他们是由元老院自己挑选而引入它的团体来的。由元老院选举出来的本城的行政官们提出某一个富裕而可敬的足以列入元老院的家族的名字。于是元老院就指派它;从那个时候起这个家族就参加到这个阶层中来,并在下一年被写进上层人士名册。

这些便是罗马城市组织的主要的特点。这肯定是一个高度贵族化的组织。权力都集中在少数家族手中而且世世代代在这些家族中传递下去,同时这个团体只凭它自己的爱好来补充它的人员,那还有什么东西比这更具有贵族政治的色彩的呢?

帝国覆亡时,这种地方自治权力已成为一种负担,人们都逃避它而不追求它;因为所有这些城市的贵族政府像帝国本身一样,已成为极端衰落的牺牲品,而只能充作堂皇的专制政治的工具。但这种组织始终如旧、始终是贵族政治色彩十足的。

现在让我们转过来谈谈十三世纪,谈谈中世纪的城镇。我们将在那里看到,我们面临的是另一些原则、另一些制度和一个完全不同的社会。这并不是我们在某些近代自治城镇里没有遇到一些类似罗马城市组织的事实，一种 ordo，一种赋有管理城市之权的世袭的元老院。但这并不是中世纪地方自治机构的主要特征：一般而论，一个为数众多而易变的人口，一切生活有些安逸的阶级，一切具有某种重要性的行业，一切拥有某种财产的自治市自由民都需至少间接地行使地方自治权。行政官员一般不是由其本身早已非常集中的元老院而是由居民大众选举产生的。在行政官职位的数量和关系以及选举的方式方面，有多种多样的变化和非常不自然的组合。但是，甚至这些多样性也证明，这种组织并不像罗马城市的组织那样简单而贵族化。我们在中世纪自治城镇的这些不同的选举方式中看到，一方面大量居民在法律上是同样有权的；另一方面有一种艰辛的努力要使群众避免危险、减少和精练它的影响，并使对行政官的选择具有比原有的更多的智慧和公正。下面

是这种组合的一个奇异的例子。十四、十六世纪时在加尔行政区 51
内、在朗格多克的索米耶雷斯自治城镇，市行政官的选举须经下列考验。城镇按照行业团体分为四个区。它有四个高级行政官和十六个市议会议员：他们的任期都是一年，每年年底，这四个高级行政官和他们的十六个市议员一起开会，并在城市的四个区里选出十二个知名人士，每区三个。这样，就有了四个高级行政官、十六个议员、十二个知名人士，一共三十二人。这十二个由上年的行政官挑选的知名人士把十二个孩子引进了市政厅：在市政厅的一只瓮里放着十二个蜡丸；他们给这十二个孩子每人抽出一个蜡丸；于是他们打开这些蜡丸，其中四个藏有一个 E 字，这个 E 字就意味着 electus（当选）；另一方面，这个抽到藏有 E 字的蜡丸的孩子便

指出一个知名人士的名字，这样，这个知名人士就知道自己已当选为自治城镇高级行政官之一。

还有什么能比这样一种制度更不自然的呢？其目的是在使各种各样的选择方式在法律上同样有权——由年高德劭的行政官们自己来任命直到通过在总体中抽签的办法来选拔。其目的显然是在削弱人民激情的绝对权力和抵抗由无数易变的群众履行的选举中的种种风险。

我们在中世纪的地方自治制度中看到许多预防措施和这一类的诡计。这些预防措施、这些诡计清楚地说明了在其中占主导地位的是什么原则。它们力图精练、约束、纠正选举，但它们总是致力于选举。由低级人员选择高级人员，由人民选择行政官员，这是近代自治城镇组织的主要特征。由高级人员在下级人员中间选拔人才，贵族政治由贵族政治自己来刷新，这是罗马城市的基本原则。

52

先生们，你们看，不管我们采取什么路线，我们总是达到这同样的一点，虽然罗马的自治城市制度对中世纪的自治城镇制度有影响；虽然有割不断的纽带联系着它们，但两者之间的差异是根本性的差异。贵族政治精神在一种制度里占主导地位，民主政治精神在另一种制度中占主导地位。其中有一致的地方，同时也有革命。

还有一些分散的事实能证实、澄清和说明我们从各方面得出的这个结论。

哪些法国城市在十三、十四世纪时最能显示出贵族政治的面貌？它们是一些南方的城市，亦即罗马地方自治制度原则保留着最大的影响力的那些罗马渊源的自治城镇。例如，自治市自由民与封地所有者之间分界线在南方就比北方不深刻得多。蒙彼利埃的、图卢兹的、博凯尔的和其他许多自治城市的自由民既是封建领主又有权成为骑士，这项权利是北方自治城市的自由民所没有的，因为那里两个阶级之间的斗争剧烈得多，因而民主政治精神热烈得多。

让我们暂时离开法国：我们在意大利看到的是什么？那边许多城市的政体似乎与古罗马城市的政体极为相似。这是什么缘故？第一，因为罗马的地方自治制度在那边更为活跃并发挥着更大的影响；第二，因为封建制度在意大利已很荏弱，我们在领主与自治市自由民之间看不到那种在我们历史上占着那么多地位的长期的可怕的斗争。

53

在法国的各自治城镇里，特别在北方和中央的那些自治城镇里，贵族政治和民主政治之间的战斗并非固定在城市本身之内，在城市里占优势的是民主政治精神。自治市自由民的民主政治竭力反对的是外部的贵族政治，封建的贵族政治。与此相反，在意大利各共和国之内，在自治城市的贵族政治与民主政治之间有斗争，因为那里没有吸收各城市一切力量的外部的斗争。

我认为没有必要坚持着说得更远了：这些事实已足够说明了。罗马的地方自治制度和中世纪的地方自治制度之间的区别是显著而深刻的。毫无疑义，罗马的自治城市对近代的自治城镇做出了很大的贡献；许多城市通过一种几乎感觉不到的转变，已经从古代的元老院过渡到我们的资产阶级。但是虽然罗马自治城市没有灭亡，虽然我们不能说，它在某一个时代已经不存在，以便在一个较晚的时期被另一个制度所代替；总之，虽然没有持续的解决办法，然而却有名副其实的革命；罗马世界的一些地方自治制度在使自己长期存在下去的同时，也在转变自己以便产生一个建立在其他原则上并受另一种精神鼓舞的地方自治机构，这个机构在一般社会和国家方面已起了一种与元老院在帝国时代所起的完全不同的作用。

先生们，这就是迄今被人们所忽视或未被正确了解而我要加以揭露的一件大事。在下一讲里，我将迅速地讲给你们听，近代地方自治制度在封建时期里，从自治城镇初次出现和组成到封建制度统治时期结束，亦即从十世纪末到十五世纪初这段时间里所经历的革命。

第四十九讲

十一到十四世纪第三等级的历史——它的处境的沧桑变迁——严格意义上的自治城镇的急剧衰落——由于什么原因——1. 由于封建强国的中央集权化——2. 由于国王们和大封建主的庇护——3. 由于各城镇的内部混乱——拉昂自治市的衰落——第三等级并不随着自治城镇同时没落;恰恰相反,它发展了,巩固了——由国王的官员们管理的城镇的历史——王家法官和行政人员对第三等级的形成和发展的影响——对自治城镇的自由及其结果应如何评价?——法国与荷兰的比较——本课程的结束语

先生们,你们已经看到第三等级的形成及其最初的发展情况。我已尽力使你们了解封建时期一般社会的情况和各城镇内部情况。但封建时期持续了十一、十二、十三三个世纪之久,在这一段长时间里,第三等级并不是停滞着不动的、始终如一的。一个还如此不稳定的社会,一个还如此荏弱、还在一些强大势力中间如此剧烈地摇摆的阶级,必然会遭受到很大的激荡和频繁的沧桑变化。我们将在本讲中研究它们。

我谈到过的第三等级与平民之间的区别,在这里特别重要。如果到了封建时期末尾和十四世纪之初,有人查问被称为资产阶

级的那些中等阶层的人在哪里，我们会惊奇地看到那些严格意义上的自治城镇正在衰落，而被看作一个社会阶级的第三等级却正在发展之中，这个资产阶级的人数愈益增多，力量也愈益强大了，虽然各自治城镇已丧失了它们大部分的自由和权力。

先生们，演绎地推断起来并考虑到这个时代的一般社会状况，这个事实是非常容易解释的。你们知道严格意义上的自治城镇是什么：是那些有一块他们自己的管辖区，可以宣战，可以铸造货币，几乎自治的城镇；总之，是一些几乎独立的小共和国。这个词语，虽然夸大了，却说出了关于这个事实的一个十分确切的概念。让我们研究一下，这些自治城镇在十二到十四世纪的那个社会中，可能会变成什么和必然会变成什么；我们将看到它们一定已经几乎必然地、迅速地衰落了。

56 这些自治城镇都是靠着约于九世纪中叶爆发的那个运动而成立的一些小社会、一些当地的小国家，那个运动意图摧毁任何大小的一切社会组织、一切中央权力，以便成立一些非常狭小的团体，一些纯粹地区性的强国。正像封地所有者们的社会不能按一般方式组成而只能变成许许多多的小君主，每个都是自己领地的主人，相互之间仅仅靠一种脆弱而混乱的等级制度联系着，一些城镇发生的事也是如此。它们的存在完全是当地的、孤立的、局限于自己的城墙之内或一块非常狭小的地区之内的。它们通过造反已经摆脱了它们过去依附的当地小皇帝；它们已经以这种方式获得了真实的政治生活，但并没有把它们的关系伸展到任何公共中心、任何总的组织，也没有使自己依附于这种中心和组织。

如果事情始终停留在这种状态，如果这些自治城镇，除了住在它们附近的和这些城镇从其手中挣得独立的那些领主之外,从未跟任何人打过交道,那它们可能还保存着全部独立性,可能甚至还取得了新的进展。它们在一个邻近的领主面前证明了自己的力量并取得了自由的保证。如果它们除了他之外一直不与任何其他人打交道,它们可能维持斗争而带来越来越多的好处,并同时看到自己的势力和自由的增长。

这正是意大利发生的事。这些城市,这些意大利的共和国,一旦征服了邻近的领主们,不久就并吞了他们。这些领主觉得自己必须来到这些城市的城墙之内来生活;于是,封建贵族,至少其大部分,就这样变成了共和国的资产阶级。但是,意大利城市的这种好运气是从哪里来的呢?来自它们从来不与一个非常高贵的中央权力打交道;而斗争几乎总是在它们与一些当地的不公开的领主之间进行,它们就从这些领主手中挣得了它们的独立。在法国,事

态的发展采取了一条完全不同的路线。你们知道(因为这事当我 57
们研究封建社会本身时就可以辨认出来),大多数封地所有者,大多数这些当地的小皇帝总是逐渐地丧失如果不是他们的领地和自由的话,至少是他们的主权,而在那里,在公国、伯国、子国的名义下建立起了一些强大得多、幅员辽阔得多的真真的小王国,这些小王国吞噬了散布在它们的领土上的封地所有者的主要的权利,并完全靠着武力的不平等使他们沦落到非常从属的地位。

这时,大多数自治城镇很快就发现他们面对的已不再是生活在它们旁边、曾被它们征服过的纯朴的领主,而是一个远为强大、远为可怕的已篡夺了许多领主的权利并为自己的利益运用这些权利的一个大封建主。例如,亚眠自治市曾从亚眠伯爵手中夺得一

份特许状和有效的保证。但当亚眠伯爵领地并入法国国王的版图时，这个自治市为了维持自己的特权就得和法国国王斗争而不再和亚眠伯爵斗争。这场斗争肯定远为严峻，形势对它远为不利。同样的事在四面八方发生，自治城镇的地位遭受到严重的损害。

他们要恢复他们的地位，同他们的新的、远为强大的对手斗争而取得胜利，只有一个办法，那就是依附于一个大封建主的一切自治城镇联合起来组成一个联盟来保卫自己的自由，像伦巴底诸城市对红胡子腓特烈和皇帝们所做的那样。但是要把一切体制的团体和政府联合起来这是一项最复杂、最困难的工作，它要求人们的智力有最大的发展，还要求总体的利益对个体的利益、总体的主意对局部的偏见、公众的理智对个人的热情，有最大的控制力量。因此，如果一般人的文化并不是很优良、很先进的，那这个联盟一定是很荏弱、很不稳定的。法国的那些依附于国王或大封建主的自
58 治城镇甚至不试图组织联盟。它们在反对其可怕的对手的斗争中，几乎都孤立地各自为自己的利益而行动。诚然，我们在这里看到某种联合的尝试，但它们都是短暂的、有限的和很快就垮掉的。在法国南方阿尔比派的战争中，有一个惊人而可叹的这种例子。你们知道，南方诸城市很快就繁荣昌盛起来并得到了独立。尤其在它们的城内，阿尔比派的宗教方面的意见以及与此有关的思想得到了很大的发展；人们可以说，他们在那里迷住了大部分人。当法国北方的十字军向阿尔比派猛扑过来时，这些如此繁荣、如此强大的城市似乎自然会联合起来组成一个大联盟，以便有效地抵抗这些侵犯它们、蹂躏它们的外国人，这些新的蛮族。各行各业的人，关心安全，关心自由的人士，宗教界以及爱国的人士，都要求成

立这样的一个联盟。当时发生的斗争是蒸蒸日上的文明对征城略地的野蛮行为的斗争，南方盛行的自治城市制度对北方占优势的封建制度的斗争。它是中产阶级对封建贵族的斗争。唉，对这些南方城市，阿维尼翁、博凯尔、蒙彼利埃、卡尔卡松、贝济耶、图卢兹等来说，要它们互相了解并联合起来是不可能的，中产阶级只能一个城市跟着一个城市地陆续参加到战争中来，因此，尽管它们很忠诚和勇敢，它们都迅速地彻底地被击败了。

可以肯定，没有任何事物能更好地证明，这些独立的小共和国要组成一个地方自治的联盟是如何困难了。因为虽然再也没有比这更需要更自然的事了，然而几乎没有人试图去做它。在法国中部和北方发生这样的事一定有更大的理由，那边的城市不仅力量较弱、人数较少，而且民智较不开通，尚未能接受大众的观点的指导，使个人利益服从大众的长远利益。因此，这些自治城市在与那 59
些已成为封建的中央集权政体的对手们进行斗争的时候，他们自己的武力却仍然是地方性的、分散的和个人的武力。它们所面临的已不再是他们从他那里取得特权的一个附近的领主，而是一个远处的远为强大的大封建主了，这个大封建主已消灭了自己领土上的一切爵爷们的武力。因此，这些自治城市必然觉得自己的力量差得太远而不得不屈服了。

这，如果我没有弄错的话，是它们衰落的第一个原因。其第二个原因是：

许多自治城镇，在其形成，在其与领主斗争以摆脱其暴政时，往往需要有一个保护人以便进行它们的事业，并用他的保证来保护自己。它们一般向它们领主的大封建主申请，你们知道，这是封建的原则，一条制定得不好，也没有被很好地遵行，但仍对人们的思想拥有强大的影响的原则，即人们总可以要求大封建主对他的封臣施以法律制裁。因此，当一个自治城市需要控告它从他那里争取到特权的那个领主时，它总要到大封建主那里去寻求匡正和保护。这条原则使大多数自治城镇都去要求国王或大封建主出面干涉，于是国王和大封建主自然地着手干预它们的事务，并取得对它们的某种保护权，而自治城镇的独立或迟或早要遭受这种保护权的损害。人们尤其在较晚的时期里常常说，在自治城镇的形成和最初的发展中，王权的干预远不像人们常常说的那样有积极意义、那样有效。就这个意思来说，这句话是正确的，即主权并不是为了对公众有用，或者为了有组织有计划地与封建制度斗争而创立自治城镇的。非常确实的是，大多数自治城镇是自己靠武装起义这个手段而组成的，这往往是违反国王和它们的直接领主的意
60 志的。但同样确实的是，它们在取得它们的特权之后和在他们为了保存自己必须坚持的长期斗争中，他们感觉到需要有一个强大的同盟者、一个高级的庇护人，于是他们，至少他们中的许多人，乞求于王权，而王权在很早时期就这样对它们的命运发挥了值得注目的影响。关于它的干涉的例子是很多很多的，几乎不值得费力去加以引证。然而我还是要举出下列例子，因为它表明了大家，自治市自由民和领主们，都愿意要求、愿意接受这种干涉，没有明显的必要，仅仅由于需要秩序、需要找到一个公断人来使他们终止争论。下面是一份关于皮卡第的圣·里奎尔修道院的特许状，它是用下列文字表达的：

“我，圣·里奎尔修道院和女修院的院长安泽尔通知大家，法

兰西的可敬的国王路易来到圣・里奎尔，为我们的利益在那里在我们的人中间建立了一个社团，并确定了它的章程；于是，自治市的自由民自恃人数众多，强迫我们放弃我们的权利——即为国王的军队征税、办备军需和分配赈济物资之权。此外，他们无理地强迫他们朝廷里的人服从他们的习俗，这些人在上述自治市之前，已免去了修理护城河、站岗守卫和缴纳人头税的义务。但是，被彻底激怒了的我们，通过我们的祈祷，恳求我主法兰西国王把我们的事务归还给我们，让它们恢复到它们原先自由自在的状态，并将教会从他们的不公正的勒索和捐税中拯救出来。因此，对我们所受的压迫表示同情的国王来到我们这里，并像他应该做的那样，缓解了我们中间发生的困难；使供国王的军队用的大大小小的捐税规定在收到时清算，大大小小的给养由自治市自由民与农民共同提供；而自治市自由民自己已欣然同意我们对分配和赈济工作所收费用以及其他权利，像我们在上述自治市成立前那样，拥有所有权。此外，经自治市自由民同意，我们已将维持护城河和供养卫兵（五十二个武装保卫他们的封地的我们的封臣）的费用不列在人头税之内；我们已将靠圣・里奎尔修道院的面包生活的我们的仆人和居住在城外的我们的仆人全部撤离自治市。

"如果任何一个自由农民愿意进入自治市，让他把属于他领主的东西归还给他领主并离开他领主的地产，然后他可以进入自治市。

"圣・里奎尔修道院纳贡的人不经院长同意不得进入自治市。

"条目，经在国王面前商定，蓬蒂欧的伯爵威廉将永远留

> 在自治市之外，任何一个有城堡的君侯不经国王和我们同意不得进入自治市；不经国王和我们同意，也不得在自治市自由民上面设置市长；如果他被设置了，那他只能在那里留到我们愿意的时候为止。
>
> “此外，永远褫夺米莱布尔格的罗伯特及其兄弟们的行政司法长官的职务、子爵的任务并剥夺其一切权力。
>
> “还规定，任何自治市自由民，如果不是为了祈祷这个唯一的目的，都不得进入我们的教堂来打扰我们，而且将来如果不经我们同意，再也不得擅自敲我们的钟。
>
> “所有这些事情都已决定，自治市自由民已宣誓答应执行它们，并为此给了我们人质；同样，这里参加的法朗特尔的伯爵查理和埃蒂耶纳都很高兴地予以赞同。

> “因此，我，上帝恩赐的法兰西国王路易，发布此令并使其生效。我主降生 1126 年，于圣·里奎尔。”

因此，先生们，你们可以明白，国王对自治城市事务的干涉都是自治市自由民或是那里的领主所要求的最无关紧要的事情所引起的，这些事情比今天许多人所认为的远为频繁、远为有效。而我说到国王们的话同样适用于一切大封建主，他们由于这同样的原因，对坐落在他们的封臣们领地上的自治市，行使了这种干涉和庇护权。现在你们不难明白，庇护人越是强大，庇护就变得越令人生畏。同时，由于国王和大封建主的权力总是在增长，这种对自治城市干涉和庇护的权力也使用得越来越专断和强硬，因此，仅仅按事态的发展，抛开一切起义、抛开一切武装斗争，各自治城市觉得一方面必须与对手们打交道，另一方面还须与远为强大远为可怕的庇护人打交道。在这两种情况下，它们的独立性不能不衰落。

第三种情况必然同样使它受到严重的打击。

先生们，如果你们认为曾经取得胜利并组织成立的自治城镇的内部的制度是一种和平和自由的制度，那你们就完全错了。自治城镇，当它需要的时候都能忠诚奋发地反抗其领主、保卫自己的权利；但在其城墙之内，意见分歧常达到极点，生活仍然是激烈的、多风波的，充满着暴力、不平等和危险。自治城镇的居民是粗鲁、热情、野蛮的，至少像他们从其夺得权利的领主同样野蛮。自治城镇设置的那些行政司法长官、那些市长、那些高级市政官员、那些各种等级、各种称号的官员中，有许多不久就想专断地横暴地在那里进行统治，不拒绝能达到他们的愿望的任何手段。下等人民对富人、对各行各业的领袖、对富有和勤劳的雇主常怀妒忌之心并煽动叛乱。稍稍研究过意大利各共和国历史的人都知道，它们如何不断地发生混乱和暴行，而真正的安全和真正的自由对他们始终是如何陌生。它们已获得极大的光荣，它们精力旺盛地对它们的外敌进行斗争；人们的才智在那里得到了丰富而显著的发展；但严格意义上说的社会状况是可悲的，那里人们的生活非常缺乏欢乐、休息和自由。这是一种比古希腊各共和国的制度远为骚乱、远为动荡、远为不平等的制度，虽然古希腊各共和国肯定不是良好的政治组织或社会福利的模范。

63

好啦！先生们，如果在意大利各共和国里，才智的发展和对各种事务的了解比其他地方远为进步，那么请判断一下，法国各自治城镇的内部状况必将如何。我奉劝那些想更仔细地了解它的人研究一下拉昂这个自治市的历史，不论在原始文献中还是仅仅在梯耶里先生的《信件》中研究它。他们将在那里看到，一个自由的自治城市要遭受那么无穷无尽的沧桑变迁，那么可怕的混乱，可怕的暴虐、放荡、残酷和劫掠。那些时代的自由，到处都有一部可悲的、可叹的历史。

这些横暴的行为，这种混乱状态，这些不断再生的恶事和危险，这种坏的管理，这种自治城镇的不幸的内部状况，迫于情势，不断地要求外来的干涉。

人们争得了一份自治的特许状使自己免遭领主的勒索和暴行，但不能使自己免遭市长和地方行政司法长官的勒索和暴行。自治市自由民摆脱了来自上面的勒索之后，就成了来自下面的劫掠和大屠杀的牺牲品，于是他们寻求一个新的庇护人，一种新的干涉把他们从这种新的祸害中拯救出来。从此，各自治城镇频繁地乞援于国王，乞援于大封建主，在它们看来这些人的权威可能镇压市长、地方行政司法长官和坏的官员，或使人民大众得到正常的秩序；另一方面，从此自治体的自由不断地丧失，或至少变得极为荏弱。法国那时正处于文明的那个阶段，当时几乎不能得到安全，除非牺牲自由。使安全与自由、个人意志的迅速发展与公众秩序的正常的维持成功地得到协调，这是近代的、完全是近代的一种现象。这种解决社会问题的好办法，虽在我们中间还很不完备、还摇摆不定，但在中世纪是绝对不为人所知的。那里的自由是十分横暴、十分可怕的，以致人们对它不是厌恶它，至少是很害怕它的，人们总是不惜任何代价、寻求一种能给予他们某种安全的政治秩序，因为安全是社会状况的基本的、绝对的条件。那么，意大利各共和国急剧衰落的主要原因是什么呢？我常查阅它们的历史，因为这

是阐明法国自治城市历史的最好方法。由于种种情况(要在此说明,需费太多的时间),只有在意大利,自治的原则才被提高到一种政治制度的高度和突出的地位:因此,只有在那里,我们可以辨认出它的真实的性质并评价它的全部后果。

那么在意大利发生了什么事呢?自由在那里让位于它自己的过度行为,因为缺乏力量来取得社会的安全。那些骚乱的共和国迅速地落到一个高度集中的贵族政治及其首领们的控制之下。这就是威尼斯的、佛罗伦萨的、热那亚的、几乎一切意大利城市的历史。

这同一个原因使法国的自治城市丧失其饱经暴风雨的自由,并使它们沦于王族或大封建主的专制统治之下,而这些王族或大封建主原是它们请来作为庇护人的。

仅仅考虑到一般事实,法国自治城市命运的发展过程必然是如此,实际上便是如此。某些具体事实完全证实这些结果。在十三世纪末、十四世纪初,我们发现无数自治城镇消失了,也就是说,自治城镇的自由消亡了;自治城镇不再属于它们自己,不再管理它们自己了。打开《国王们的法令汇编》,你们可以看到无数曾为自治市的独立奠定基础的特许状在这个时期里消失了;而且总是由于我刚才告诉你们的这些原因之一,由于一个过于不相匹敌的对手的力量,由于一个过于可怕的庇护人的优势,或是由于一长串内部的混乱使市民阶级对自己的自由感到厌恶,使它不惜以任何代价去购买一点儿秩序和安宁。

我可以无限地增加这种例子;这里我只提出两三个,但这些都是惊人的、各不相同的。

我已向你们指出，拉昂自治市是怎样并经受了多么粗野的考验而争得它的自由的。我已较详细评述了它在十二世纪之初得到并经它的领主、主教同意的这份特许状。快到十二世纪之末，在1190年，拉昂主教罗杰·德·罗索伊将瓦兹河畔拉费尔的领地让予菲利浦·奥古斯都，并以此为代价取消了拉昂的自治市。这自治市能与它的主教斗争，但怎么能跟菲利浦·奥古斯都斗争呢？特许状被取消了。下一年，即1191年，该市市民也想与菲利浦谈判；毫无疑义，他们献给他的多于主教所献给的。菲利浦重建了自治市，但保持了主教给他的瓦兹河上的拉费尔这块领地。一百年几乎在同样的状况中过去了，拉昂自治市享受着它的自由。1294年，在美男子菲利浦治下，拉昂主教又开始请求国王取消自治市，并显然使用了一百年前罗杰·德·罗索伊使用过的类似的论据。菲利浦派人到该地视察了一番。自治市里有许多混乱、谋杀、亵渎神圣的事。拉昂的居民似乎是那个时代自治市居民中最野蛮的。美男子菲利浦于1294年取消了拉昂的自治市。过了很短的一段时间之后，确切的日期不详，显然根据该市市民的请求，他重建了自治市，但有这样一个限制条件——Quamdiu nobis placeat，"在我们高兴的时候"。拉昂的主教这时正卷入卜尼法斯八世与美男子菲利浦的争吵并站在教皇一边，这说明了国王对该市市民的突然的宠爱。正当他们认为可以和和平平占有他们的自治市时，卜尼法斯为了替主教报仇从梵蒂冈发出了一道正式的训令，取消自治市。但菲利浦下令把训令烧掉了，于是自治市继续存在。美男子菲利浦死后，这场斗争仍然继续着。拉昂的主教和拉昂的市民争吵着，并轮流博得国王的欢心。高个子菲利浦总是在他高兴的

66

时候支持自治市。1322 年,主教赢得了胜利,美男子查理取消了自治市;但在这同一年中,市民们争得了政令的暂停执行,虽然最后它还是被执行了。但是,1328 年,顽夫菲利浦宣布他有权重建拉昂自治市,并说如果他喜欢,他就要这样做。主教阿尔贝特·德·罗伊给了菲利浦一大笔钱;于是国王于 1331 年取消了自治市,而自治市终于承认自己是被征服者。

先生们,这些便是拉昂自治市从十二世纪到十四世纪所经历的沧桑变化和它所屈从的势力。十分明显,造成它的覆灭的只是王权。它成功地与它的主教斗争(大概斗争是经常进行的),但它没有能力反抗国王。

各自治市还有另一种灭亡的原因。拉昂自治市是在保卫自己、尽其之所能使自己继续存在下去而不能办到的情况下灭亡的。但是,不止一个不满于自己的地位的自治市是自己要求废止的。下面是埃夫勒的伯爵好人菲利浦应默朗居民的请求于 1320 年颁发的特许状:

> “我,埃夫勒的伯爵菲利浦,通知一切已到的和将到的人,因为居住在默朗市和牟利奥地区的好百姓要求并告诉我们,他们在过去很长一段时间里,在我们的默朗市里拥有自治市和社区,为了保持这个自治市及其种种权利和特权,一直被市长和行政长官勒索各种捐税和贡物,深受其苦,因此,他们请求我们把这个自治市连同应归属于它的一切租赋和岁收拿到我们自己手中来,我们考虑到支付一切应由该自治市支付的与该市有关的债务和义务,并保证该市居民在这方面不受任何损失或损害。我们有很大的愿望使我们的臣民免受损失和

损害，因此，对该市的居民所提出的这个请求作了郑重的考虑，并由我们为一方，该市市民为另一方，双方协议决定如下：

"第一，该默朗市居民完全放弃他们所说的自治市和社区并把它永远地交到我们的和我们的天生的或非天生的后嗣的手里，连同一切按其自治市的资格应归属于或可能归属于该默朗市的一切租赋和收入……"①

这是一个自治市的例子，这个自治市，为了摆脱它自己内部制度的混乱与其官员的暴政，放弃了自由，使自己又处于国王的支配之下。

下面是另一个由国王美男子查理于1325年11月颁发给苏瓦松自治市的同样性质的特许状。

"查理，等等，给一切到场的和将要到来的人。我通知你们，我已收到苏瓦松自治市居民的恳求信，为了他们提出的某些理由，我今后将永远把他们作为一个总督管辖区以我们的名义管理他们。该自治市的市长和高级官员应即停战，而该总督则必须按照他们过去的习惯和惯例管理他们，不得侵犯他们过去作为一个自治市时期享受的一切自由和特权。我们应该市市民的恳求，根据恳求信的要旨，将该自治市连同它的管辖权限、各种权利和利益拿到我们手中，今后我们和我们的后继者将通过一个我们委派的总督治理它。我们完全同意，我们和我们的后继者委派的这个总督应按照该市居民的法律和习惯以及他们在自治市时期享受的自由和政治权利治理他

① 《法令汇编》，第VI卷，第137页。

们，不过今后不得再委派任何市长和高级官员。”[①]

我还可以引录许多这样的例子。

因此，十三世纪将近终了时，我们不但看到大量自治城镇的消失（有些是被迫的，另一些是出于它们自愿），而且看到王家权力开始对自治城镇实行普遍的控制。在圣・路易和美男子菲利浦治下，你们可以看到那些重大法令出现在公开的集子里，这些法令控制了对王室领地内一切自治城镇的管理。在那时以前，国王们是个别地对待每个城市的。由于它们大多数是独立的，或者至少赋有各种不同的可观的特权的，所以无论国王或大封建主都没有想到为地方自治制度规定一些以统一而简单的方式管理他们领地内一切自治城镇的总规章。在圣路易和美男子菲利浦治下，才开始有总的规章和关于这个问题的行政法令；这是特殊的特权和自治体的独立的衰落的一个证据。

69

因此，先生们，十分明显，在十三世纪末、十四世纪初这个时期，严格意义上的自治市衰落了，那些管理自己事务的小共和国也在一个大领主的庇护下衰落了。如果第三等级完全居住在自治市里，如果法国中产阶级的命运取决于自治体的自由，那我们将会看到它在这个时期已很荏弱而在衰落中了。但事实远非如此。我再说一遍，第三等级的诞生和茁壮成长由于完全不同的根源。当一个已将枯竭时，另一个却仍是丰盛而富饶的。

除了严格意义上的自治城市之外，应该想到还有许多城镇，虽然没有享受到真实的自治的生活，没有自己管理自己，但仍然有些

① 《法令汇编》，第 XI 卷，第 500 页。

特权和自由，并在国王的官员们的管理之下增加了人口和财富。

先生们，这些城镇，在十三世纪之末，并没有加入到衰落的自治市的行列。在它们那里，没有什么政治上的自由。它们没有自己来做一切自己的事的必要和习惯；在那里，独立和反抗的精神不但不流行，而且越来越衰萎。我们看到在那里出现的是那种曾在我们历史上起过很大作用的精神；那种精神虽没有多少雄心壮志，没有什么进取心，甚至是胆怯的、几乎不想致力于坚决而顽强的抵抗，但是，它是诚实的，是秩序和规矩的朋友，坚韧不拔地坚持它的权利并十分巧妙地使这些权利迟早得到承认和尊重。那种精神尤其在国王的总督以国王的名义管理的那些城市里得到发展，它是迄今法国中产阶级的主要特征。但切不可认为，由于缺乏真正的自治城市的独立性，这些城市就没有一切内部的安全了。有两个原因有力地使它们不至于被管理得像人们可能认为的那样坏。国王们老是担心他的地方官员会闹独立；他们都记得王国的官职，公爵和伯爵，在九世纪时变成了什么；而要把昔日堂堂的主权的四散的残骸收复过来需要克服多少困难。因此，他们总是小心翼翼地监视着他们的总督、警官和各种官员，使他们的权力不致扩张到使自己感到可怕的地步。因此，在各城市里，为国王执行行政工作的人员都受到严密的监视和约束。

70

此外，在这个时期，议会和我们的一切司法制度已开始建立。一些有关城市管理的问题和总督与自治市自由民之间的争端，被提交巴黎议会，并在那里得到比任何其他权力机构所作出的更独立更公正的判断。某种公正性是司法权力机构所固有的；根据书面的经文进行宣判和引用法律于事实的这种习惯，使某些古老的权利看来十分自然而近乎天性。因此，在议会里，一些城市往往得到与国王的官员们所作出的相反的公正的判决而保持了它们的政治权利。例如，请看，在美男子查理治下，议会为尼奥尔市与其总督之间的争端作出的一个判决。该市的市长和警官都是没有政治上的独立性的，他们都在总督的权力下管理自治市的事务。

> “法国国王的儿子，拉·马尔什和比戈雷的伯爵查理，等等。
>
> “通知大家，我们审理了一件以尼奥尔市的市长和老百姓为一方，该市的总督和拉·马尔什伯爵阁下的领主代理人为另一方的双方之间的争端。
>
> “第一，该市长宣称，他对自治市辖境内发生的一切刑事和民事案件有十足的审理权，不论是否不受一般法规节制的案子，还说，他和他的前人很久以来就享有这个管辖权了。
>
> “又，他说，他在任何事情上都是免受该总督管辖的，他对该总督是毫无服从的义务的。
>
> “又，该市长在陈述他对全市的一切事务的管辖权和审理权时提出说，总督如果被传唤到庭受审也有义务像任何其他人那样服从传唤。但总督和领主代理人都否认这一点。
>
> “又，该市长断言，他对自治市市民的家属和仆人有审判权，市民的家属和仆人应服从其裁判，虽然他们本人并未对该市宣誓，因为，他说，他们是靠他的面包和酒养活的。该总督和代理人同样完全拒绝这个要求。
>
> “我们已就这些争论的问题进行调查，现决定并颁布法令如下：

71

“该总督对该市长本来没有、将来也不应有任何管辖权或惩治权，该市长应自己根据该地领主管家意志进行裁判。

“又，该总督不得将对该市长和居民们的未向该市宣誓的仆人们的裁判权放弃给该市长，虽然这些仆人是靠该市的面包和酒养活的。

“附有这条但书：如果市长没有把自治市的各项特权带在身边，则领主的管家应检查这些特权，如果发现这确是自治市的特权之一，即自治市里的一些仆人和其他人虽未向自治市宣誓但吃它的面包喝它的酒的，也在市长的审判权限之内。这时，领主的管家就应向我们的下届议会报告，以便作出公正的处理。如果没有给予过这种特权，则我们现在的法令继续有效。”①

72 你们请看，作出的判决是不利于总督的，并且表明了一种要求公正的诚恳的心态。无数这样的法令证明，在议会之前，依附于国王并由其官员们管理的各城市得到了公正和对它们的特权的尊重。

此外，先生们，你们知道，除了那些由国王的官员以国王的名义治理的城市，除了一些严格意义上的自治市以外，第三等级还从另一个来源汲取力量，这个来源有力地促进了它的形成。这些法官、法警、大领主的管家、国王或大封建主的这些官员、俗界的中央权力的一切代理人，不久便成为一个人数众多而强有力的阶级。现在，他们中的大多数都是公民；而且他们的人数、他们的权力都

① 《法令汇编》，第 XI 卷，第 499 页。

转而为中产阶级服务，使中产阶级日益重要日益发展。在第三等级的一切来源中，这也许是最能使第三等级取得社会优势的一个来源。正当法国的中产阶级在各自治市里丧失其一部分自由时，它通过议会、总督、法官和各种行政管理人员之手，篡夺了很大一部分权力。摧毁法国的一些自治市的主要是中产阶级。最频繁地打击和破坏自治市的独立和特许状的是那些参加国王的服务机构、为国王执行行政和司法工作的自治市自由民。但与此同时，他们增加了中产阶级的人数、抬高了中产阶级的地位；他们使中产阶级日益获得更多的财富、影响、重要性和在国家中的权力。

先生们，我们应毫不迟疑地肯定这一点。虽然自治城镇衰落了，虽然自治城镇在十三世纪末、十四世纪初已丧失了独立性，第三等级，就其真实而最广泛的词义而言，在这个时期正处在重大和继续的发展之中。古老的自治体的自由的丧失是一个很大的损失
吗？我想是的。我认为，如果它们能够存在并使自己适应于事态 73
的发展，则法国的一切制度和政治思想将由此而获益。然而，有一个国家，在那里，虽然随着时间的推移已发生了无数重要的变化，但古老的自治市长期存在着，继续成为社会的基本因素：这就是荷兰和比利时。尤其在荷兰，继续保持着中世纪地方自治精神的市政制度形成一切政治制度、政治机构的基础。好吧，先生们，请看看一个彻底了解自己的国家及其历史的非常开明的荷兰人迈耶先生是怎样说到中世纪的自治城镇及其对现代社会的影响的。

> 他说，“每个自治市成为一个独立的小国，由少数企图把自己的权力扩展到其他人头上的自由民控制着，而这些其他人则又对那些没有中产阶级权利的或受制于自治市的不幸的

居民作威作福来补偿自己的损失。因此，我们看到的是一种与我们希望在一个有良好组织的社会里看到的那种景象相反的景象：封臣们和自治市的自由民并不一起组成这个城市，虽然他们共同保卫着这个城市，而且他们的生存应归功于这个城市。但恰恰相反，他们似乎不耐烦地忍受着这个城市的控制；各国的封建制度不给人们以公民权，各自治城市的寡头政治同样横暴肆虐，窒息一切秩序、一切民族精神。因此，这些团体都不足以保证内部的安宁和参加的各成员间的相互信任；最狂妄的自私心所引起的卑下的情欲，大众共同的目标的缺乏，在那些不关心公众福利的人中间十分自然的妒忌心，同一个自治市、同一个团体的自由民之间缺乏精神上的联系，引起了新的困难；结果产生出了一些不成熟的团体。自治市里的贸易公司，各大学里的学院，成了新的社会；它们各有各的目的，尽量避免自治市的任务，把它们留给邻居们去承担。封臣们对各自治体和各自治体相互之间进行的那种不公开但旷日持久的战争，每个自治城市下属的一些自治体，每个行业的同行之间，产生了小团体精神、小贵族团体，而且越是扰攘、困恼，它们就越缺少目标来发挥它们的活动力，使稍有开明思想的人觉得住在小城市里乏味和讨厌的那种普遍的不自在情况，在中世纪时是人们到处可以遇到的。寡头统治集团之所以能放任自己，或者可以说是所赖以养肥自己的正是小利益集团的这种分裂和相互抗衡以及这些虽不重要但不断使人困恼的事儿，这些东西削弱了民族性，削弱了灵魂，使人们远不适于自由，远不能感到它的利益，远比最专制的亚细亚专制政

治不值得享受它们。……[①]

"当然，每个大大小小的社会团体都有权守护自己的利益，监视自己的基金的使用情况，监视自己的内部管理，尤其是在一个高级权力能够防制局部的和地方的利益集团损害公众福利的时候；毫无疑义，一切管理目标的普遍的中央集权化有着严重的不便之处，而且会导致绝对的专制政治；但是像中世纪时形成的那种地方自治政府，它们是大封建主的封臣和国家与其国王之间的唯一纽带，它们并不是这同一个整体的组成部分而是一些互相不同、互相对立，在与一般义务无关的一切事情方面互相独立、而在自己的内部行使着一切主权的，像这样的地方自治政府，几乎同样是不方便的，并能激起一种比贵族政治的专制制度可憎一千倍的暴政。"[②]

我承认，这最后几句话完全是这样一个人说的暴躁的话，这个 75
人看到了地方自治制度的一切缺点及其对自己国家的不利影响，就认为它毫无优点，一无是处。但是，尽管它如此夸大，其中却存在着真理的伟大的基础。

这是千真万确的，迈耶先生所描述的这一切缺点是中世纪地方自治制度中所固有的，而大多数城市都是这样接受一个小寡头政权所授予的封地的，这个寡头政权使它们处于专制统治之下，并将人类思想和人类活动的真实的、伟大的发展、普遍的发展禁锢在它们里面，而我们正是将近代文明归功于这种真实的、多种多样的

① 迈耶：《司法制度的精神》，第三卷，第62—65页。

② 同上书，第69—70页。

无限的发展的。

因此，我相信，整个说来，成为我们历史的特征的中央集权化一直是法国之所以能比如果地方自治制度、地方独立政权继续保持主权或者甚至占优势时富庶得多、宏伟得多、幸福得多、光荣得多的原因。毫无疑义，由于中世纪自治城市的衰落，我们已经丧失了一些东西，但我认为并没有像有些人想让我们相信的那么多。

先生们，现在我要结束讲课了。我已按照我给自己制订的计划告诉你们封建时期世俗社会的整个面貌。你们已经知道，严格意义上的封建社会、封地所有者的社会团体是怎样形成的，它的内部条件是什么，它最初在十一世纪初、后来在十四世纪初处于什么状况。你们已经看到王权在这个时期的发展情况，看到它如何渐渐增长、从其他一切权力分离出来，最后在美男子菲利浦手里达到绝对权力的尽头。你们刚才已经看到自治城市，或者更正确地说
76 第三等级在这个时期的沧桑变化。封建社团、王权、第三等级，这些是法国文明的三大因素。留给我做的是使你们充分了解十一到十四世纪世俗社会的历史，和你们一起研究这个时代遗留给我们的伟大的法律文献，即《耶路撒冷的基础》、《圣·路易的法制》、博马努瓦尔的《博韦人的习俗》、皮埃尔·德·封丹的《法国人的旧刑法论著》等关于封建社会、关于它一方面与王权、另一方面与自治城市自由民的关系的重要文献。我本来希望和你们在今年年底前一起完成这项研究；但重大事件使我不得不提早结束这个课程。先生们，我们还会再次相聚，还会再次一起设法彻底了解我们亲爱的祖国的过去。（热烈和长久的鼓掌）

例证和历史表[①]

我授权出版这些讲义时曾答应附加一些表格和文件以供理解和说明我所表达的思想。我在讲课中也已经插进了这些表格中的好几个。另一些表格,因没有地方插入,但我觉得它们同样重要,我就把它们放在这里。增加这类说明在我是容易的和有用处的,但我应当有限制。我所选择的表格,有的是为了使我只能点出的那些事实在其发展中显示出来,有的是为了把我认为当然已认识的那些事件提供给读者。它们可分为七类:

Ⅰ. 第五世纪开始时,即我作为本课程的出发点的那个时期罗马帝国宫廷组织和中央政府表。

Ⅱ. 同一时期罗马社会中职位和头衔的等级表。

Ⅲ. 关于449年西帝国皇帝小狄奥多西派往那时建立在多瑙河两岸的阿提拉的使团的叙述。

Ⅳ. 从五世纪到十世纪高卢政治史主要事件的年表。

V. 从五世纪到十世纪高卢教会历史主要事件的年表。

Ⅵ. 从五世纪到十世纪高卢文学史主要事件的年表。

① “例证和历史表”的原书页码是英译本页码,它原来插在《法国文明史》第二卷第三十讲之后。现按照法文原著恢复排列次序。——译者

Ⅶ. 从五世纪到十世纪高卢主教会议和教会立法表。

假如我没有弄错，我完全不需要强调这些文件的用处，它本身就能显示出来；而对于想很好地加以注意的人们，在其摇篮时期如此模糊和含混的我们的文明史，我相信将会以更清楚和明确的形式出现。这是我在发表它们时的目的和希望。

一、第五世纪开始时罗马帝国宫廷组织和中央政府表

这是在戴克里先和君士坦丁统治时期，罗马皇帝的宫廷和中央政府取得了那种系统的和确定的组织，Notitia Imperii romani（《罗马帝国概说》）给我们留下了它的印象[①]。除了有几个由于地区的不同造成的很不重要的区别外，这在东帝国和西帝国是同样的。我把两者中最完整和最为人知的东帝国作为本表的基础，同时随处注意指出它与西帝国有区别的不同事实。

帝国的宫廷

Ⅰ. **Prœpositus sacri cubiculi（侍从长）**

他的下面有听他命令的大批官员，分为五个等级：scholœ，都叫作 palatini（朝臣）；他们在宫廷里的职务叫作 in palatio militare。主要的是：

1. Primicerius sacri cubiculi（首席侍从）。他是所有那些在皇帝的各个房间里为皇帝服务的并为此目的到处陪伴他的人的首脑，人家叫他们为 cubicutarii（侍从或内侍）；他们分为若干组，每组十人，每组的头是 decanus（十人长）。

2. Comes casfresis（宫廷或邸宅的伯爵），侍候皇帝饮食和照

① 本书第一卷，第二讲，第 36 页。

管宫廷内部事务的那些人的头目；这是种总管或事务领班。他的下属有：

(1)Primicerius mensorum，是当皇帝旅行时先行以便在路上和他要停留的地方安排一切的人员的领班。

(2)Primicerius cellarorium，是在厨房和机关里服役的一切人员的头目。

(3)Primicerius pœdagogiorum，是被提拔为王宫内部服务的青年侍从们的头目。

(4)Primicerius lampadariorum，看管王宫点灯照明的人员的头目。

在这等级里有许多再分等和次要的官员。

3. Comes sacrœ vestis(神圣行头的伯爵)。他负责皇家服饰，底下有一大批官员。

4. Chartularii cubiculi(皇家的秘书)。他们一般有三个：他们是皇帝的私人秘书；他们虽然从事公共事务，却受侍从长的管辖，因为他们的服务是私人的。

5. Decuriones III silentiariorum(使人缄口的三个十人长)。Silentiarii是负责防止皇宫中喧哗的人员：这三十个主要人员分为三个十人组，每组由一个十人长管辖。

6. Comes domorum per Cappadociam，这是东帝国皇帝在卡巴多西亚拥有的财富的总管：这些世袭的财产是很大的；Comes domorum(财产管理人)指导它的管理并征收它的收益；他像行政官员一样有办公处。

Ⅱ. Comites domesticorum equitum peditumque(皇宫骑兵队和步兵队的伯爵)

这是从保卫皇帝本身的骑兵和步兵中挑选的部队的两个指挥官。这些部队叫作 protectores domestici，是从叫作 palatini(朝臣)的亚美尼亚兵士的七所学校里选拔出来的，被指定为皇宫服兵役。这七所学校形成一个三千五百人的兵团，享受巨大特权的 protectores domestici 就是从其中选拔的。国内步兵和骑兵的伯爵们也有归他们指挥的 deputati，他们负责在外省执行他们的命令。

皇后也有她的宫廷，几乎按皇帝的宫廷同样的方式组成。

中 央 政 府

Ⅰ. Magister officiorum(一切机关的首脑)

这是一种所管的事无所不包的部长，他的职务很广泛；他对几乎所有宫廷官员(palatini)执行法制，接受特权公民的申诉，向亲王们介绍元老院议员，等等。他的权限也扩展到属于其他部门的官员，例如 les mensores，les lampadarii 及属于 prœpositus sacri cubiculi 部门的人员。

在他的管辖下有：

1. milites palatini(宫廷军官)的七所学校：(1)schola scutariorum prima(初级盾牌兵学校)；(2)schola scutariorum secunda(中级盾牌兵学校)；(3)gentilium seniorum(年长者武装部队)；(4)scutariorum sagittariorum(持盾牌的弓箭手)；(5)scutariorum clibanariorum；(6)armaturarum juniorum(青年武装部队)；(7)

gentilium juniorum(青年同族人部队)。

2. agentes in rebus 的学校:这些是君王派在各省的信使和密探;在康士坦丁之前人们叫他们 frumentarii(军粮管理员)。

3. mensores 和 lampadarii,我们已经讲到过他们;此外,admissionales 或皇宫的给显贵人物引路的掌门官和 invitatores,他们负责传送请柬。

4. 四所 scrinia 或办事处,那里接受和处理君王同他的臣属的事务:

(1)Scrinium memoriœ:那里人们登记录用和级别;从那里发出大多数的任命状。

(2)Scrinium opistolarum:人们在那里接受城市的使用和请求,也向他们发出君王的回答。

(3)Scrinium libellorum:臣属的请求和申诉都寄到这里。

(4)Scrinium dispositionum:这最后一个局的职能同前两个相似;它在 Notitia 里被取消,但在法律里曾提到它。

这些局每个都有它自己的长官,magister scrinii memoriœ,epistolarum,等;最后一个叫作 comes dispositionum;那里有很多官员。

5. 帝国武器制造局。东方的管理局主管领导着十五个局:大马士革,安提阿两处,艾德斯,伊雷诺波利斯,卡巴多西亚的赛若里亚,尼考梅地亚两处,萨尔台斯,阿德里亚诺波尔两处,提萨洛尼卡,纳伊塞斯,拉蒂阿里亚,马尔古斯。西方的管理局主管领导着十九个局:西尔米姆,阿辛古姆,考尔努多姆,劳里亚古姆,萨洛纳,贡考尔提亚,维罗纳,曼图亚,克雷莫纳,帕维亚,卢卡,斯特拉斯堡，马孔，欧坦，贝桑松，兰斯，特里尔两处，亚眠。

Ⅱ. Quœstor（检察大臣、财务大臣）

他同大法官署的行政长官一起审判，有时也单独审判向君王控诉的案件；他撰写君王要公布的法律和公告；他签署付款通知；他监督登记簿（laterculum minus），那里有营地和边界的军事长官和护民官的记录。他是一种大法官。他向 dispositionum 等局发出他的告示，这些告示在那里保管，还从那里向整个帝国寄发复本。他没有附属于他的职位的官员，但在 scrinium，memoriœ 有十二个秘书，七个在 scrinium epistolarum 里，七个在 scrinium libellorum 里。

Ⅲ. Comes sacrarum largitionum（神圣赐予的伯爵）

这是帝国的大财务官；他征收和管理全部公共收益；一切支付都从他各局付出。康士坦丁用他来代替财务大臣、prœfecti 83
œrarii，等。

他的行政管理分为十个局（scrinia），它们的头儿是 primicerius 或 magister scrinii（局长）。

1. Scrinium canonum. 这大概是各省、市编制应送交国库（arcœ largitionum）的账目的局。

2. Scrinium tabulariorum.

3. Scrinium numerariorum.

上面两局管理国库收入和支出的钱款的账目。

4. Scrinium aureœ massœ. 这个局从事于掌管送到国库来的金块银块的账目和用于铸成货币、装饰公共纪念物和用于宫廷金银珠宝饰物等的金银块的账目。

5. Scrinium auri ad responsum. 人们在这里安排和供给一笔一笔的钱，不论是预定供作君王派往外省的官员和军队的开支的，还是送到帝国的各不同部分，或是作为付给联盟者、蛮族等的贡物的。

6. Scrinium ab argento. 这是存放和保管银条、皇家的餐具、器皿等的局。

7. Scrinium vestiarii sacri. 这是分发规定给军队、帝王、帝王家庭和他宫廷里由他供应衣服的人们的服装经费的局。

8. Scrinium annularense vel miliarense. 按照第一讲所说，这个局应该是指定为保管皇帝的指环和首饰的局；按第二讲，我认为更可能，它是专管铸造和分配名为 miliarensium 的其价值为一 aureus 的十分之一的小银币的局。

84

9. Scrinium *à* pecuniis. 潘西罗尔认为这是领导铸造整个帝国的货币的局。

10. Scrinium exceptorum. 这个局的职员书写出神圣赐予的伯爵所审判的案件的报告。

这些各不相同的局的职权是很不明确的；它们的名称都很模糊，我们只能凭猜测来臆想它们的目的。好像后来他们还增加了第十一个叫作 Scrinium mittendariorum 的局，它是由一些派往外省以加速和完善捐税的征收的官员组成的。

除了这些有它的服务范围的局以外，神圣赐予的伯爵在外省有数量很大的属员，负责掌管他的部门的事务。主要的有：

1. 六个 comites largitionum（财务侍从），在东方，在埃及，在

小亚细亚，在本都，在色雷斯和在伊利里亚；在西方有五个。他们负责支付将军、兵士和其他官员的薪金，还监督捐税的征收。

2. 四个 comites commerciorum（贸易侍从），负责为皇室购买必需的布匹和首饰，监督商贾的交易并监察各种商品应征的税是否能正确地缴纳。在西方只有一个。

3. Prœfecti thesaurorum（金库监督），他们在每个省收受和保管来自税收的钱直到把它们送到神圣赐予的伯爵为止。

4. Comes metallorum（金属侍从），负责从金矿、银矿和其他金属矿的产品中提取关于君王的部分。

5. Comes vel rationalis summarum。Ægypti（驻埃及财会侍从），负责收集在这个省里或者由于被充公或者由于其他原因而应归于君王的财产；他还监督通过埃及进行的印度商品的大贸易；这种财会侍从在西方共有十一个。

85

6. Magistri lineœ vel linteœ vestis（服装家具主管长官），他们领导为皇帝的藏衣库和家具库工作的一切工人。他们的职务在西方是由一个 comes vestiartii（服装侍从）执行的。

7. Privatœ magistri（私人事务官员），他们领导在丝绸、亚麻等方面为皇室工作的工人。

8. Procuratores gynœciorum（闺房总管），他们负责监督纺织工厂。

9. Procuratores baphiorum（染坊总管），是大红色布匹染制工作的检查员。在西方有九个。

10. Procuratores monetarum（钱币铸造总管），是铸币厂的检查员。在西方有六个。

11. Prœpositi bastagarum. 负责监察额定供公共使用或皇帝使用的物品，如麦子、食品、商品、银器等的运输。

12. Procuratores linificiorum（亚麻采办总管），负责供应皇家工厂需要的亚麻。在西方有两个，在维也纳和拉韦纳。

Ⅳ. Comes rerum privatarum（皇家财务官）

国家的金库叫作 œrarium；皇帝的私人的金库叫作 fiscus，虽然他们同样处理两者，但它们有区别，也分别管理它们。comes sacrarum largitionum 管理 œrarium；comes rarum privatarum 管理 fiscus，他的收益是以任何方式落到皇帝身上的财产，即某些税收等等的产物。

听他命令行事的有：

1. 一个由 primicerius officii 领导的部门，该部门分为四个局：

(1)Scrinium beneficiorum. 一切皇帝对他的臣下作出的有关动产或不动产的赠送、特权的让与等事务都在这里处理。

(2)Scrinium canonum. 这个局接受皇家地产上的农场地租，且掌管地租的账目。地租是用金钱或实物支付的。

(3)Scrinium securitatum. 在这个局里存放那些收到国库金钱的人所出的收据或掣给向国库缴纳任何东西的人的收据的副本。

(4)Scrinium largitionum privatarum，这里掌管皇帝给予一些个人的金钱的账目和他付给为他个人服务的人的薪俸。

2. Rationales vel procuratores rerum privatarum. 这是些负责在各省收取国库收入的官员。他们常常是涉及国库的案件的审判者。

3. Prœpositi bastagarum rei privatœ. 是为君王服务的运输的检查者。在西方有两个。

4. Prœpositi stabulorum，gregum et armentorum，他们是散布在帝国各地的皇帝的马群和畜群的检查员。还有一个 comes stabuli，他相当于我们的驯马师。

5. Procuratores saltuum，树林和牧放皇帝的畜群的牧场的检查员。

无疑还有许多其他小官员，提及他们的文字没有留下来。

Ⅴ. Promicerius notariorum(首席国务卿)

这是一种行政官员，他负责掌管登记，登记簿里记录着一切公职人员、他们的任务、他们的俸给、任命的委任状等。这个登记叫作 laterculum majus。那里被任命担任各种职位的人要向这个 primicerius notariorum 付出某种费用，就这样掌管着我们刚才列举过的全部达官贵人的名单。有三个级别的 notarii。

每省有一个省的出纳处，总共有一百十八个出纳处。捐税的征收者把钱款传送到这些出纳处，置于 prœfecti thesaurorum 的监督之下。这些监督者给 comites largitionum 以省的开支所必需的钱和官员的薪俸等。他们把余款交给省的总督，他把它送交神圣恩赐的出纳处。规定供这种运输用的车辆是由为此而设置的人员提供的，并成为这种公共驿站(cursus publicus)的一部分，只有政府或被批准的机关才有权利可以使用它们。

二、第五世纪开始时罗马帝国的官阶和头衔等级表

罗马帝国的官阶和头衔在朝廷和中央政府有了前表所列的那种确定的形式时都增加了。这些官阶和头衔授予所有者以其他公民所没有的一些重要的特权，但丝毫没有给予他们独立的权力，它们只是附着于某些职位上的个人的荣誉，这种荣誉甚至在这种职位的持有者由于君王的特许状而被授权担任这些职位之前也不能享受。主要的官阶或头衔有六个，其中权利的先后顺序都被详细地规定着的。

Ⅰ. Nobilissimi(极尊贵者)

这是各种头衔中的最高者；它接近皇位，在某种程度上被授予君主的尊严。它被赐予皇族的成员和姻亲。

Ⅱ. Illustres(显赫者)

获得这种头衔的有二十七种人，即：

1. 东方大法官署的行政长官；
2. 伊利里亚大法官署的行政长官；
3. 意大利大法官署的行政长官；
4. 高卢大法官署的行政长官；
5. 君士坦丁堡的行政长官；
6. 罗马的行政长官；

7—11. 东方军队的五个将军、司令官；

12. 东方的骑兵的司令官；

13. 西方的步兵的司令官；

14—15. 东方和西方的两个侍从长；

16—17. 东方和西方的两个机关的主管；

18—19. 东方和西方宫廷的两个检察大臣；

20—21. 东方和西方的两个神圣赐予的伯爵；

22—23. 东方和西方的两个秘密金库的伯爵；

24—25. 东方和西方指挥保镖、骑兵的两个伯爵；

26—27. 东方和西方指挥保镖、步兵的两个伯爵。

执政官也是显赫者。人们不知道何时引进这个头衔。奥古斯都每月都在元老院里挑选十五个后来是二十个元老议员组成他的枢密院，他们的决定被看作是整个元老院的决定；他们被叫作patricii(元老院缙绅)，至于其他的元老院议员只能叫作clarissimi，他们同君王一起讨论和领导国家事务。君士坦丁把他们组成他的consistorium principis(国务院)并称他们为comites consistoriani。他们同执政官们一起首先被加上显赫者的(illustres)头衔，大概在君士坦丁统治下扩展为上面称呼的行政官员。人们叫他们illustres，vestra或tua magnificentia，celsitudo，sublimitas，magnitudo，eminentia，excellentia，等。对此有违背的要偿付三个金镑的罚金。

受到控诉的illustres只能由君王亲自审理或由他的最接近的代表们审理；他们有权通过书记官作出他们的判决书；他们不得作权势交易和娶比自己地位低的女人；这后一项禁令以后被取消；他

们和他们的家属不能受酷刑，也不能受平民的刑罚；他们被豁免上法庭去作证或被询问，等等。

Ⅲ. Spectabiles(显耀者)

这种人有六十二个：

1—2. 东方和西方的两个首席侍从(primicerii sacri cubiculi)；

3—4. 东方和西方的两个宫廷伯爵(comites castrenses)；

5—6. 东方和西方的两个皇帝的秘书长(primicerii notariorum)；

7—13. 东方和西方中央政府主要部门的七个主管(magistri scriniorum)；

14—16. 亚洲、阿黑亚和非洲的行政区或省的三个行政总督；

90 17. 东方的行政区的伯爵；

18. 埃及的行政长官(prœfectus augustalis)；

19—29. 十一个主教辖区的代表或统辖者，五个在东帝国，六个在西帝国；

30—37. 八个军队的伯爵或将军，两个在东方，六个在西方；

38—62. 二十五个军队的公爵或将军，十三个在东方，十二个在西方。

Spectabiles 这个头衔大概是在君士坦丁治下给予元老院议员的另一种不同的头衔。它似乎只是由于区分等级的原因的狂癖。此外，它的应用非常不确定：我们发现头衔被给予在别的地方称为 clarissimi 或 perfectissimi，或甚至 egregii 的那些人。这样，那些

duces，silentiarii（掌门官），notarii（秘书）有时被称为这个头衔，有时则被称为别个头衔。

Ⅳ. Clarissimi

这头衔在提比略统治时期已属于元老院议员和议员家庭的成员。在确有一部分元老院议员已成为 illustres 时，其余的仍采取 clarissimi 这个头衔，并渐渐扩大到在各省任用的一切下级行政官员。在五世纪开始时似乎有一百十五个人被以这个头衔称呼，即：

三十七个执政官、各省的总督：十五个在东方，二十二个在西方。

五个惩治官、行省的省长：两个在东方，三个在西方。

七十三个议长、行省的省长：四十二个在东方，三十一个在西方。

Ⅴ. Perfectissimi

这个头衔是君士坦丁发明的。的确，它在戴克里先的一部法典里被应用过；但这是君士坦丁使它进入官阶的分类中的，把 perfectissimi 分成三个等级。这个头衔被授予：

授予阿拉比亚、伊索里亚和达尔马提亚的主席和省长们；

授予各省的 rationales，国税的征收员们；

授予 magistri scriniorum，恩赐圣物的伯爵官署的首长；

授予恩赐圣物的伯爵们或各省的收税官和军需官们；

还授予许多其他的公务人员。

Ⅵ. **Egregii(杰出者)**

这最后的头衔非常普通;它属于:

宫廷里的一切秘书;

各行省长官公署里的一切公务人员;

各神职人员;

皇家律师们;

还有一群其他人员。

三、关于东帝国皇帝小狄奥多西449年派往阿提拉的使团的故事

引 言

关于这个时期历史的特色，几乎没有一个比罗马皇帝们同压在他们边境上的蛮族、日耳曼人、匈奴人、斯洛文尼亚人等的关系更令人感兴趣而去彻底了解的了。只有知道了这种关系我们才能对罗马文明和蛮族文明的状况有一个精细而正确的概念。不幸的是关于这种知识的文献非常缺少；在这个题目上我们只有散见于拉丁编年史家作品和日耳曼部落混乱的传说中的一些词句和段落或一些旧的诗歌，这些诗歌就其现在的形式而论，显然是远在现在四五世纪之后的时期的东西。449年由小狄奥多西派到当时整个日耳曼的主人阿提拉（他亲自在多瑙河边建立了日耳曼）那儿去的使团的故事毫无疑义是遗留给我们的这方面的历史文献中最有教益的一部文献，事实上也是唯一的一部文献，能让我们切近地看到各国的内部情况和一个蛮族领袖的生活，并使我们能仿佛亲自逼近地察看他和罗马人的关系。这故事本身具有最高的真实性：它构成由使团的一个成员，出生于色雷斯的巴尼姆的诡辩家普利斯克斯写的七卷本反阿提拉战争史的一部分。它在插在拜占庭历史家文集第一卷 Excerpta legationum（派遣代表选录）里，也就是由某个狄奥多西奉君士坦丁六世波尔费罗金纳图斯（911—959）之命编的一部历史巨著的第五十三卷里为我们保留下来了。我在这里把这篇有趣的东西以逐字翻译的文字介绍给你们。的确，这篇故

事只叙述东帝国而没有叙述西帝国,只叙述匈奴蛮族而没有叙述日耳曼民族;但两个帝国和两个蛮族的相互情况在这个时期几乎是同样的:匈奴人的社会状况和生活方式虽然血统和语言与日耳曼人完全不同,但至少在总的轮廓方面,与日耳曼的社会状况和生活方式是非常相似的。因此,在缺乏专门叙述日耳曼人和西帝国的文献的情况下,我们可以把这篇故事看作正在断气的帝国同它将来的征服者们的关系的一幅相当忠实的图像。

448—449. 阿提拉派到狄奥多西那里去的使团。——宦官克里萨夫斯利用埃德科和维吉尔谋杀阿提拉的诡计。——狄奥多西派到阿提拉那里去的使团。——关于匈奴人的风俗、他们的生活方式等的各种细节。

94 已立了许多军功的西徐亚人埃德科又以使者的资格同奥雷斯特斯一起来了。后者出身是罗马人,住在萨佛斯河畔的佩奥尼亚地方。该地由于同西罗马将军埃提乌斯签订的条约,现在属于蛮族。

这个埃德科被允许进入王宫后,把阿提拉的一些信交给了皇帝,信里阿提拉抱怨没有把投敌的士兵归还给他,便威胁说,如果不立即把他们归还他,而且如果罗马人不立刻克制自己停止耕种由战争中的命运加到他版图内的土地,他就要重新拿起武器。这片土地沿多瑙河从佩奥尼亚一直伸展到色雷斯;宽度是十五天的路程。此外,阿提拉要求大市场不能像过去那样设在多瑙河边上而应设在被他占领的和劫掠过的离多瑙河有五天急行军路程的纳伊塞斯,据他说,那里就是西徐亚人和罗马人地区的分界处。最后，他命令说，派到他那里去的使节，这人不应是一般出身的和一般职位的，而应是执政官那样的人，他还说，为了接见他们，他要老远到萨尔提加来。

这些信被读过后，埃德科就同作为阿提拉的话语的翻译官的维吉尔离开了皇帝；在访问了其他几处后，他们来到皇帝的仆人、深受皇帝宠爱而颇有权力的克里萨夫斯的房间。

这蛮族人盛赞了皇宫的富丽堂皇。仍然作为译员陪伴着他的维吉尔对克里萨夫斯重述了他赞美皇宫的话和他觉得罗马人一定很幸福，因为他们有巨大的财富。于是克里萨夫斯对埃德科说，假如他愿意抛弃西徐亚而在罗马人中间生活，他也会有华丽的用镀金的天花板装饰的同样的住处，也会有一切他可能想要的财富。埃德科回答说，不得到他主人的同意，外国君主的仆人是不允许采取这个步骤的。这宦官便问他，他是否有较易接近阿提拉的机会和他在自己国内赋有什么权力。埃德科回答说他和阿提拉之间十 95
分接近，他是在阿提拉的住处轮流保卫阿提拉的警卫员之一。于是宦官说道，如果埃德科愿意为他做某件工作，他将给他最大的利益；但是因为这件事需要仔细考虑，他将在晚饭后告诉他，如果那时他回到他房里来时不带奥莱特和使团的其他伙伴一起来的话。

这蛮族人答应这样做，于是吃过饭后就来找克里萨夫斯。

他们通过译员维吉尔互相交换了誓言，即宦官不提出任何有损于埃德科的事而只提出对埃德科有巨大好处的事，埃德科的誓言是绝不泄露人家对他的建议，即使他不执行此事。宦官对埃德科说，假如他一回到西徐亚就杀死阿提拉而回到罗马人那里，那他将在富裕和奢侈中度其余生。埃德科同意了宦官的建议，并说他要一点钱来做这事，大约五十个金利佛，他将把它们分配给听他指挥的士兵，并用于有助于他行动的其他方面。宦官想立刻把他所提出的钱给他；但那蛮族人说，首先最好让他和维吉尔一同回去，给阿提拉一个答复，这个答复应决定于如何对待那些叛变分子；然后他和维吉尔将进一步商量执行这个计划的最好方式。这个问题解决后，维吉尔就该来拿钱；他说这对他来说比较把钱带在身边更好些，因为他一回去，首先阿提拉肯定会问他和他的同伴，他们有没有接受任何礼物和罗马人给了他们多少钱；而在这种情况下如果他立刻把钱拿去，他就不可能把这事保密，因为还有其他伙伴在。宦官认为这个蛮族人对这事的看法是对的。

埃德科告辞后，克里萨夫斯来到皇帝的枢密院，皇帝立刻召见事务总管马尔提亚尔并把同蛮族人达成的协议告诉他，因为他既然在一切场合都是皇帝所信任的一个顾问，有权指挥一切使者、译员和负责守卫宫廷的军队，他就理应知道这件事。皇帝和马尔提亚尔考虑了这整个事情之后，决定不仅派维吉尔，而且还派马克西明作为使者到阿提拉那里去……

表面上的职务是译员的维吉尔，应该执行埃德科的命令。至于马克西明，因为他毫不知道正在进行的这件实际的事情，只担任把皇帝的信件交给阿提拉。

皇帝的信的大意是说，他已派维吉尔作为译员，选了马克西明作为他的使节，他在地位上高于维吉尔，系出名门，并在许多事情中被他用来代表他本人。还说，如果阿提拉违反协定侵占罗马的领土，是不可以的，又说他已交还他许多逃亡者，现在再交还他十七名，这是投到他这儿来的人中留下的全部人员了。

除了信里叙述的这些事外，马克西明还奉命口头请阿提拉不要要求派地位更高的人作为使节；还说皇帝的祖先们向来习惯于只派遣一个曾是罗马的囚犯的他们的一个士兵或任何一个能重复说人家对他说过的话的私人使节到迄今统治着西徐亚的那些人那里去。考虑到使他们之间仍处于冲突状态的另外一些事情，他建议阿提拉派奥涅其赛斯作使节到他这里来，因为阿提拉不可能在像萨迪加这样一个荒芜的地方得体地接待一个执政官。

马克西明在皇帝的要求下担任了他要他担任的使节后，要求我陪他一起去：于是我们同蛮族人一起离开这里向萨迪加进发，那里离君士坦丁有急行军须走十三天的路程。我们到达之后请埃德科和另有几个主要的蛮族人跟我们一起进餐：宰了几只当地居民供应的牛和羊；并以各种不同的方法烹制和一切准备就绪之后，我们坐下来就餐。宴饮时蛮族人把阿提拉捧上天，而我们则赞颂皇帝：维吉尔鲁莽地、不遗余力地说，把一个人跟神相比是不合适的，同时补充说，皇帝是一个神，而阿提拉只是一个人。匈奴人把这话理解得很坏，逐渐爆发出最激烈的愤怒；我们竭力转变话题，用温和的话来使他们平静。

离开宴席时，马克西明想用礼物来抚慰埃德科和奥莱斯特，给他们以丝的衣服和印度的宝石。奥莱斯特在埃德科走远后对马克西明说这个人聪明审慎，他注意不像那么多其他人那样行动，他会避免任何可能冒犯王公们的事。后来我们发现有些我们的人不注意奥莱斯特，已邀请埃德科晚餐并给了他大量礼物；这时，我们不知道所有的详情，也不理解奥莱斯特的话的意思，便问他是怎么回事，为什么他被人生气地对待；可是他什么也不回答而离开我们了。

第二天在继续我们的行程时，我们对维吉尔重述了奥莱斯特对我们说的话。他说这个人没有权利抱怨没有得到和埃德科同样的尊荣；说奥莱斯特不过是阿提拉的一个仆人和普通的秘书，而埃德科出身匈奴族，以军功著称，地位比他高得多。接着他用埃德科的家乡话对埃德科说了些话，然后又对我们说，他已经把我们提到的话对埃德科重复说了。我不知道这究竟是真的还是假的。埃德科对此十分生气，我们费了很大劲才使他稍微平静些。

我们一到纳伊塞斯城，这城已被敌人占领和破坏：除了躲在庙宇的废墟里的几个病人之外，我们在那里找不到一个居民。从那里我们在离河稍远的地方进入了荒芜的平原（河岸两边散布着战争时被杀死的人的骸骨），我们到达了伊利里亚的军队的首领阿根提乌斯那里，他的住处离纳伊塞斯不远；我们身边带着皇帝的命
98 令，要他把五名投敌的士兵交给我们，以补足他在给阿提拉的信里说过的十七人之数。我们前去找到阿根提乌斯，并要求他把他们交给我们。他对他们讲了些安抚的话后，就让他们跟我们出发了。

我们越过靠近多瑙河的纳伊塞斯山脉时，天几乎还没有亮。经过多次左转右弯后我们来到还在朦胧中的一个村子：我们认为我们的路线应该是朝向西方的；但天一亮，上升的太阳就出现在我们的面前。由于对这地方的位置的无知，我们惊叫起来，仿佛我们在我们前面看到的太阳不是循着它惯常走的那条表明是按事物的常规运行的路线，而是循着另一条路线在运行；但正是由于地方的不同，这部分路线才转向了东方。

从这里通过一条陡峭而难走的路我们下到了沼泽似的平原：

那里的蛮族船夫让我们登上用截断后挖空的木头做成的独木舟，渡我们到河对岸。[①] 这些独木舟不是为我们渡河准备的，而是为我们在路上遇见的无数蛮族准备的，因为阿提拉似乎想去行猎似的正在为侵掠帝国边界而进军。这是反对罗马的战争的准备，而还没有释放的投敌的士兵仅仅是他开始战争的借口。

在渡过多瑙河并同蛮族人一起走了约十五司塔特[②]的路程后，他们叫我们在一平原上停下，以便让埃德科去向阿提拉报告我们已到达[③]。那些应成为我们的向导的蛮族仍同我们留在一起。天将黑时，我们在吃晚饭时听见一阵走近的马蹄声：马上出现了两个西徐亚战士，他们叫我们到阿提拉那儿去。我们邀请他们先分享我们的晚餐；他们下了马跟我们一起进晚餐，第二天他们走在我们前面给我们领路。大约在那天的第八小时，我们到达了阿提拉的营帐[④]；那里还有好多别的篷帐；因为我们想把我们的帐篷扎在一个丘陵上，一些蛮族人急忙跑过来阻止我们，因为阿提拉的帐篷就扎在旁边的河谷里。我们便让他们随他们的意指定我们的帐篷应该支的地方。

99

那里不久就来了埃德科、司各特、奥莱斯特和另外几个西徐亚

① 他们大概是在小城镇阿克哇附近渡过多瑙河的，它位于一串山岭和河流之间，四周一定是片沼泽地带；它可能是在多瑙河与马库斯河的汇流处。

② 司塔特(stade)：古希腊长度单位(约合 180 米)。

③ 这平原一定是在巴那特·德·戴梅斯瓦尔那里，因此，阿提拉的那些帐篷大概扎在戴梅斯河和多瑙河之间。

④ 按每小时走一里格(约四里)计算，他们这些营帐约离多瑙河九里格：大量的船只已在多瑙河上准备好供军队渡河，而使团遇到的大批蛮族使我相信他们实际上离它并不更远。

的主要人员，他们问我们搞这个使团有什么目的：我们面面相觑，听到如此可笑的一个问题感到十分惊讶。他们仍然坚持着，并集合成群，骚动着，想迫使我们答复。我们回答说，皇帝吩咐我们只向阿提拉而不向其他人陈述我们的使命。被这话触怒的司各特说，他所做的是他的头儿命令他做的。他叫喊说："希腊人！我们清楚地知道你们的诡计和做事情的背信弃义。"我们抗议说，使节在获准谒见他们奉命去谒见的人之前是没有义务泄露其使命的目的的；我们还说，西徐亚人必须知道这点，既然他们常派代表到皇帝那儿去，我们就应在各方面享受这种同样的权利；否则使者的特权就会被破坏。他们立刻就去找阿提拉，并且很快就回来了（但没有埃德科）。他们公开告诉我们有关我们命令的全部内容，并嘱咐我们立刻离开，如果没有更多的事要同他们讨论。

这些话使我们陷入很大的不安；我们不能设想皇帝的计划怎
100 么已被发觉和泄露，这是连神仙也不可能看透的；但我们认为在他们允许我们去见阿提拉之前最好不出示我们的命令。我们答复道："不管我们使命的目的是什么，不管我们是否能够处理您方才说的问题，或是任何其他事情，这只同你们的头儿有关，我们决定除他之外不同任何人谈话。"于是他们重新叫我们立即离开。

当我们准备离开时，维吉尔责备我们刚才回答西徐亚人说的话，他说："什么事都没做就回去，还不如说诳话要好得多。如果我跟阿提拉谈话，我能容易地使他不敢同罗马人作战；我从前曾多次为他办事，我在做阿那朵利乌斯的使节时对他很有帮助。埃德科跟我有同样的见解。"不管他说的是真的还是假的，他唯一的目的是利用使节来寻找机会使阿提拉跌进为他准备的陷阱，并带回埃德科说的他需要用来分给某些战士的金子。可是维吉尔不知他已被出卖:实际上,埃德科不管他是否害怕奥莱斯特把萨迪加晚餐桌上说过的话报告阿提拉,或是指责他秘密会见皇帝和克利萨夫斯,他已将杀死阿提拉的密谋泄露给阿提拉,并告诉他供这计划用的金子的数量,以及我们在我们使团里准备处理的一切问题。

我们被迫在夜晚临近时回去,正准备马匹时,蛮族人前来告诉我们说,阿提拉命令我们留下,因为黑夜,反对我们离开。立刻来了一些人,他们牵来一头牛,还给我们带来阿提拉送给我们的一些多瑙河的鱼[①]。吃过晚饭后,我们就睡了。当白天来临时我们希望阿提拉的情绪会平静下来,并会给我们传来一些有利的答复;可是这些蛮族人来向我们重复他叫我们离去的命令,如果我们除了他已经知道的以外没有其他事要对他说的话。我们回答说,我们没有什么事要说,我们准备回去,虽然维吉尔竭力要我们说我们有

101

一些将使阿提拉很感兴趣的事要跟他谈。

因为我看到马克西明很不安,我把罗斯底古斯留在我身边,因为他能懂蛮族的语言:他陪同我们来西徐亚,不是为了使团,而是因为他在君士坦提乌斯身边有些私事,君士坦提乌斯是西罗马帝国的将军埃提乌斯派到阿提拉那里作为秘书的一个意大利血统的人。我去找司各特(因为奥涅其赛斯不在),并通过罗斯底古斯的翻译告诉他说,如果他愿意得到同阿提拉会见的机会,他应当从马克西明那里接受丰富的礼物。我补充说,大使要说的事不但对罗马人而且也对匈奴人非常有利,他的使团将对奥涅其赛斯本人很

① 这个时期多瑙河的鲤鱼很有名,是蛮族人席上奢侈品的一部分。

有利,因为皇帝请求阿提拉派他到他的宫廷去以便结束两个民族的纠纷,而他将满载着最优美的礼物而回来:我对他说,既然奥涅其赛斯不在那里,在如此重要的一件事情上他不能比他的弟兄做得少些。我对他说,我知道阿提拉对您也很信任:可是我们不能合理地相信一个人在这个问题上所听到的一切,而您应该向我们证明阿提拉真的给了您这样的恩宠。这蛮族人立刻对我说:"您放心:不论在说话方面,还是在行动方面,我在阿提拉身边同我的弟兄有同样的信用;"于是他骑上马出发到阿提拉的营帐去了。

我回到马克西明那里,看到他同维吉尔在一起,他很烦恼,决定不了自己该采取什么步骤;我向他讲了我方才同司各特的谈话和他对我的回答;于是我叫他准备要给这个匈奴人的礼物和想一下他要对阿提拉说的话。他们立刻站了起来(因为我曾看到他们躺在草上),感谢我的费心,并将他们中间已经上路的那些人叫回来;然后共同讨论马克西明应跟阿提拉说什么话,以及他们该怎样把他代表皇帝带给他的礼物呈送给他。

当我们忙于所有这些事情时,阿提拉派司各特来叫我们了。因此,我们向着他的营帐走去,我们发现它被许多蛮族人包围着,他们成了它的一支近卫军。

当我们被准许进去并被介绍后,我们看到阿提拉坐在一只木椅上:我们在离他的宝座若干距离外站定。马克西明走上前去,对他行礼,把皇帝的信交给他,对他说,皇帝祝愿他和他的人民健康和富庶。那蛮族人回答说:"愿罗马人得到他们希望我得到的一切!"便立即转向维吉尔,叫他厚颜无耻的畜生,问他,当他陪着阿拿托利乌斯的使节时他一定已经知道关于和平已经谈定的一切。

他怎么还敢出现在他面前，并补充说，在所有投敌的士兵都被遣返之前，任何一个别的大使都不得走近他。维吉尔试图回答说，他们已全被释放，罗马人那里再也没有留下一个人了；可是阿提拉的火气越来越大，对他大加责骂，狂暴地提高声音，对他说，要不是他对大使的地位的尊敬抑止了他的愤怒，他会把他钉上十字架并把他丢弃给秃鹫吃，以惩罚他的大胆和他语言的无礼。他还说，在罗马人那里仍有许多投敌士兵，还叫人带来一张表，表上写着他们的名字，他吩咐他的秘书高声念名单表。

这一番念名单表让人知道所有还缺少的人之后，阿提拉要求维吉尔立刻同埃斯拉出发，把一道命令送给罗马人，要他们把还处在他们控制下的和自从西罗马将军埃提乌斯的儿子卡比翁作为人质留在他宫廷里的时候起投到他们那里的一切西徐亚的投敌士兵遣返给他。他说："我忍受不了我的奴隶拿起武器来反对我；他们对于那些企图把我征服的土地交给他们守卫的人是没有任何帮助的。当我决定使一个城市和堡垒被毁坏掉时，在罗马帝国整个范围内哪个城市或堡垒会完整或屹立的呢？在我宣布我的关于投敌士兵的意志之后，让那些使者马上回来向我声明，究竟他们的主人愿意遣返他们，还是他们宁愿战争。"

他命令马克西明后，已开始等待他对皇帝的信应该作出的答复，但他却立刻要礼品，把礼品交给他之后我们便回到了我们的帐篷里，在那里我们用我们的家乡话交谈方才说的一切。由于维吉尔吃惊于阿提拉对他的辱骂，因他在第二次出使时他对他是那么仁慈而和蔼可亲，而这次却给他以侮辱，我便对他说我非常担心在萨迪加跟我们在一起吃晚饭的蛮族人中有人在向阿提拉报告时曾

提到维吉尔说过皇帝是神和阿提拉是人，因而激怒了阿提拉。这对于马克西明同样是很可能的，他不知道反对匈奴的国王的阴谋：但维吉尔深为忧虑，也不能猜测阿提拉辱骂和愤怒的原因；正像他后来对我们所说的，他不可能相信在萨迪加吃晚饭时的谈话已被人向他报告，或者这阴谋已经被发觉。侵袭了所有人的心的恐惧是如此之大，除了埃德科之外，所有阿提拉周围的人没有一个敢向他说一个字的；而维吉尔认为埃德科只会更小心地把一切深深地保密，因为他已起了誓，也因为事情的严重。实际上他害怕参加反对阿提拉的秘密会议的罪名会使他被看作有罪的来对待并受到十分严厉的惩罚。

当我们因忧虑而非常苦恼的时候，埃德科进来了；他把维吉尔叫到一边（实际上他假装想认真而诚恳地执行他们已定的计划），叫他把他要分配给那些他用来吹法螺的人的金子带来，他就离开
104 了。好奇心使我问维吉尔刚才埃德科对他说了些什么话；可是他欺骗了自己还坚持欺骗我们，他隐瞒了他们谈话的真正的主题，他硬说埃德科对他报告说，阿提拉对他如此生气，是由于投敌战士的缘故，他补充说，匈奴的国王要求人家把所有的人都释放，或者选派帝国中最富有和最有能力的大使到他这边来。

我们的谈话被阿提拉派来的那些人所中断，他们禁止我们和维吉尔，在匈奴人和罗马人的分歧结束之前购买任何罗马的俘虏、任何蛮族的奴隶或生活必需品以外的任何东西。狡猾的蛮族的这个禁令并非没有企图：他想当场查明维吉尔，不让他有任何借口为自己带着数量可观的金子辩护。他也吩咐我们等待奥涅其赛斯，以便我们从他那里接受对我们使团的答复，并让我们把皇帝送给

他和我们想留下来的礼品交给他。实际上奥涅其赛斯已同阿提拉的大儿子一起被派到阿卡切尔那里去了。他给了我们这个命令后就让维吉尔和埃斯拉出发去君士坦丁堡，借口说再次去讨还投敌分子，可是实际上抱的意图是让维吉尔把许诺的金子带给埃德科。

维吉尔出发后，我们在这地方只待了一天；我们同阿提拉出发到更远的北方去；我们同蛮族人刚走了不多路程就按照给我们作向导的西徐亚人的命令改变了方向。[①] 但阿提拉却在某个村镇前停了下来，在那儿，他把他的女儿埃斯卡娶做妻子，虽然他已有了好几个妻子：西徐亚人的法律允许这样做。[②]

从这里我们走在一条平坦而好走的路上，穿过一片大平原并碰到好几条通航的河流；最大的除多瑙河之外叫德雷恭河、蒂加斯河和蒂非沙斯河。我们渡过那些最大的河流用的是整块木料制的船，那是居住在河边的人所利用的，另一些河用小艇渡，那是蛮族人随时带着，拖在车子上以备在池塘和水淹的地方使用的。他们 105

① 普利斯库斯没有说他们新的方向是什么；一切都使人认为那是向西方。一般地说，他们的路线几乎总是向西北方的。

② 这一段曾发生很大的争论：普利斯库斯的词语是这样：Ἐν ᾗ γαμεῖν θυγατέρα Εσχὰμ ἐβούλετο。意思自然是："在那儿，把他的女儿埃斯卡娶作妻子。"然而"他的"缺掉，于是仿佛普利斯库斯应该放上 ἑαυτοῦ。有些有学问的人从此猜测说，阿提拉要娶的不是他的女儿，而是埃斯卡的女儿，而应该读成 θυγατέρα τοῦ Εσχὰμ；他们有道理地指出，希腊人对于他们不太熟悉的蛮族人的专有名词几乎总是无性、数、格的变化的，说如果阿提拉娶了自己的女儿，普利斯库斯对于这样的婚姻的奇怪性一定不会不坚决指出的；而想洗雪阿提拉乱伦的罪名的愿望使他们把这种猜测视为是确实无疑的。它可能是有根据的；然而他们不能反驳普利斯库斯下面的句子：西徐亚人的法律准许这样做，是与阿提拉娶了他的女儿以及他是有众多妻子的关系的。此外，历史的证明不允许我们怀疑大多数蛮族是不允许一个人娶自己的女儿的。圣·哲罗姆的证言是正面的。为什么匈奴人不会做同样的事呢？

带给我们乡村里的食品，带的是黍以替代小麦，带“med”（当地居民这样叫它们）以替代酒。那些陪着我们为我们服务的人带“黍”，还给我们一种用大麦制造的当地人叫作“cam”的饮料。

在夜临近时，跋涉了相当长的路途后，我们在沼泽地边缘上支起了我们的帐篷，附近的村民都从那里汲水，因为它的水很好喝；但一阵强烈的暴风雨混合着闪电、雷鸣和大雨突然出现，我们的帐篷被刮倒，我们的用具被刮进沼泽：被这突然的暴风雨所惊，我们放弃了这块地方；我们分散了，在黑暗和大雨中各自随着所遇和认为最好的路径走；最后从各方来到村子的一些小屋里，我们在那里集合，大声索取我们需要的东西：西徐亚人听见这喊声便走了出来；他们燃起了他们用来做火炬的芦苇，并问我们要些什么和为什么发出那么大的喊声。陪我们的蛮族人回答说，我们在暴风雨中散失了，还迷了路：他们便给我们以慷慨的接待，并为我们用干的芦苇生火。

106

村子的女主人是勃雷达的妻子之一；她给我们食物和漂亮的女人。西徐亚人把这看作是一种荣誉。我们感谢了她们为我们送来的食物，于是我们在我们的草屋里睡觉，但没有使用她们女主人送来的后一种礼物。天亮后，我们着手寻找我们丢失的旅行用的小家具和炊具；其中一部分我们在昨晚停留的地方找到，一部分在沼泽边缘或者甚至在沼泽里找到；暴风雨已停止，太阳已耀眼地升起，我们整天在村子里停留着晒我们的东西。在仔细照料我们的马匹和其他的役畜后，我们向女主人道谢，我们不愿落在如此良好地接待我们的蛮族人的慷慨后面，我们送她一些银杯子、红色羊毛外衣、印度的胡椒、海枣和其他干果子：又向这村的居民们祝颂他们繁荣昌盛、诸事顺利后我们就出发了。

跋涉了六天之后，为我们作向导的西徐亚人吩咐我们在某个村子里停下来，以便我们夹在即将经过这里的阿提拉的随从人员中继续我们的行程：我们在那里遇见了西罗马人派到他那里来的大使们。主要的有赋有伯爵头衔的罗慕路斯，诺里克的行政长官普利姆多斯和部队的长官罗曼努斯。同他们一块儿的有君士坦提乌斯，他是埃提乌斯派到阿提拉那里来的当他的秘书的；还有泰多罗斯，他是埃德科的同事奥莱斯特的父亲；后来跟着他们，并不是为了差使，而是出于友谊和他们自己的事情。君士坦提乌斯在意大利逗留那时跟他们有来往，亲属的原因也决定了泰多罗斯；他的儿子奥莱斯特娶了诺里克的一个城市彼多维奥的罗慕路斯的女儿为妻子。

107

这些大使正力图使阿提拉软化，阿提拉已要求他们为他释放罗马银器厂的长官西尔瓦努斯，因为他接受了某个君士坦提乌斯送给他的金杯子。这个西高卢出身的君士坦提乌斯跟后来的另一个君上坦提乌斯一样被送给阿提拉和勃莱达作为他们的秘书。所以这个人在潘诺尼亚的西尔米姆城被西徐亚入围困时曾从该城的主教手中接受一些金器：主教希望如果城市被攻破而他能活下来，这些器皿的价值可用来作为他的赎金；如果他死了，这钱可用来救济被俘虏的城民；但是，君士坦提乌斯在该城被毁后完全不顾围困的结果，为一件事去了意大利，把器皿交给了西尔瓦努斯，收下了这些器皿的价款，他们之间商定，如果君士坦提乌斯在指定的时期内偿还这笔钱和利息，器皿应交还给他；如果在相反的情况下，则西尔瓦努斯可以保持这些器皿并作为自己的财产使用它们。阿提拉和勃莱达怀疑这个君士坦提乌斯背叛了，把他钉上了十字架；而知道金杯事件的阿提拉要求他们把西尔瓦努斯交给他，因为他窃取了属于他的财物。埃提乌斯和西罗马皇帝派代表到他那里，告诉他说，西尔瓦努斯并没有偷窃这些器皿，说他是君士坦提乌斯的债主，说他收受它们是作为借出的钱的抵押品，他已把它们卖给愿意买它们的第一个神甫，因为献给上帝的杯子是不准俗人使用的。他们还要补充说，如果如此正当的理由和对神的尊敬还不能使阿提拉不再坚持索取这些杯子，则西尔瓦努斯会将它们的价款交给他，但他们不能交出一个没有犯任何错误的人。

这便是这些代表的使命的目的，他们要跟着蛮族人去得到一个答复，然后再回去。

因为我们要同阿提拉走同一条路，我们等待他走到我们面前来，我们同其余的蛮族人在离他稍远的后面跟着他走。越过了几
108 条河后我们到了一个大镇；这里有阿提拉的房屋，它比他帝国的其他一切房屋高得多、深得多：它们是用非常光滑的厚木板造成的，还围着木制的栅栏，不是作为防卫而是作为装饰。

离国王的房屋最近的是奥涅其赛斯的屋子，它同样围着木栅栏，但它不像阿提拉的那样高，也没有装着炮楼。离房屋的围墙稍远处有奥涅其赛斯的浴室，它是他这个西徐亚人中仅次于阿提拉的最富最有势力的人用从潘诺尼亚运来的石头建造的；实际上在西徐亚的这个地区既没有石料也没有大树，必须从别处运来材料。建造这浴室的建筑师被囚禁在西尔米姆，他希望自由将是他工作的报酬；可是这美好的希望完全落空了；相反地，他被投入了远为艰苦的奴役：奥涅其赛斯使他成为他浴室的奴役，当他和他的家属前去洗澡时他就去侍候他们。

当阿提拉来到这村镇时，一些年轻姑娘来迎接他；她们列队在两边由好几行妇女撑着白色细亚麻布的底下行走，布匹拉得很紧，每匹下面走着六个甚至更多的年轻姑娘：她们唱着蛮族的歌曲。

我们已经走近奥涅其赛斯的房屋，走过这屋就是通向国王的房屋的那条路，这时他的妻子出来，后面跟着许多女奴，手里拿着菜肴和酒，这在西徐亚人中被看作是最大的尊敬。她向阿提拉敬礼，请他品尝她以她的忠诚的、最生动的誓言赠送给他的菜肴。国王为了对他亲信者的妻子表示他的好意，就在马上进食；护卫他的蛮族高举着桌子到他面前，桌子是银制的。他的嘴唇在献给他的杯子里浸湿后，他走进他的王宫：这是一所坐落在高地上的比其他房屋远为漂亮的房屋。

至于我们，我们按奥涅其赛斯的吩咐留在他家，他是同阿提拉的儿子一起回来的；我们在那里受到他妻子和他家庭中其他著名的首领的接待，并在那里吃晚饭。奥涅其赛斯不能同我们在一起吃饭，因为他要到阿提拉那里报告他的使命的完成情况和他儿了发生的右手腕脱骱的事故：这是他回来后第一次在匈奴国王面前出现。

晚饭后我们离开了奥涅其赛斯的家，尽可能在靠近阿提拉王宫的地方扎下帐篷，使即将同这位君王会见并跟那些充作他的顾问的人交谈的马克西明也尽可能离得近些。在这里我们度过了夜晚。

天明以后，马克西明派我去奥涅其赛斯那里，把他自己送给他的和皇帝送给他的礼物带给他，并问他他们何时何地能进行一次会谈。于是我带着一些送礼物的奴隶到奥涅其赛斯家去;门都关闭着,我不得不等开门和能通报我的来到的人出来。

当我绕着奥涅其赛斯房屋的围墙散步消磨时间时有个人过来,我起初把他当作是西徐亚军队里的一个蛮族人,他用希腊语对我说 χαῖρε,并向我敬礼。一个西徐亚人竟会说希腊话我感到很惊讶。因为蛮族人禁闭在他们自己的生活方式里,只会培养和说蛮族话、匈奴语和哥特语;那些经常同罗马人有商业来往的也说拉丁语;但他们中没有一个能说希腊语的,除了逃到色雷斯或沿海的伊利里亚的俘虏;可是当我们遇到这类人时,可以容易地从他们褴褛的衣服和惨白的脸容(他们陷入不幸命运的标志)认出他们。我碰到的这人正好相反,他有一个幸福而富有的西徐亚人的外表;他穿得很漂亮,头剃得圆圆的,我也向他回礼,问他是干什么的,从哪里来到这蛮族人的地方,他为什么采取西徐亚人的习俗。他对我说:

110 “那么您很想知道这个?”我答复说,“我所以要问您,因为您说了希腊话。”于是他笑着对我说,论血统他是一个希腊人,为了要经商,他定居在多瑙河上莫西亚地方一个名叫维米那西姆的城市里,他在那里已住了多年并娶了一个有钱的妻子;但这个城市被占领后,他的全部财产都丧失了,在战利品分配中,他的财产和他自己都落到奥涅其赛斯手中。实际上西徐亚人的习惯是先把最富有的俘虏放在一边,给阿提拉下面的主要首领留着,到后来再分配给他们。我的希腊人后来英勇地同罗马人打仗;他协助使阿加齐尔民族屈从于他的蛮族主人,按照西徐亚人的法律,作为报酬,他获得了自由,连同他在战争中获得的一切财产;他娶了个蛮族的妻子,她为他生了几个孩子;他是奥涅其赛斯的常客,他觉得他的新的生活方式远比原来的优越。实际上，那些留在西徐亚人家中的人，在承受了战争的困苦之后都可以无忧无虑地过他们的生活；每人可享受命运给予他的财富，没有人能干涉或打扰他们。

当我们这样谈论时，奥涅其赛斯的一个仆人开了房屋的栅栏门：我急忙向他跑去，并要求见奥涅其赛斯：我补充说我还得代表罗马大使马克西明跟他谈话。他回答说，如果我能等一会儿，我可能很快见到他，因为他快出来了：的确，一会儿后我看到奥涅其赛斯正在走来了，于是我向他走过去说："罗马的大使向您致敬，我给您带来他这方面的礼物，连同皇帝送给您的金子。"因为我想问他，他愿意在哪里和什么时候同我们交谈，他吩咐他的人去取金子和礼物，并要我去告诉马克西明，他很快就要到他那儿去。

因此，我回去对马克西明说，奥涅其赛斯就要去拜望他了；后来他几乎立刻就来到我们的帐篷，亲自对大使说，感谢他送给他皇帝的和他自己的礼物；问他他想要什么，既然他要求他来。马克西 111
明回答他说，他获得巨大荣誉的时间快要到了，只要他到皇帝那边去，结束罗马和匈奴族之间的争端并凭他的智慧在两个民族之间建立牢固的和平；这个和平不但对于他们是非常有利的，而且对他和所有他的家人都有很大的价值，因为那时他的家属将体验到来自皇帝和一切高贵的人的永恒的感激。于是奥涅其赛斯问他，怎样才能使皇帝感到惬意和怎样才能结束这些争端：马克西明回答他说，他只需参加现在的事务，前去感谢皇帝，细心研究不和的原因和按照协议的情况运用自己的信誉来处理纠纷。奥涅其赛斯说道："我很久以前就已将阿提拉关于这件事的意旨通知皇帝和他的顾问们了：罗马人是否认为他们的恳求会促使我背叛我的主子并

使我毫不考虑我为我的妻子儿女在西徐亚人中间得到的种种利益？在阿提拉身边服务岂不比在罗马人那里享受最大的财富更好吗？此外，我留在自己家里，安慰和减轻我主子的愤怒（如果他正在形成反对帝国的某种凶暴的计划的话），对他们来说，岂不比到君士坦丁堡去，使我自己要遭受怀疑，仿佛我做了什么违反阿提拉的利益的事情似的，更有利益得多吗？”听了这些话，想到我将负责同他谈我们所希望知道的事（实际上这样的会见对于马克西明被赋予的高贵地位是不大合适的），他就退出去了。

第二天我走进了阿提拉的房屋的内屋栅栏里，把礼物带给他的名叫克雷加的妻子：他和她生有三个孩子；长子已经统治着阿卡齐尔和居住在尤克生桥附近的西徐亚的其他民族。在这栅栏里有许多大建筑物，一部分是用雕刻的木板建筑的，布置得很漂亮，一部分是用手斧很好地砍成并磨光而未加雕刻的梁造成的，这些梁中间混杂着一些圆木；把它们连接起来的从地面升起的圆圈按一定的比例提升和分配的。阿提拉的妻子就住在这里。守卫大门的蛮族人让我进去，我看见她睡在一张柔软的卧榻上；地面上铺着地毯，我们就在地毯上行走；一大群奴隶围绕着她，成为一个圆圈；女仆们面对着她坐在地上，正在做蛮族人作为装饰穿在衣服外面的用各种颜色的亚麻布拼成的件工。

112

向克雷加行过礼并送上礼物后我退出来；在等待奥涅其赛斯从他早已进去的宫里出来时，我走遍了栅栏里阿提拉居住的其他建筑物。当我同许多其他人在那里时（因为阿提拉的卫兵和作为他的扈从的蛮族人都认识我，他们让我到处走），我看到一大群人正骚乱地、大声地走过来。阿提拉带着严肃的神色走出来；所有的眼睛都看着他；奥涅其赛斯陪着他，他便在他房屋前坐下。许多来诉讼的人走近他，他把案件一一审理。后来他重新走进他的王宫，他在那里接待前来找他的蛮族国家的代表们。

当我等待奥涅其赛斯时，为了金制器皿的事从意大利来的三个代表罗慕路斯、普洛莫多斯和罗曼努斯，以及君士坦提乌斯的随从罗斯底库斯和当时已在阿提拉治下的潘诺尼亚的一个本地人君士坦提奥罗斯向我说话，并问我，我们是否收到了我们的免职令。我对他们说："我在这栅栏里等待就是为了要从奥涅其赛斯这里知道这件事。"我反问他们，他们是否得到了关于他们使命的目的的任何有利的答复，他们回答说："完全没有；要改变阿提拉的决定是不可能的；他威胁说要打仗，除非他们把西尔瓦努斯遣返给他。"

当我们对这蛮族人的难以驾驭的骄傲互相表示吃惊时，有丰富经验并曾担任过许多光荣的使命的罗慕路斯对我们说："这种骄傲来自他的幸运的福气，它把他放到一个如此高的地位；他的运气使他得到巨大的权力，他因此傲气十足，以致理性都进不了他的头脑里去，他只相信他偶然想到的东西是对的。没有 个曾统治过西徐亚或是其他地方的人在如此短促的一个时间里做出过那么大的事业。他降服了整个西徐亚；他把他的领土扩展到大洋里的一些岛屿；他使罗马人成为他的进贡者；他对此还不满足，还考虑更大的事业：他还希望把他帝国的疆界推到更远处去，他现在正准备进攻波斯人。"

我们中有人问从西徐亚到波斯应走哪条路。罗慕路斯回答说，米底人的地域离西徐亚人的地域不太远，匈奴人很熟悉这条路，因为他们常走这条路。当一场饥荒使他们的土地受到破坏和罗马人忙于别处的战争而留给他们以平静时，西徐亚王族的战士和人数众多的部队的首领巴西许和居尔里许曾侵入米底人的地方：这些首领最近到罗马来商谈联盟问题，讲起他们旅途中曾穿越一个荒漠地区，曾越过罗慕路斯确信就是巴罗斯—梅奥底斯的那一片沼泽地，半个月后爬过某些山岭，他们下到了美狄亚；当他们正在那儿袭击和劫掠时突然来了一支波斯的军队，他们射来的箭多得掩日蔽空；看到这样的危险景象，他们便转身后退，回头爬过这些山岭，仅仅带着很小一部分劫掠物，因为米底人已将大部分夺回去了；而为避免敌人的攻击，他们采取了另一条路线，越过撒满烫脚的海石子的地区①，最后走了一段路之后到达了他们自己的家乡，这段路有多么长，罗慕路斯已记不起来。从这一点不难看出，西徐亚离米底人的地区并不是很远的。

罗慕路斯补充说，如果阿提拉因此想攻击米底人的话，这一入侵既花费不了他的多少心力，也花费不了他的劳力，而为了扑向米底人、安息人和波斯人并迫使他们向他纳贡，他也无须跋涉好长一段路。他有如此大量的军队，因而没有一个民族能抵抗他。于是我们希望阿提拉攻打波斯人，从而使我们摆脱战争的重压。君士坦提奥罗斯说："就怕波斯人一旦被战败，他将不再作为朋友而是作为主子来对待罗马人。现在我们给他送金子，是由于我们自己赋予他这个崇高地位，但如果他征服了米底人、安息人和波斯人，他就不再会饶恕处在他帝国的这一边疆界的罗马人了；他将把他们看作他的奴隶并迫使他们服从他的可怕的和令人不能忍受的意

① 这些石子是沥青，在阿速夫海和黑海海边都很丰富。

志。”

君士坦提奥罗斯说的崇高地位是罗马军队的将军的崇高地位，阿提拉从皇帝那里接受这个荣誉时，同时也接受了同这头衔联系着的俸给。君士坦提奥罗斯认为阿提拉毫无顾忌地违背对这高位或罗马人可能乐于赋予他的其他高位的义务，并会迫使他们给予他国王的名称而不是将军的头衔。当他脾气坏时他已经说他的军队的将军是他的奴隶，而他的将军们在他眼里是同罗马皇帝们地位相等的人。

战神马尔斯的剑的发现大大地增加了他的权力。从前被西徐亚人的国王们崇拜而奉献给战神的这把剑已不见了好几个世纪，它在一头牛受伤的时候刚被重新找到。正当我们相当热烈地谈论我们刚才说的话时奥涅其赛斯走出来了；我们走向他，问他关于我们承担的事情。他同几个蛮族人交谈了几句话后叫我去问马克西明，罗马人打算派到阿提拉这里来的是怎样的外交人员。我回到我们的帐篷，把奥涅其赛斯方才对我说的话告诉马克西明；我们讨论了应该怎样答复蛮族人。然后我回到奥涅其赛斯那里对他说，罗马人非常希望他去罗马，并要他负责调停他们同阿提拉的不和；但如果他们这种希望落空了，那么皇帝将派遣他感到高兴的任何一位大使；他吩咐我立即去把马克西明请来；他一到，他就领他到阿提拉那里去。马克西明很快就回来，向我们说，这蛮族人明确地说，他要皇帝派诺米乌斯或阿纳多利乌斯作为大使到这里来，他不愿接待任何其他人。马克西明对他说，由于派到他这里来的代表们是由他指定的而使这些代表受到皇帝的怀疑是不合适的；可是阿提拉回答他说，如果罗马人拒绝他，他便要拿起武器来结束争端。

我们刚回到我们的帐篷，奥莱斯特的父亲就来对我们说："阿提拉请你们两位去参加将于这天九点钟举行的宴会。"到了指定的时刻我们去参加宴会，同时西罗马的大使们一起来到阿提拉前面的大厅的入口处；在那里斟酒官们按这地方的习俗送给我们一个杯子，以便我们在坐下来之前献祭神酒；在我们履行了这事并尝了杯中的酒后便坐到我们晚餐时要坐的位置上去。

座位沿着墙壁设在大厅的两边；阿提拉坐在中间，在一张榻上，对着这榻还有另一张榻，它的后面是一个梯子的踏步，它引向这位国君的卧室。这榻用各种颜色的布装饰着，很像罗马人和希腊人为结婚的人准备用的那种榻。那时是这样安排的，第一等客人坐在阿提拉的右边，第二等客人坐在左边；我们同西徐亚人中间很有名的战士培利许被放在第二等里；但培利许在我们之上。奥涅其赛斯占据了国王右边的第一个座位，他的对面坐着阿提拉的

116 两个儿子；大儿子靠在他父亲的同一张榻上，不是在他旁边，而是在他的下面，出于对自己父亲的尊敬，他的眼睛老是看着下边。

大家都坐定后，阿提拉的斟酒官向他献上一杯酒；阿提拉在接受酒时向占着第一个位置的人行了礼。受到这个殊荣的人立刻就站起来：直到阿提拉尝了或喝干了杯中酒并将杯还给斟酒官才允许他再坐下来。与此相反，阿提拉在每个客人依次接受一杯酒向他敬礼并尝着酒向他表示忠诚时一直坐着。每个客人都有一个斟酒官，他们在阿提拉的斟酒官退出后才坐下来。所有的客人都被用同样的方式表示敬意，轮到我们时，阿提拉按照色雷斯人的方式向我们敬礼。在这些礼仪之后，斟酒官们都退出去了。

在阿提拉的桌子旁边摆着另外四张桌子，用来接待三或四个

甚或更多的客人，他们每个人可以不打乱座位的次序用他的刀在盆子里任意取用所喜欢的食物。阿提拉的服务员首先来到中间，手里拿着盛满了肉的盘子；然后那些应为其他客人服务的人把面包和菜肴摆满了各个桌子。为蛮族人和我们，他们准备了各色各样的肉食和蔬菜烧肉，他们给我们用银的盘子盛它们；但阿提拉只有一只木盘子而且只吃平平常常的肉。

在一切事情里他都显示出这种朴实性；客人们都用金的和银的杯子喝酒，但阿提拉只有一只木杯子；他的衣服十分简单，同其他蛮族人的衣服的唯一的区别是他们只有一种颜色而且没有装饰；他的剑、他鞋子的带子、他的马缰绳同其他西徐亚人的不一样，都是用金片或宝石片装饰的。

吃了最初几盘菜肴后，我们都站起来，直到按照我方才描述的方式为阿提拉的健康和繁荣喝了满满一杯酒才重新坐到位子上去。这样向他表示了敬意后我们重新坐下。于是人们给每桌送来了几盘新的菜肴；而当每人都吃饱后，我们便站起来，像第一次那样喝酒并再坐下。

夜晚临近时，菜肴都被撤走；两个西徐亚人走向前来，在阿提拉面前背诵他们撰写的诗句，诗中他们歌唱他的胜利和勇武的美德。所有客人的目光都集中向着他们：有的人被他们诗句所陶醉；另一些人为战争的描绘所振奋；那些体力已因年龄而衰竭，因此，不再能满足对战争和荣誉的渴望的人们的颊上都淌着眼泪。在这些蛮族人的歌曲之后，一个小丑过来表演各种荒唐的和可笑的姿态和谚语，使所有参加宴会的人都由衷地大笑起来。

最后进来的是摩尔人泽尔乔，埃德科曾叫他来谒见阿提拉并答应他用他的一切影响力使人把他的妻子归还给他，这摩尔人是不多几年前在西徐亚结的婚，在那儿他和勃雷达过得很幸福，但在离开西徐亚时把她留下了。当阿提拉把她作为礼物送给埃提乌斯时，他起初希望再见到她；可是这一希望没有实现，因为阿提拉对于他回到本国去很生气。他利用这次宴庆的机会，再来请求允许把他的妻子归还给他。他的面貌，他的风度、他的发音、他的匈奴话、拉丁话和哥特话语的奇异的混合激起了如此的欢笑和令人快乐得心旷神怡，以致各方面发出的大笑声显得难以区分①

只有阿提拉始终保持着同样的面容；他是严肃而平静的；他不说也不做任何能稍稍表示想参加他周围的笑谑的意向的话和事：只有当人们给他带来名叫伊尔那许的最小的儿子时他才用温存和快乐的眼睛望着他并轻拍他的脸颊。我觉得奇怪，阿提拉为何竟不注意他其他几个孩子而似乎只抚爱这一个儿子，坐在我旁边能说拉丁语的一个蛮族人在我答应他不把他要对我讲的事说出去后告诉我说，巫师们曾对阿提拉预言，他的整个种族除了这个孩子以外都将灭亡，而这个孩子将使它复兴。

因为宴会似乎会持续到深夜而我们不想再呆着喝酒，于是我们便出来了。

第二天我们去找奥涅其赛斯，告诉他我们想告辞了，不想更多

① 在阿提拉的宫中居然能找到一个 arlequin(丑角)岂非怪事？然而这些丑角的起源正是如此：黑色奴隶的颜色，他们的脸孔和模样的“奇特”，使他们被“蛮族人”作为优秀丑角来寻求；而尤其奇特的是泽尔乔前来向阿提拉要求他的妻子的这一场景与 Arlequin(阿尔勒庚)要求 Colombine(高龙皮娜)极为相似(Arlequin 和 Colombine 都是意大利戏剧中的人物)。

地浪费时间:他答复我们说这也是阿提拉的意向,他已决定让我们走:于是他就他作出的决定这个主题举行了一次主要首领的会议,并草拟了让我们带给皇帝的信。他身边有他的文牍秘书,其中罗斯提克斯是上莫西亚人,他曾是蛮族人的俘虏,后来由于有写作的才能而被提拔担任这个工作。

在会议后,我们恳求奥涅其赛斯恢复西拉的妻儿们的自由,他们是在拉底阿利亚失陷后被奴役的:他本来不想答应我们提出的由我们付出一笔可观的赎金的请求:我们诚挚地恳求他发发慈悲,考虑到他们从前的生活情况和现在的悲惨境地;最后,奥涅其赛斯在向我们告辞时答应我们以五百奥兰依(aurii)换取西拉妻子的自由,并赠送一笔礼物给皇帝以换取他儿子的自由。

这时阿提拉的主持其他家务的妻子列卡派人来邀请我们吃晚饭[①]。于是我们来到她那里,看到好多西徐亚头儿围着她;她的好意使我们深感不安,她对我们说了许多最可爱的话,并给予我们盛大的酒宴。每个客人站起身来,敬我们一满杯酒,在取回酒杯时吻我们的前额,这在西徐亚人中间是种亲善的表现:晚饭后,我们回到自己的帐篷过夜。

第二天阿提拉邀请我们去赴另一次宴会:我们遵循了第一次同样的礼节,我们在那里十分愉快;这一天和这位首领坐在同一张榻上的不是他的大儿子而是他的叔父厄巴尔,阿提拉把他看作自己的父亲。

---

① 一些博学之士曾长期争论这个问题:想知道这个列卡是不是普里斯库斯已经说到过并被他称作克雷加的那个阿提拉的妻子。

在整个宴会上阿提拉始终以最和善的态度和我们说话，他吩咐马克西明促使皇帝把他已经答应他的那个女人给他的秘书君士坦提乌斯为妻子。实际上这个君士坦提乌斯已随同阿提拉的代表们前往君士坦丁堡并因给予他一个富有的妻子而在维持罗马人和匈奴人之间的和平方面做出他的贡献！皇帝对此已同意并答应他娶出身高贵和有很多财产的萨多尔尼罗斯的女儿；但阿特纳伊斯或安道克西埃(人们用这两个名来称呼皇后)已处死了萨多尔尼罗斯，于是一个执政官那样地位的人物冉农阻止皇帝履行他的诺言。这个率领着大批依索利亚人的部队的冉农那时正防守着受战争威胁的君士坦丁堡城，同时还是东方军队的总指挥；他把那年轻姑娘从监牢里放出来并给了他的一个亲戚叫罗夫斯的。因此，对自己的婚事甚感失望的君士坦提乌斯诚挚地恳求阿提拉不要忍受已加到他身上的侮辱，而是要坚持送给他一个妻子，不是人家从他那里抢走的那个，便是能带给他丰厚的嫁妆的另一个女人：因此，在吃晚饭时这蛮族人希望马克西明对皇帝说他不应使君士坦提乌斯失望，而做一个说谎的人是与皇帝的尊严不相称的。阿提拉对这件事很感兴趣，因为君士坦提乌斯已答应给他很大一笔钱，如果靠这蛮族人的势力他娶到一个有钱的罗马妻子的话。

夜色降临时我们退出了宴会。

三天之后我们在每人得到一件礼物后就离去了。阿提拉派培利许作为大使跟我们一同出发，他是西徐亚人的主要首领之一，又是西徐亚的许多村庄的一个领主，宴会时和我们坐在桌子的同一边，而实际上地位比我们高。在此之前，培利许曾作为驻君士坦丁堡的大使被接待过。

在路上，当我们进入某一个村庄时，陪伴了我们一段路的蛮族人拘捕了一个充当罗马人的奸细的西徐亚人；阿提拉叫人把他钉死在十字架上。第二天当我们穿过另一个村庄时，有两个奴隶被反绑着手带到我们这里来，他们杀死了那些战争的命运已使他们成为生和死的主人的人；人们把他们的脑袋夹在两片木板中间，接着把他们钉死在十字架上。

我们在西徐亚行进时，培利许都跟我们一起走，并对我们很亲善；但一渡过多瑙河，他根据我们的仆役们提供的某些卑鄙的借口变成了我们的敌人。他开始是向马克西明收回他已给了他的马。实际上阿提拉曾要求一切陪伴他的西徐亚首领都向马克西明送礼物，而他们大家包括培利许都送给他马；可是想表示自己的谦逊的马克西明拒绝了大多数这种奉献，只接受了两三匹马。培利许把已经送给他的一匹拿了回来，也不再跟我们交谈，甚至不走同一条

路。这样，这个在蛮族人自己的地方订立的殷勤待客的誓言就被 121
撤回去了。我们通过菲利浦城邦到达亚得利亚城邦，我们在这个城市里停留了一阵子作休息；在那里时我们向也到达此城的培利许致意问好并问他为什么对丝毫没有冒犯他的人如此固执地保持沉默；他没有任何恨我们的理由，因为我们没有什么地方触犯他。他的态度被我们的话缓和了，接受了我们请他吃晚饭的邀请，次日我们就一起从亚得里亚城邦出发。

在路上，我们碰到回西徐亚去的维吉尔，告诉他阿提拉接待我们的态度之后，我们继续我们的行程。到达君士坦丁堡时，我们以为培利许已完全忘掉了他的怒气；然而我们的好心和殷勤没有克服他凶猛和报复的天性：他指责马克西明曾说过，阿雷奥朋特和阿

思巴尔两个将军在皇帝跟前没有得到信任,还说自从他知道蛮族人的轻浮和易变之后,他对他们的所谓功绩没有任何信心了。

四、五世纪至十世纪高卢政治历史上主要事件的编年表

公元	
406—412	日耳曼人全面侵入西帝国，尤其是侵入高卢。
411—413	勃艮第人在东高卢定居。
412—419	西哥特人在南高卢定居。
418—430	法兰克人在比利时和北高卢定居。
451	阿提拉侵入高卢。——他在香槟的夏隆平原的失败。
476	西帝国的决定性的失败。
481—511	克洛维的统治。——法兰克人王国的确立。——他们在东部、西部和南部高卢的胜利。
511年12月27日	克洛维的死。——他四个儿子瓜分他的领土和国家。
523—534	法兰克人与勃艮第人之间的战争。——后者的王国的败落。
538—561	克洛泰尔一世。克洛维的第四个儿子，法兰克人的唯一国王。
587	勃艮第国王贡特朗和梅斯的国王希尔德贝尔特二世之间的安德洛条约。
613—628	希尔佩里克一世和弗雷代贡德的儿子克洛泰尔二世是法兰克人的唯一的国王。
628—714	丕平家属在奥斯特拉西亚的法兰克人中间逐渐上升。
656—687	纽斯特里亚的法兰克人与奥斯特拉西亚的法兰克人之间的斗争。
687	泰斯特里之战。——奥斯特拉西亚的法兰克人的胜利。

公元	
715—741	铁锤查理对法兰克人的统治。
714—732	阿拉伯人在南部和西部高卢的入侵和进展。
732 年 10 月	阿拉伯人在图尔附近被铁锤查理打败。
741 年 10 月 1 日	铁锤查理之死。——他的儿子,丕平和卡洛曼瓜分高卢。
747	卡洛曼退隐进修道院。——法兰克人唯一的领袖丕平。
752	墨洛温王朝最后一个国王希尔德里克三世被废黜。——绰号矮子的丕平被宣布为法兰克人的国王,并由梅因兹的总主教温弗雷德(圣卜尼法斯)在苏瓦松加冕。
754	来法国访问的教皇斯提反二世为丕平和他的家族重新加冕。
754—755	丕平在意大利对伦巴第人开战。——他同教皇们的联盟。
750—759	丕平在南部高卢对萨拉逊人的战争。——他使自己成为塞蒂马尼亚的主人。
745—765	丕平在西南高卢对阿基坦的战争。——他占领了阿基坦。
708 年 9 月	丕平之死。——他的两个儿子查理和卡洛曼瓜分他的国土。
771	卡洛曼之死。——法兰克人的唯一的国王查理曼。
769	查理曼对阿基坦人的远征。
772 774—776 778—780 782—785 794—796 797—798 802 804	查理曼对撒克逊人的远征。
773—774 776	查理曼对伦巴第人的远征。——他打败了他们的国王,并占据了他们的领土。

124

公元	
787 801	查理曼对贝尼文托的伦巴第人的远征。
778 796—797 801 806—807 809—810 812	查理曼对西班牙、意大利、撒丁等地的阿拉伯人的远征。
788—789 791 796 805 812	查理曼对东欧的斯拉夫人和阿瓦尔人的远征。
781 801	查理曼和东帝国诸皇帝的关系。 125
800 年 10 月 24 日	查理曼进入罗马。
800 年 12 月 25 日	他被宣布为西帝国的皇帝。
801	哈伦阿尔-拉希德派到查理曼那里的使团。
806	查理曼把他的一些国家分给他三个儿子查理、丕平和路易。
808—814	诺曼人开始蹂躏法兰克高卢的海岸。
814 年 1 月 28 日	查理曼之死。
816	虔诚者路易在兰斯由教皇斯提反四世加冕。

公元	
817	路易与他儿子洛泰尔联合，并给予他两个儿子丕平和路易以阿基坦王国和巴伐利亚王国。
828—833	虔诚者路易的儿子们反对他们父亲的阴谋和反叛。
833 年 10 月 1 日	召集贡比涅会议以贬黜路易。
833 年 11 月 2 日	公众在苏瓦松对路易的惩罚和贬黜。
835	蒂永维尔的会议废止了贡比涅会议的法案。
838	虔诚者路易在瓦兹河畔的吉尔塞大会上为支持小儿子秃头查理而褫两个儿子洛泰尔和路易的勋位。
839 年 5 月 30 日	虔诚者路易跟他儿子洛泰尔又修好。——洛泰尔和秃头查理重新瓜分帝国。
840 年 6 月 20 日	虔诚者路易之死。
840—843	虔诚者路易的儿子们之间的战争。
841 年 6 月 29 日	丰特奈之战。
843	凡尔登和约。——各国的决定性的分裂。
862—877	秃头查理陆续把查理曼的大部分国土重新联合起来。
875 年 12 月 25 日	他在罗马加冕为皇帝。
877	他在瓦兹河畔的吉尔塞大会上他承认封地和皇家官职的世袭的所有权。
877 年 10 月 6 日	秃头查理之死。
836—877	萨拉逊人尤其是诺曼人在法兰克高卢的不断和日益增长的入侵。
877—879	秃头查理的儿子口吃者路易的统治时期。
879 年 4 月 10 日	口吃者路易之死。

公元	
879—882	口吃者路易的儿子路易三世和卡洛曼的统治时期。
882年8月5日	路易三世之死。
882—884	卡洛曼的统治时期。
884年12月6日	卡洛曼之死。
884—888	胖子查理的统治时期。
885—886	诺曼人围攻巴黎一年。
888年1月12日	胖子查理之死。
887—898	巴黎的伯爵、强者罗伯特的儿子，在胖子查理还活着时即被选为国王的厄德的统治时期。
877—888	许多独立领地的形成。
893年1月28日	口吃者路易的儿子天真汉查理的加冕。
898年1月1日	厄德国王之死。
893—929	天真汉查理的统治时期。
911	他按埃斯特河畔克莱尔条约将后来称为诺曼底的那部分纽斯特里亚领土给予一个诺曼首领罗洛。
922	法兰西公爵、厄德国王的兄弟罗贝尔被选为国王。
923年6月15日	他在和天真汉查理的一次战争中在苏瓦松附近被杀。
923	勃艮第公爵拉乌尔或罗道尔夫被选为法国国王。
923—929	天真汉查理落入韦芒杜瓦的伯爵埃里贝尔手中被俘。——他暂时获得自由，但不久又重新被禁锢。
929年10月7日	天真汉查理之死。
936年1月15日	国王拉乌尔之死。

127

公元	
936—954	天真汉查理之子、绰号叫作海外的路易四世的统治时期。——他一方面同东部法国的主人奥托一世,另一方面同中部和西部法国的独立领主们的关系有时友好,有时敌对。
954 年 9 月 10 日	海外的路易之死。
954—986	海外的路易之子洛泰尔的统治时期。——他同奥托一世的战争。
986 年 3 月 2 日	洛泰尔之死。
986—987	洛泰尔之子路易五世的统治时期。
987 年 5 月 21 日	路易五世之死。
987 年 7 月 3 日	巴黎的伯爵于格·卡佩在兰斯加冕为法国的国王。

五、五世纪至十世纪高卢宗教史上主要事件的编年表

公元	
400 年 11 月 11 日	图尔的总主教圣·马丁之死。
400—407	教士维吉朗斯的反对殉教者圣骨和教会另一些习俗的作品。——圣·哲罗姆批驳他们。
400—420	南部高卢教堂的建立,其中有马赛的圣·维克托和勒朗的一些教堂。
418	圣·杰曼任欧克塞尔的主教。
420	勃艮第人信奉阿里乌斯教派的教义。
423	半贝拉基教义在南部高卢产生。——圣·奥古斯丁攻击它。
428	圣·卢普任特鲁瓦的主教。
429	许多主教会议。——地点不明确。①
——	圣·奚拉里任阿尔勒主教。
441	奥朗日主教会议。
450	阿尔勒主教和维也纳主教在关于他们大主教管辖区范围上发生争议。
452	阿尔勒主教会议。
455	阿尔勒主教会议。

129

① 在本表里我只指出一些主要的主教会议而不提它们的目的。第七表则专供指出这一时期高卢的主教会议的历史和教会立法。

公元	
462	福斯特任里兹的主教;他同克劳狄乌斯·马梅提努斯关于灵魂性质的讨论。——他被控为半贝拉基派。——他著文反对宿命论者。
470	维也纳主教圣·马梅提努斯制定求丰收祈祷的仪式。
472	圣·西多尼乌斯·阿坡利纳里乌斯任克莱蒙主教。
475	阿尔勒主教会议。
490	圣·阿维都斯任维也纳的主教。
496	克洛维信奉基督教。
499	天主教主教和阿里乌斯教派主教在里昂、在勃艮第国王贡德博德面前举行会议。

130

公元	
501	圣·塞泽尔任阿尔勒的主教。
506	阿格德的主教会议。
510	勃艮第的君王西吉斯蒙德舍弃了阿里乌斯派教义。
511	奥尔良的主教会议。
517	在维也纳的主教区的伊巴奥纳的主教会议。
529	奥朗日的主教会议。
529	韦松的主教会议。
533	奥尔良的主教会议。
538	奥尔良的主教会议。
541	奥尔良的主教会议。
543	圣·本尼狄克特的教规引入高卢。——修道院的改革和进展。——修道士的生活开始称为 religio(宗教)。

公元	
549	奥尔良的主教会议。
554	阿尔勒的宗教会议。
555	圣·杰曼努斯任巴黎主教。
557	巴黎的主教会议。
573	圣·格列高利任图尔的主教。
573	圣·塞诺和另外几个隐修士因其苦行而著名。
576	奥斯特拉西亚的国王希尔德贝尔特二世强迫犹太人受洗礼。
578	欧克塞尔的主教会议。
585	马孔的主教会议。
585	圣·高隆班来到高卢。
590	他创立了卢克绥尔的修道院。
590—600	一些修道院里的紊乱情况。——骗子们自称为基督横行高卢。
600—650	修道士逐渐并入教士队伍。
615	巴黎的主教会议。
615	克洛泰尔二世给予教士和人民选举主教的权利，而给自己保留了认可他们的选择之权。
625	兰斯的主教会议。
626	传教士主教圣·阿芒为比利时的不信基督教者改宗而工作。
628	达戈贝尔特一世强迫犹太人受洗礼。

公元	
628	圣·丹尼斯修道院的建立。
638	巴黎的主教会议。
639	圣·埃洛瓦任努瓦永的主教。
639	圣·乌昂任鲁昂的主教。
640—660	建立了许许多多的修道院。
650	沙隆的主教会议。
658	圣·莱热任欧坦的主教。
658	主教们的世俗权力的进展。
670—700	受到了奥斯特拉西亚的宫相们的支持的盎格鲁—萨克逊和其他僧侣，在莱茵以东的人民如萨克逊人、弗里西亚人、丹麦人中间传教。
670—700	主教们对修道院的暴政。——修道院获得的特许状。——国王们和教皇们给予他们的保护。
715—755	圣·卜尼法斯在日耳曼的讲道和种种建树。——萨尔茨堡、弗雷辛根、拉蒂斯邦、维尔茨堡、帕绍、埃赫施塔特等的主教管辖区的建立。
720—741	铁锤查理侵占教士的部分领地。
739—752	教皇们同铁锤查理和矮子丕平的关系。
743	莱普廷斯的主教会议。
751—800	罗马教廷依靠它同丕平和查理曼的联合而取得的进展。
752	凡尔梅里的主教会议。
755	维尔纳叶的主教会议。 矮子丕平把取自伦巴第人的领地送给罗马的教会。

132

公元	
761	人们重新开始教条主义的争论。——由世俗权力来改革教会。
761—763	梅斯的主教克劳特冈制定的教规的创建和规则。
767	真蒂利的主教会议。
769	查理曼禁止教堂避难所滥用权力。
772	教皇阿德里安一世给查理曼一部法规汇编。
774	查理曼把丕平的赠与施给罗马的教堂。
780	阿尼阿纳的本尼狄克特着手进行修道生活的改革。
785	狄奥多尔夫任奥尔良的主教。
786	在某些修道院里设置特殊的主教。
790—794	高卢-法兰克教会谴责圣像崇拜。——关于这个问题由阿尔昆编并奉查理曼之命送给罗马教皇的加洛林的著作。
790—799	收养派的邪说。——被阿尔昆批驳并被高卢—法兰克教会谴责。
798	利德雷德任里昂的总主教。
809	高卢-法兰克教会采纳圣灵来自圣父与圣子的学说。
813	同一年举行五次主教会议,从事于教会风纪的改革。
816	在艾克斯-拉-沙佩勒的主教会议上采纳的关于议事司铎和有俸修女的规定。——虔诚者路易给予梅斯的主教、阿马莱尔所写的关于教会的职务的论著以法律的力量。

133

	公元	
	817	在艾克斯-拉-沙佩勒举行的一次修道院长和修道士的会议规定了修道院的改革。
	820—877	主教们的独立性和世俗权力的进展。——王权的衰落。
	823—824	西帝国皇帝干涉罗马教皇选举权力的证据。
	826	丹麦王子哈劳德和他的妻子以及他们的随从人员都在虔诚者路易宫廷里受洗礼。
	830 前后	里昂总主教阿戈巴尔德仿照都灵主教克劳德的榜样改革教会的恶习的思想和尝试,尤其是对圣物的崇拜和圣像的赞美。
	831—865	巴夏兹-拉德贝尔的著作引起了关于变质说和纯洁的概念的争论。
	833	贡比涅的主教会议。
134	835	蒂永维尔的主教会议。
	836	艾克斯-拉-沙佩勒的主教会议。
	840—877	以 1.世俗君主的权力;2.主教和国家教会的权力为牺牲,罗马教廷权力的进展。——教皇尼古拉一世同高卢-法兰克教会的统治的关系。
	841 前后	假的教宗手谕录的出现。
	844	蒂永维尔的主教会议。
	845—882	兰斯的总主教辛克马尔。
	847—861	特鲁瓦的总主教圣·普鲁登蒂乌斯。
	849—869	宿命论和恩典的争论。——戈特沙尔克和辛克马尔的斗争。

公元	
852—875	里昂的总主教圣·勒米。
853	苏瓦松的主教会议。
853—866	伍尔法德和兰斯总主教埃博任命的其他教士的事件。
856—869	洛泰尔和瑞特贝尔日的离婚事件。
858	高卢的主教写给日耳曼人路易的商量和谴责的信件。
862—866	苏瓦松的主教罗塔德的事件。
869—878	拉昂的主教辛克马尔的事件。
876	罗马教皇约翰八世任命桑斯总主教安塞吉斯为高卢和日耳曼尼的首席主教。——蓬蒂翁主教会议。
887	梅因兹的主教会议。
909	特洛斯雷的主教会议。
910	由阿基坦公爵虔诚者吉尧姆建立克吕尼的修道院。
912	罗洛和许许多多诺曼人信奉基督教。
926—942	克吕尼修道院院长圣·奥多改革他的修道院和其他几个得到罗马教皇批准的修道院,使其联合成为一个修道院。——修道院阶层中实行共同管理的第一个例子。
943	信奉基督教的诺曼人和仍然是异教徒的诺曼人之间的斗争。
991	兰斯的总主教盖尔勃特 999 年成为罗马教皇。
993	奥格斯堡的主教乌尔里希由罗马教皇约翰十五世封为圣徒。——罗马教廷封圣徒的第一个例子。——主教们继续在他们的教区里宣布圣徒。

公元	
将近这个世纪的末尾	克吕尼修道院长奥狄洛创立万灵节。
	圣母弥撒的确立。——圣职买卖以及教士习俗的混乱，以及人民中各种迷信的增多。——数量无穷的圣徒和圣物。 ——赎罪的惩罚和赦罪的扩展。
	——罗马教皇们日益明白地表示自己是教会中混乱的反对者并试图制止它。
	——个别人物起来反对弊端和迷信，其中在索恩河畔沙隆这一带有栾塔德。
	——修道院努力摆脱主教们的控制。

六、五世纪至十世纪高卢文学史上主要事件的编年表

五 世 纪

姓 名	日 期	身 份	作 品
图卢兹或普瓦捷的鲁提利乌斯·纳马提安努斯	公元418年以后逝世	民法官	一首名为Itinerarium或De reditu从罗马到高卢的诗。
阿基坦的苏尔比西乌斯·赛维卢斯	420年以后逝世	教士	1.图尔的圣马丁的传;2.从创世纪至400年的宗教史;3.关于东方修道士的对话和一部圣·马丁的传。
埃瓦格里乌斯	五世纪初	同上	1.基督教徒狄奥菲卢斯和犹太人西蒙之间的争论;2.基督教徒扎切厄斯和哲学家阿波罗尼厄斯之间的对话。
波尔多的圣·保林	351—431	诺尔的主教	1.一些书信;2.一些小诗;3.关于施舍的一篇布道文;4.已遗失的一些著作。
普罗旺斯的卡西安(约翰)	350—433	同上	1. 一篇关于修道士规章的论著;2.修道士生活的会议;3.一些神学著作。
普瓦捷的帕拉第乌斯	五世纪初	法学家	关于农业的一首诗。

（续表）

姓　名	日　期	身　份	作　品
阿基坦的圣·普罗斯珀	463 年前后逝世	教士	1.题为 *Des ingrates*《忘恩负义者》的关于宿命论和恩典的问题的一首诗；2.从创世纪到 485 年的编年史；3.几本神学著作和一些书信。
维也纳的马梅提努斯·克劳狄纳斯	474 年前后逝世	同上	1.一篇关于灵魂性质的论文；2.对激情的赞歌 *Pange Lingua*；3.一些书信。
高卢北方的萨尔维努斯	五世纪末前后逝世	同上	1.一篇关于反对悭吝的论文；2.一篇论皇帝的统治或论天命的论文；3.书信；4.已散失的著作。
生于里昂的西多尼乌斯·阿坡利纳里乌斯	430—488	克莱蒙的主教	1.九集书信；2.诗集；3.已散失的著作。
原籍布利塔尼的福斯特	五世纪末前后逝世	同上	1.一部关于恩典的论著；2.一些谈若干哲学和神学问题的书信；3.一些布道文。
普鲁旺斯的金纳德	五世纪末逝世	同上	1.一部关于名人或教会作者的论文集或目录；2.一部关于教会教条的论文集。
非洲血统的、在阿尔勒生活的波美里乌斯	五世纪末	同上	1.一篇论冥想的生活的论文；2.一篇论灵魂性质的论文，已遗失。

六 世 纪

姓 名	日 期	身 份	作 品
阿尔勒的圣·埃诺提乌斯	473—521	巴黎的主教	1.东哥特国王狄奥多里克的颂词;2.巴黎主教圣·伊皮凡尼乌斯传;3.一些书信;4.诗歌;5.神学著作。
奥弗涅的圣·阿维都斯(阿西穆斯·埃克迪修斯)	525年逝世	维也纳的主教	1.两首宗教长诗;2 书信;3.已散失的说教;4.已散失的诗歌。
索恩河畔沙隆的圣·塞泽尔	470—542	阿尔勒的主教	1.布道文;2.一篇论恩典和自由意志的论史,已遗失。
阿尔勒的西普利安	546年前后逝世	土伦的主教	圣·塞泽尔传。
奥弗涅的圣·格列高利	544—595	图尔的主教	1.法兰克人的教会史;2.论殉教者的光荣;3.论忏悔者的光荣;4.神甫们的生活;5.圣·马丁的奇迹;6.一些神学著作,已遗失。
欧坦的马里乌斯	532—596	阿汪许的主教	455—581年的编年史。
图赖讷的约瑟夫	将近五世纪末	犹太人	犹太人的历史,用希伯来文写的。

七 世 纪

姓 名	日 期	身 份	作 品
意大利的塞奈达的圣·福蒂纳图斯	530年—七世纪初	普瓦捷的主教	1. 神圣的和凡俗的诗;2.圣徒的生活。

（续表）

姓　名	日　期	身　份	作　品
爱尔兰血统的圣·高隆班	615年逝世	卢克绥尔的修道院长	1.诗篇;2.一些说教文章;3.一些书信;4.神学的小品文。
马尔克夫	七世纪中叶	修道士	一部论公共行为和私人行为范式和规范的文集。
勃艮第的弗雷代盖尔	同上	同上	从创世纪开始到641年的编年史。
意大利出生的约纳斯	同上	圣·阿芒修道院院长	圣·高隆班传。
苏瓦松附近桑西的圣·乌昂	609—683	鲁昂的总主教	圣·埃洛瓦传。

八　世　纪

姓　名	日　期	身　份	作　品
一个无姓氏的史学家	八世纪初		1.法兰克人的武功诗;2.一部直到584年的编年史。
盎格鲁-撒克逊的圣卜尼法斯(温弗雷德)	680—755	梅因兹的总主教	1.一些书信;2.一些布道文;3.一些神学著作,已遗失。
大概是阿基坦的安布罗斯·奥特贝尔	778年逝世	贝内文托附近的圣·文森特修道院院长	1.关于《启示录》的注释;2.一些布道文;3.与罪恶斗争的论文集。
无名氏史学家	八世纪结束前后		达戈贝尔特一世传。

（续表）

姓　名	日　期	身　份	作　品
图尔宾	800年逝世	兰斯的总主教	据说名为《查理曼和罗朗的传记》的神话式的编年史是他编的。

九　世　纪

姓　名	日　期	身　份	作　品
英格兰约克郡的阿尔昆	735—804	图尔的圣马丁修道院院长	1.《圣经》注释；2.一些哲学和文学著作；3.诗集；4.书信。
无名氏	九世纪初		法兰克人历史年鉴。
纽斯特里亚的安吉尔贝尔	814年逝世	查理曼的顾问，圣雷尼尔修道院院长	1.一些诗；2.关于他为他的修道院所做的事的记述。
诺里克出生的利德雷德	约816年逝世	里昂的总主教	1.书信；2.几种神学著作。
斯马雷德	约820年逝世	圣·米依耶尔修道院院长	1.论道德的论文；2.《新约》的注释；3.一部语法。
塞蒂马尼亚的阿尼阿纳的圣·本尼狄克特	751—831	阿尼阿纳和英德的修道院院长	1.修道院规章；2.规章语词的索引；3.一些神学著作。
一个意大利的哥特人狄奥杜尔夫	821年逝世	奥尔良的主教	1.关于学校的教育；2.一些神学著作；3.一些诗作。

（续表）

姓　名	日　期	身　份	作　品
奥斯特拉西亚出生的阿达尔哈德	753—826	查理曼的顾问，科尔比男修道院院长	1.科尔比修道院用的法规；2.书信；3.一部论著 *De ordine palatii*，由辛克马尔再版。
爱尔兰出生的邓加尔	834 年前后逝世	圣·但尼斯附近的隐修士	1.一种关于 810 年所谓的日蚀的上查理曼的信；2.一部支持圣像崇拜的论著；3.一些诗篇。
哈利特盖尔	831 年逝世	康布雷的主教	1.一部悔罪录；2.一部关于教士的生活和责任的论著。
勃艮第的安塞吉斯	833 年逝世	查理曼的顾问、丰特奈尔的修道院院长	查理曼和虔诚者路易的勒令的第一部集子，分四册。
盎格鲁-撒克逊出生的弗里德吉斯	834 年逝世	图尔的圣·马丁的修道院院长	1.一部关于虚无和黑暗的哲学论著；2. 短篇诗作。
塞蒂马尼亚的埃尔莫尔·勒·诺阿尔	九世纪中叶前后逝世	阿尼阿纳的修道院院长	一首关于虔诚者路易的生活和武功的长诗。
奥斯特拉西的阿马莱尔	837 年逝世	梅斯的教士	1.享有教俸的修女的规则；2.一篇关于教会事务所的论著；3.一些书信。
奥斯特拉西的埃金哈德	839 年逝世	查理曼的顾问，塞利根斯塔特的修道院院长	1.查理曼传；2.一些年鉴；3.一些书信。

（续表）

姓　名	日　期	身　份	作　品
西班牙出生的阿戈巴尔德	779—840	里昂的总主教	1.一些神学的著作;2.一些书信;3.一些诗作。
希尔杜恩	840 年左右逝世	圣丹尼斯修道院院长	《刑事法官们》,其目的在于证明刑事法官丹尼斯即是巴黎首任主教圣·丹尼斯。
多达纳	九世纪中叶前后逝世	塞蒂马尼亚的女伯爵	一本包含有对她儿子的教育的课本。
阿基坦的约纳斯	842 年逝世	奥尔良的主教	1.一篇关于在俗教徒教育的论著;2.论国王的教育;3.论圣像。
塞蒂马尼亚的圣·阿登—斯马雷德	843 年逝世	阿尼阿纳的修道士	阿尼阿纳的圣·本尼狄克特传。
比利时的本尼狄克特	九世纪中叶逝世	梅因兹的副祭司	一部法兰克国王们的敕令集,分三卷,附于安吉西斯收辑的四卷上。
奥斯特拉西的戴冈	846 年逝世	特里尔的乡村主教	虔诚者路易传。
一个被称为天文学家的无名氏作家	生活于九世纪上半叶		宽厚的路易的一生。
德国的瓦尔弗里德·斯特拉波	807—848	赖谢瑙的修道院院长	1.全部圣经的注释;2.圣·高尔的一生;3.一些神学著作;4.一些诗,其中有名为 Hertulus 的一篇生动的长诗。

（续表）

姓　名	日　期	身　份	作　品
弗雷古尔夫	850 年逝世	黎西安的主教	从创世纪到六世纪末的通史。
勃艮第的安吉洛姆	855 年前后逝世	卢克绥尔的修道士	圣经中好几部分的注释。
奥斯特拉西亚的拉邦—莫尔	776—856	梅因兹的总主教	51 篇神学、哲学、语言学、编年史、书信等著作。
奥斯特拉西亚的尼塔尔	859 年逝世	滨海法国的公爵，圣里奎尔的修道士	虔诚者路易的诸子间的争执的历史。
勃艮第的弗洛鲁斯	860 年前后逝世	里昂的修道士	1.神学著作，其中有一篇对约翰·司各脱的宿命论文集的批驳；2.诗集，其中有一篇对虔诚者路易以后帝国分裂的控诉。
西班牙的普鲁登蒂乌斯	861 年前后逝世	特鲁瓦的主教	一些神学著作，其中论宿命论和批驳约翰·司各脱的著作。
勃艮第的卢普（塞尔瓦特）	862 年前后逝世	加蒂奈的费里埃雷的修道院院长	1.一些神学著作，其中有论宿命论的；2.一些书信；3.一部皇帝们的历史（已遗失）。
苏瓦松教区内的拉德贝尔特（巴夏斯）	865 年逝世	科尔比的修道院院长	1.一些神学著作，其中有一篇关于圣餐的论文；2.科尔比修道院院长瓦拉传。
拉特拉姆	868 年逝世	科尔比的修道士	一些神学著作，其中有变体论和宿命论。

（续表）

姓　名	日　期	身　份	作　品
撒克逊血统的戈特沙尔克	869年逝世	奥尔培的修道士	关于宿命论的著作。
奥特弗里德	870年前后逝世	魏森堡的修道士	一本用德文押韵的诗意译的福音书。
米伦	872年逝世	圣·阿芒的修道士	一些诗篇，其中有献给秃头查理的一首关于节制的长诗和一首名为“冬和春的斗争”的田园诗。
爱尔兰的约翰，叫作斯科特或埃里金纳	872和877年之间逝世	在俗教徒	好几种哲学著作，其中：1.神的宿命论；2.论自然的划分；3.所谓的最高法院法官狄奥尼西著作的译本。
乌苏阿尔特	九世纪中叶	圣·杰曼·德·普雷的修道士	一本巨大的殉道者名册。
圣·雷米	875年逝世	里昂的总主教	一些神学的著作，其中有关于宿命论和自由意志的著作。
桑斯主教区的圣·阿东	800—875	维也纳的总主教	1.一些神学著作；2.一本世界编年史。
伊萨克	880年逝世	朗格勒的主教	一大本教规集。
欧克塞尔附近的海利的亨利	837—881	欧克塞尔的圣·杰曼的修道士	用韵文写的欧克塞尔的圣·杰曼的传，共六卷。
辛克马尔	832年逝世	兰斯的总主教	1.一些神学著作，其中有论宿命论；2.一些政治方面的著作和忠告；3.一些书信。

（续表）

姓　名	日　期	身　份	作　品
无名氏			圣·培尔丁的年鉴，由好几个作者编撰，一部分由特鲁瓦的主教圣普鲁登斯，也许由辛克马尔编撰。
无名氏，圣·高尔的修道士	九世纪末		查理曼的事迹和武功。

十　世　纪

姓名	日　期	身　份	作　品
勃艮第的雷米	908 年前后逝世	欧克塞尔的圣·杰曼的修道士	1.圣经的注释；2.神学著作；3.对昔日的语法家和修辞家的评论。
列齐农	915 年逝世	普吕姆的修道院院长	1.从耶稣基督诞生到 906 年的编年史；2.教规汇集。
阿篷	924 年前后逝世	圣·杰曼德·普雷的修道士	关于 885 年诺曼人围攻巴黎的一首长诗。
佛兰德的于克巴尔德	840—930	圣·阿芒的修道士	1.一些诗篇，其中有一篇献给秃头查理表示敬意的诗，其全部词语都用一个字母开始；2.圣徒们的传。
曼恩的圣·奥东	879—942	克吕尼的修道院院长	1.一些神学著作；一些圣徒的传，主要是图尔的格列高利的传；2.一些诗篇。
意大利血统的约翰	十世纪中叶前后	修道士	克吕尼的修道院院长圣·奥东的传。
埃佩尔奈的弗洛多阿尔	894—966	兰斯的议事司铎	1.一些诗篇；2.兰斯的教堂的历史；3.919至 966 年的编年史。

（续表）

姓　名	日　期	身　份	作　品
埃尔佩里克	十世纪末前后	格朗德费尔的校长	一篇关于教令日历推算法的论著。
约翰	同上	梅斯的圣-阿诺尔德的修道院院长	好几本圣徒传，其中有高尔茨的修道院院长约翰·德·凡尔第耶尔的传记以及关于他在西班牙的使团到科尔多瓦的哈里发阿卜杜勒·拉赫曼那里去的情况的叙述。
汝拉山那边的勃艮第的阿得松	992年逝世	蒙蒂埃·盎·台尔的修道院院长	1.一部论中世纪著名的反对基督者的论著；2.一些圣徒们的传记。
阿诺尔特	十世纪末	奥尔良的主教	一些题为 *De Cartilagine*（关于软骨）的信件，是解剖学研究上著名的一些论文。它们都未出版。
奥里亚克的热尔贝尔	1003年逝世	以西尔韦斯特三世为名的罗马教皇	1.一些数学著作；2.哲学著作；3.神学著作；4.诗篇；5.书信。

七、从四到十世纪高卢的宗教会议和教会立法的编年史表①

四　世　纪

日期	地点	参加者	会议目的	教会立法
314	阿尔勒	33个主教,14个教士,25个副祭,8个其他神职人员	这次由君士坦丁召开的会议,目的是在对多纳图斯派的和迦太基主教塞西利安的问题作出决定。	每个神职人员应驻在他被任命的地方。成为省里的长官的信徒们应持有教会团体的证书,以便他们所在地的主教能监督他们,他们违反纪律,开除他们,那些离开指派给他们的地方的神职人员都得免职。 主教会议规定各地应在同一天庆祝复活节;开除在和平时期携带武器的人们、重利盘剥的神职人员、诽谤者;禁止副祭庆祝祭祀;规定应在宣布开除教籍的同一个地方接受赦罪;禁止主教们彼此侵占权利;并停止城镇副祭们未经教士们同意而做任何事情的权力。
346	科隆	14个主教,10个主教区派来的使节	科隆的主教尤弗拉底曾否认耶稣·基督的神圣性,科隆的信徒们和神职人员告发他是异端分子,他被判罪和撤职。	

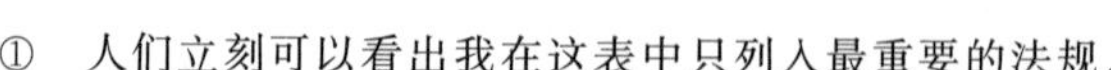

① 人们立刻可以看出我在这表中只列入最重要的法规。

（续表）

日期	地点	参加者	会议目的	教会立法
353	阿尔勒		这次由皇帝君士坦提乌斯参加，阿里乌斯教派占优势的主教会议罢免了特里尔的主教保罗，因他不愿签发对圣亚大纳西的判决。	
356	贝济耶		这次主教会议由阿尔勒的主教萨图尔宁召开，没作什么决定，把普瓦捷的主教圣·奚拉里流放到了弗里齐。	
359	在高卢		这次主教会议批判了在西尔米乌姆采取的阿里乌斯教派的方法。	
360	巴黎		这次主教会议批判了里米尼的阿里乌斯教派信条，将此决议通知了东方的主教们，并开除了阿尔勒的主教萨图尔宁。	

（续表）

日期	地点	参加者	会议目的	教会立法
374	瓦朗斯	21个主教		禁止为了避免担任神职而做真的或假的悔罪。 主教会议禁止授予第二次结婚的或娶寡妇的人以圣职；献身上帝的处女，如果她们结婚，就要开除教籍；开除受洗礼后献身魔鬼者或使用异教方式洗罪者。
383日期不确知	尼姆			
385	波尔多		这次主教会议系应伊塔思的要求而召开的，以反对普里西安派，斯坦提乌斯被剥夺了他的主教职位。普里西安上告皇帝，皇帝把他处死。	
386	特里尔①		这次主教会议宣布赦免伊塔思的作为普里西安教派分子的死罪。圣·马丁在那里同他一起领圣餐，为此他决不宽恕自己。	

① 与我们像往常一样采取了锡尔蒙德的日期而不采取拉贝的日期，因为这两次主教会议清楚地证明波尔多的主教会议一定是在特里尔的主教会议之前举行的。我只能作结论说：如果苏尔皮西乌斯·塞维卢斯说过384年后圣·马丁没有出席任何主教会议，那他是弄错了；或者（这是很可能的）这是抄写者的一个错误。

（续表）

日期	地点	参加者	会议目的	教会立法
395	都灵		这次主教会议只讨论关于教规的事和马赛的主教们争夺首席主教职位的托词，也讨论了维也纳主教和阿尔勒主教的竞争。	任何主教不得接受另一主教的教士，也不得为他自己而任命他担任圣职。任何被抛弃的人都不得领圣餐。那些受任圣职后有孩子的人将被排斥在高级圣职之外。

五　世　纪

日期	地点	参加者	会议目的	教会立法
429	在高卢，地点不能确定		这次出席人数众多的会议是顺从布列塔尼亚的愿望而举行的，他们向高卢的主教们求援以反对贝拉基的邪说；主教会议向他们派遣了圣杰曼和圣卢普。	
439	里兹	13个主教，1个主教派遣的代表	这次主教会议处理了恩布伦主教的问题，他只由两个主教为其举行受任圣职典礼，会议制定了若干关于纪律的规章。	如果给一个主教举行圣职授予典礼的只有两个主教，则今后这两个主教应被排除在一切圣职授予典礼和主教会议之外。 一个主教死后，最邻近的主教应负责照顾他的教区。 不经大主教邀请，任何人不得参加一个主教的圣职授予典礼。 准许乡村教士为人祝福、为贞女举行奉献仪式，批准新教徒，准他作为教士的上级和主教的下级从事活动。① 主教会议应一年举行两次。

① 这句话证明指的是：在教士之上和教士之下的乡村主教这个等级。

（续表）

日期	地点	参加者	会议目的	教会立法
441	奥朗日	16个主教，1个代表主教的教士	这次主教会议只讨论教规问题。	任何人不得把属于教会的人降低为奴役。 一次会议不指出另一次会议举行的日期、地点，不得解散，严酷的天气会妨碍人们一年举行两次主教会议。 一个体弱多病的主教的职务应由另一个主教而不是由教士来履行。 主教会议禁止作反复的认可，禁止把逃进教堂避难的人交出去；禁止一个主教同被开除另一个主教的人相来往；禁止他给教堂女执事举行圣职授予典礼，规定可以把有些教堂的恩典授予疯子、让初学教理者参加福音的朗读。
442	韦松		这次主教会议忙于有关教规的事务。	那些扣留死者的捐献物的人应予开除。 如一个主教不同意对他的判决，可向宗教会议申诉。①
444	维也纳		这次主教会议由圣奚拉里主持，贝桑松的主教切里道尼乌斯因娶一个寡妇而被免职。	教士们每年复活节应从最邻近的主教而不在他们自由选择的主教那里领取圣油。
约452	阿尔勒	44个主教	这次主教会议召开的目的是反对改新教派、福底教派、保罗教派、鲍诺教派、阿里乌斯教派、优迪克派；它制定许多规章和教规；它也攻击那些lapsi，即在遭迫害时屈服的那些人。	没有大主教或三个省的主教的正式证书，谁也不能任为主教。在有争议的选举中，大主教应站在主教意见方面，未经主教同意，给一个在主教辖区之外的教士举行的圣职授予典礼是无效的。一个不来参加主教会议或在会议结束前离开的主教应被开除。 一个忽视根除赞颂喷泉、树木、石头的习俗的主教是犯渎圣罪的。当有教士在场时，副祭不得分配圣餐礼的面包。 演员们应被开除。

① 这里无疑是指大主教区主教的判决。

（续表）

日期	地点	参加者	会议目的	教会立法
约 452	阿尔勒	44 个主教		对结了婚的人没有他们共同的同意不得加以惩罚。C.d'O.教士的诉讼案应提交主教审理，违者应被开除。 C.d'O.如一个主教在另一个主教的教区里建造一所教堂，这事如无一个罪名是不能阻止的，但他不能因此认为有权供奉它，此权应留给教堂所建在的主教区的主教，但他有权在那里安置他所喜欢的教士；为了在选举主教时避免买卖圣职罪，主教们应提名三个人让教士和人民从中选择。 主教会议也禁止教士从事高利贷，负担引导其他人员的事务，在他们通过副祭职位后在他们家里使他们的祖母、他们的母亲、他们的侄女或他们的妻子以外的其他妇女的宗教信仰也改变得像他们一样。奥朗日的主教会议的规则给予普通的教士以批准一个要死的异教徒的权力；给予教士以令人以苦修赎罪的权力，准许垂死者不受惩罚而得赦罪，只要他们如果康复后进行悔罪；给予魔鬼附身者和突然丧失语言能力者以洗礼，并开除那些因避居在教堂而丧失自己的奴隶而抢夺教堂里的奴隶的人。
约 453	昂热	8 个主教	这次主教会议是在昂热的主教塔拉西乌斯受任圣职时召开的。	对因参加部队而放弃教士身份的人应予以开除，对没有请假许可证而在外游荡的教士应予以开除。 一个主教不得提升另一个主教的教士。
455	阿尔勒	13 个主教	这次主教会议是为了结束存在于好几个主教和勒朗的修道院院长福斯特之间的争端而召开的。	

（续表）

日期	地点	参加者	会议目的	教会立法
461	图尔	8个主教和1个主教的使节	这次主教会议是由集合起来庆祝圣马丁节的主教们组成的，它作出了好几个规则的章程。	一个教士没有他的主教的许可证的不得旅行。 准许结婚的教士不得娶寡妇为妻；一个教士如犯酗酒罪，应按他的级位处罚。
约465	瓦讷	6个主教	这次主教会议是由为瓦讷的主教举行圣职授任礼而集合的主教们组成的，它讨论了一些纪律的事。	一个修道士如无他的修道院长的准许不得要求单独的修室。 一个修道院长只能有一个修道院。任何修道士不得以圣徒或圣书的名义从事占卜，否则开除。 主教会议也禁止教士出席犹太人的结婚宴会，它规定在城市里的教士都得参加晨祷；它给全省（阿尔穆利的）只规定一种仪礼或赞歌。
475	阿尔勒	30个主教	这次主教会议是为反对缩命论而召开的。	
约475	里昂		这次主教会议也是为反对缩命论而召开的；会议情况不清楚。	

六 世 纪

日期	地点	参加者	会议目的	教会立法
506	阿格德	25个主教，8个教士，2个代表他们主教的副祭	这次主教会议不讨论教条问题，它的所有的规章（70个中的24个属于埃巴翁的主教会议）是关于纪律的，埃巴翁的主教会议的24个规章即在其中，	如一个主教宣判了一个不公正的或过于严厉的开除教籍的处分，受到邻近的主教们的警告而不撤回其宣判的，则邻近的主教们不得拒绝那些被剥夺了圣餐的人共享圣餐。一切赠与主教的东西都归教堂所有。 主教会议规定教士的削发受戒、封斋期的斋戒和三大节日的共享圣餐。被解放的人（奴隶）应由教堂保护。

（续表）

日期	地点	参加者	会议目的	教会立法
506	阿格德	25个主教，8个教士，2个代表他们主教的副祭	圣·塞泽尔主教主持了这次会议，格拉提安增加了取自不同作者的三个规章：一个是反对巫师的，一个是反对高利贷的，首先是禁止主教和教士们流血，还有一个是反对争吵者、诬蔑者和造谣者的。在这次主教会议的末尾的是狄奥多里克致罗马元老院的一封信，此信看来是它的结果，其中谈到禁止教士出卖修道院的财物。	人人应参加每星期日的弥撒，散场前不得退出，否则将被主教叫回。主教可以自由处置教堂的和他的流浪的奴隶的小财产。隐匿或转移属于教会的财产的契据的教士应被革除教籍，并判处他用自己的财产赔偿教会因此受到的损失。禁止教士副祭或次副祭参加婚宴。犯酗酒罪的教士应按他的级别取消其30天内领圣餐的权利或加以体罚(Corporali Supplicio)。主教会议剥夺盗窃教堂财物的教士的教士资格；规定青年教士不应比年长教士更易被提升，但如果年长教士不能完成一个副主教的任务时，他可以有此头衔。主教必须选择人来执行这个任务。主教会议规定童贞女年龄达40岁可以戴面纱，副祭职到25岁、司铎和主教到30岁可戴面纱；对已婚的人未经其妻子同意，不得授以神职；它恢复了韦松主教会议的一条关于照顾被弃儿童的法规。它禁止在教区以外庆祝大节日，禁止出售给予教堂的财产；不得主教同意而建立新的修道院；禁止女修道院附近修建男修道院，并授予悔罪者以圣职。它命令教堂保护被解放的人；按教士们的成绩来分配薪给。它还规定了若干关于礼拜仪式的条文。
511	奥尔良	32个主教	这次会议是按照圣·雷米的提议由克洛维召开的，但人们没有找到圣·雷米的签字，然而有许多主教都是从刚被克洛维征服的西哥特王国来的。	这次主教会议制定了好几个关于避难权的法规，并规定已将进教堂避难的罪犯和奴隶，在他们的安全在契约上作了规定之前不得将他们交出去。 任何俗人不得受任神职，除非有国王或法官的命令。教士的孩子或孙子应听命于主教而不是听命于其父母。任何人不得因没有证据而要求属于教堂的东西，要被革除教籍。修道院长应受制于主教，修道士应受制于修道院院长。任何人都不得在乡间庆祝复活节。

（续表）

日期	地点	参加者	会议目的	教会立法
511	奥尔良	32个主教		主教如不生病，星期日须到最近的教堂去。 如果主教出于人道主义出租土地让人耕种，租赁时间的长短不得有任何规定。任何受到野心和虚荣心的教唆的教士，未经其院长的许可不得抛弃其教友而去建造一间单独的修道密室。任何愿修行的修道士如果结婚，将被逐出教会的行列。 会议还规定，如果一个主教不得一个奴隶主的许可而将一个奴隶任命为神职人员，则必须赔偿这个奴隶主的损失，但这个被任命的教士可继续担任其职。会议禁止任何人娶教士或副祭的寡妇为妻；禁止将赐予教会的地产置于主教们的控制之下，或使主教们获得贡物的三分之一；会议命令主教们提供贫苦和患病的人以衣食，还规定了几条关于礼拜仪式的条文。
515	圣·莫里斯	4个主教，8个伯爵	这次主教会议是由改信天主教的国王西吉斯蒙德召开的，为的是讨论建立或复兴圣·莫里斯修道院以及有待于在其中建立规则。	
516	里昂		人们从阿维都斯写的一封信知道曾举行这次会议。此外任何关于它的情况都没有留传下来。	

(续表)

日期	地点	参加者	会议目的	教会立法
517	在维也纳诺阿兹的埃巴奥纳,即现在的萨伏依的耶那		存在着两封通函,阿维都斯和维文提奥卢斯用这两封通函将它们省里的主教们召集到这个会议来。阿维都卢斯坚持选择优秀的能在其主教生病时负责他签字的教士的重要性。维文提奥卢斯宣布说,教士们有义务前来参加会议,虽然这只准许世俗人士。这样,人们可以知道,这是主教们管理的。	教士、主教和副祭们都不得拥有猎犬或猎鹰。 一个修道院长不经主教授权不得出售修道院的财物,也不得解放它的奴隶,因为修道士们不得不每天在田地上耕作时他们的奴隶都可以享受休息和自由,这似乎是不公正的。任一主教不得其大主教的许可都不得出售教会的财物,他只可以签订有益的交易。如果一个修道院长犯了错误为自己狡辩,不愿接受他主教派来的继承者,则须将此事提交大主教。如果任何人不经法官同意,杀了一个奴隶,他须以两年的惩罚来抵偿流血。主教会议对那些已沦为异教徒的天主教徒也处以同样的惩罚。如果一个奴隶犯了凶暴的罪行,想逃进教堂避难,他只能免除肉刑。主教会议宣布,教士和主教赠送或遗赠教堂财物,一律无效。会议禁止教士们未经其主教同意而到另一教区的教堂去供职,出席异教徒的宴席。会议允许世俗人士控告教士;它禁止把圣徒遗物放到乡间小教堂里,除非附近有教士照料它们。会议禁止主教和教士在晚祷时间以后接待妇女。会议命令一切行省主教都要按照总主教设置的官署的执事行事。会议禁止年轻的修道士和教士进入女修院,除非他们只去看望院长或嬷嬷。会议决定一切高贵的公民应于复活节和圣诞节去接受主教的祝福。我们必须在埃巴奥纳主教会议的教规上加上几条属于它的并已被放入506年阿格德会议的规条;它们的主要条款是:允许主教们帮助处理他们自己的财物,但绝不能处理教堂的财物;会议谴责那些卖掉了财产来偿还的做法;会议并宣布,他们已经做的释放奴隶的事为无效。会议禁止教士从事巫术;它不允许好结党营私的、放高利贷的和存复仇心的教士担任圣职。它还禁止没有圣职的教士进入圣器储藏室和接触圣器,禁止副祭在教士面前坐下。

（续表）

日期	地点	参加者	会议目的	教会立法
517	里昂	11个主教	这次主教会议是某个斯蒂芬要他的表妹号召开的。没有制定什么值得注意的规章。它们是一些已引述过的规条的重复。这儿介绍了主教们之间的友好联合。	
524	阿尔勒	14个主教，4个代表其主教的教士	这次会议是在圣·玛丽大教堂举行献堂礼时由圣·塞萨里乌斯召开和主持的。	虽然我们应该遵守老神父们关于在俗教徒必须经过较长的改宗时期才能受任圣职的律令，然而由于教堂数量的增加和教士的日感缺乏，现在规定无须偏爱下面这些老规则，即任何一个总主教都不得在在俗教友的一年见习修行期期满之前任命他为主教；任何主教不得使一个在俗教友在其见习修行期期满之前成为教士或副祭。任命一个悔罪苦行者或重婚者担任圣职的主教一年不得做弥撒。
527	卡庞特拉斯	16个主教	这次会议是由圣·塞萨里乌斯主持的。它只有一个题目。神父们安排下一年在韦松开会。	属于某一教堂的东西应分配给为这个教堂服务的教士们，并用于修理方面。 如果一个主教在金钱以外有更多的开支而在他的主教管辖区里，有些教区的情况相反，则他可以将它们的剩余用于他的开支，而将满足它们的教堂和教士的需要所必需的金额留给他们。

（续表）

日期	地点	参加者	会议目的	教会立法
529	奥朗日	14个主教，8个很知名者	这次主教会议是为省长黎培建造的奥朗日的大教堂献堂礼而召开的，但塞萨里乌斯召开它的真正目的是里兹的主教福斯特的作品 De gratiâ Dei quâ salvamur。他被怀疑的半贝拉基派。主教会议以25条教规来确定圣奥古斯丁的学说，但并不使它成为戒律。	
529	瓦朗斯		这次主教会议由圣·塞萨里乌斯召开，以反对半贝拉基教派，但他本人未能来主持。	
529	韦松	11个主教	这次主教会议由圣·塞萨里乌斯主持	事实上这在意大利是有益健康的习惯，教士们如果没有妻子的可以在自己家里接受青年讲师施教，从而为自己准备合格的继承者；如果他们到了年龄，由于肉体的脆弱，想要娶妻，则不应阻止他们结婚。像意大利和东方各省一样，kyrie eleison 和 Sanctus，Sanctus 应每天做弥撒。 教皇的名字要在我们的教堂里反复念。 因为不但在教廷所在地，而且在东方、非洲、意大利，异教徒的狡猾使他们否认上帝的儿子始终同神父在一起，所以人们在 Gloria 等之后加上 Sicut erat in principio。我们命令人们在我们的教堂里同样这样做。 主教会议准许一切教士不但在城里，而且在所有的行省里说教，并规定如他们不能做，那就让副祭念圣徒的布道词。

（续表）

日期	地点	参加者	会议目的	教会立法
533	奥尔良	26个主教，8个教士		每个收到了他的总主教通知的主教都得来参加主教会议或同僚主教的受任圣职典礼，总主教们应每年召集主教们参加省的主教会议。 主教们为圣职授任礼不应收受任何东西。 任何主教不得拒绝参加另一主教的葬礼，也不得因困难和花费而要求任何东西。来参加一个主教葬礼的主教应集合教士并将教堂的财物交托给值得信任的人员。在教堂里任何人不得歌唱、喝酒或做任何不光彩的事。 对未受过教育的人和不知道洗礼仪式的人都不得授以副祭或教士的圣职。 由于她们的脆弱，副祭之职不得委派任何妇女担任。 天主教徒回复到偶像崇拜和吃献给偶像的肉或被野兽咬死或闷死的动物的，都应革除教籍。任何教士不得主教允许不得同世俗人士同住。 主教会议对在囚禁中结婚的副祭和藐视执行其职务的教士判以免职的处分。 主教会议把抵抗主教的修道院院长开除。会议恢复了总主教受任圣职的古老的仪式，并规定他被省的主教教士和人民选出后应由省的主教为他举行任职典礼。会议禁止基督教徒与犹太人结婚。
535	克莱蒙	主教们	这次主教会议是由奥斯特拉西亚国王狄奥德贝尔特在其统治的第十一年召开的。他比他父亲更受教士们欢迎。	任何主教不得在那些有关风俗之改善、规章之严峻和灵魂之拯救的事情之前向会议建议其他事情。主教的职位应按照功绩而不是按要求这个位置的是谁来授予。 教士们不得靠着世俗人士力量的帮助起来反对主教。

（续表）

日期	地点	参加者	会议目的	教会立法
535	克莱蒙	主教们		那些向国王们索取教堂的财物的和由于可怕的贪心而抢劫穷人财物的人应予逐出教会，而一切赠与应宣告无效。 犹太人不得成为审判基督教人民的法官。 一个主教如果由于教规严厉而不愿妨碍（阻止）教士和副祭跟妇女交往，则他本人应被革除教籍。 主教会议禁止私人小教堂的教士们在主教座堂的教堂以外的地方庆祝重大节日。 从不同的作者那里摘来的教规。 教士们应通知人民何处有客栈；客栈老板不得拒绝任何旅客寄宿，也不得使他们超过市价付款；否则事情就须带到教士那里处理，他就要强迫他们按人道原则出发。不得控告一个在三十年中占据了另一个主教的教区而没有受到干涉的主教。（下面缺一些字，但很明显，会议推荐说，在上种情况下，教区的界限不应混同。） 对于被控犯了通奸罪或任何死罪而没有同事和他一起宣誓证明其无罪的教士应按章程审判他们。 一个主教得到教士们的同意后可以用教堂的金库来救济他的家属。
538	奥尔良	19个主教，7个教士		如果有教士因处在任何在俗人士的保护之下便以此为借口不服从主教而不履行自己的任务，则应将他们同其他教士分开，使他们不能从教堂得到任何东西。这要由主教来决定，即属于一个修道院或教堂的教士是否可以保留他在担任圣职前所拥有的东西。 如果有些教士由于受魔鬼唆使（最近在很多地方发生过）联合起来，密谋反对当权者，彼此起誓或订立约定，这样的傲慢无礼行为是绝不能原谅的，但这种事应提交教区会议处理。

（续表）

日期	地点	参加者	会议目的	教会立法
538	奥尔良	19个主教,7个教士		任何奴隶或隶农不得享受教士的荣誉。 任何人不得携带作战的武器参加弥撒。 如果一个法官知道一个异教徒已将一个天主教徒重新施洗,但不将这个异教徒抓起来并将这件事提交国王审判,因为我们有天主教的国王,则他在一年内应被开除教籍。 这次会议重复上次会议关于教士(包括次副祭)应与妇女分开的规定。会议说,我们必须重复我们知道尚未被遵行的事。 会议也规定,对于新改宗的基督教徒,由于他们的信仰和改宗都是新奇的事.所以他们早先订的婚约可以不必中断。 会议也重新提到对那些得到和转让教会财物的人应革除其教籍。 会议规定,作出违反教规的法令的主教应开除其教籍六个月;在这种情况下欺骗主教、教士或证人的人应开除其教籍一年。会议开革一切犯死罪的教士。会议命令他们不要将那些因反对其犹太主人而在教堂里避难的侵吞基督教的奴隶归还其主人,而是按照公平的价格买下这些奴隶,因为他们的犹太主人会将任何违反他们的宗教的事情强加到他们身上,或者如果将他们按照先前的情况归还后,他们的犹太主人会不履行自己的诺言。会议指点那些控告主教的教士向宗教会议请求审判。会议抱怨说,人们已得到通知,星期日不可以出去旅行或搞烹饪、打扫房屋或搞个人卫生。会议声明,这些宗教惯例与其说是基督教徒的,不如说是犹太人的;凡是以前允许的事,现在仍然是允许的;但它不许耕种土地,因为这会妨碍到教堂来做礼拜。它禁止人们在弥撒结束之前离开教堂。它也禁止(因为上帝保佑,我们有信奉天主教的国王)犹太人在复活节前的星期六起到复活节后的第一个星期这一段时间里,在任何地点、任何场合和基督徒混合在一起。

（续表）

日期	地点	参加者	会议目的	教会立法
541	奥尔良	38个主教，11个教士，1个修道院院长，每人代表一个主教	这次主教会议只讨论规章问题。	主教会议命令应按照罗马的常规庆祝复活节，并决定每次对举行庄严仪式的时期有怀疑时，遵照使徒传下的习惯来执行。 教区的教士应接受圣典的法令，这样，他们和他们的人民就不能以他们不知为自己的拯救必须做什么事为借口来为自己辩护。 如一个主教自己的财产已丝毫无存，而已卖掉了教堂的财产，那他就得把它归还给教堂；但如果他已使若干教堂奴隶成为自由人，则他们仍然可以保持自由，但他们对教会的忠诚不得有所减低。 如主教之间为了土地或其他财产而发生了争吵，则被他们教友的信提醒后他们就应自行协商或服从仲裁者的调解。 要让人们知道，主教、教士、副祭都是免受政府的监护的，因为让基督教徒保持人世的法律让异教教士保持的东西是公正的。 主教的和教堂的奴隶既不能劫掠也不能成为囚犯，因为教会的风纪不能被那些常常去做济度的圣事的人的仆人的罪行所玷污。 那些已在结婚的借口下逃进教堂，并认为这样他们就能结婚的奴隶，必须让他们回到他们的主人或父母那里去；教士们也不得保护这种结合。 如果教区都处在有权力的人们的手掌之中，而得到城市副主教的通知的教士们忽略了履行对贵人房屋的责任，则应按照教规予以惩戒。 如果基督教徒、犹太人的奴隶已从其主人那里逃出来并要求得到自由，我们规定，像在昔日的法律里那样，他们付出了公正的代价之后，应把他们看作是自由的。 如果有人想在自己的宅基地上有一座小教堂，则他必须为它指拨足够的土地，并为它配备教士，他们可以按适当的方式举行种种宗教仪式。

（续表）

日期	地点	参加者	会议目的	教会立法
541	奥尔良	38个主教,11个教士,1个修道院院长,每人代表一个主教	这次主教会议只讨论规章问题。	会议还规定,主教的圣职授予典礼应在将归他管辖的城市里举行;会议禁止小教堂的所有者未经当地主教的同意而接受外地来的教士。它禁止继承人收回已赠给教堂的东西。它也禁止不得她父母的同意而娶一个姑娘。会议开除那些想阻止为其服务的教士们履行礼拜仪式的小教堂业主的教籍。会议拒绝给那些出身于未解放的奴隶的人举行圣职授予典礼,并保证使主教们已用尽了用益权的一切东西归还给教会。
549	奥尔良	50个主教,21个教士,副主教或修道院院长,每人代表一个主教	这次主教会议谴责优迪克派、聂斯脱利派,据巴吕兹说,还有阿里乌斯派(其邪说正在影响奥尔良)的错误。	一个奴隶不得被授予圣职,即使他违反他主人的意志而得到自由。如果这事已经做成,这个奴隶必须还给他的主人;但如果他硬要他做与教士职位的荣誉不相容的工作,则主教应给这个主人两个奴隶而将他授予圣职的一个奴隶取回。
549或550	克莱蒙	10个主教	这次主教会议是在奥尔良的主教会议后不久召开的。	因为我们发现有些人已再度降到奴役的地位,可这些人按照当地的习俗,在教会里已被置于自由的地位,我们规定,每个人都应继续拥有他已经得到的自由,如果这个自由被侵犯,则教会必须捍卫正义。 囚徒们每星期日须由副主教或教会提出的某一个人去探视,以使他们的一切需要都能得到照顾。 童贞女们,如果她们的父母或她们本人的意志引导她们去修道院,则经过三年的考验后可以给予她们面纱。 一个主人如果没有履行自己对这个奴隶说的,使他离开教堂的话,则应被革除教籍。如果这个奴隶听了他主人的话后拒绝离开教堂,则他可以使用

（续表）

日期	地点	参加者	会议目的	教会立法
549或550	克莱蒙	10个主教		武力，使教会不致遭受诽谤，仿佛教会扣留了奴隶似的。如果主人是个异教徒或异端，他必须提出值得信任的能担保他的基督教徒来。 任何人都不得借助于礼物取得主教职位，但（得到国王同意后）①由主教和人民选出的主教，必须像古代法规中规定的那样，由大主教或某一个被派代替他的地位的人和省的主教们授予圣职。任何人都不得成为那些拒不选举他的人的主教，而教士和市民的同意绝不应受到掌权者的压力的压制（这是一种罪行），如果事情果真如此，则多半靠暴力而不是靠合法选举选出来的主教将永远被剥夺这一篡夺来的主教的荣誉。教籍的开革不可轻易宣布。教士们不得在一个不适当的时候看望他们的近亲。主教们不可以在一个因其主教之死而空缺的主教辖区内任命圣职。任何主教都不得被安置在另一个主教之上，除非后者犯了某种罪。
550	图尔		这次主教会议由奥斯特拉西亚国王狄奥德巴德召开；特里尔的主教尼塞特因乱伦的婚姻而被开除了。好几个法兰克人，他们被激怒后就攻击这个主教。人们不知这次会议的结果，甚至时期也不能确定。	

① 括号里的字在许多手本里没有。

（续表）

日期	地点	参加者	会议目的	教会立法
约 550	梅斯		克莱蒙的主教圣高尔死了，参加葬礼的主教们想把大部分人民所选举的加图奉为他的继承者；但副祭考丁来到国王狄奥德巴德那里，告诉他大主教逝世的消息，但隐瞒了其余的事，国王就把主教的职位给了他，于是当时在梅斯的主教们给他举行了圣职授予典礼，他便靠着国王向克莱蒙的代表们使用的暴力，不顾教友们的意见而当了主教。	
554	阿尔勒	11 个主教，8 个教士，副祭，主教代理		任何教士不得到他的主教的同意不得罢免一个副祭或次副祭。教士们不得浪费主教给他们使用的财产。如果青年教士这样做，则必须根据教会的纪律加以惩处。如果他年老，则应把他看作穷人的凶手。 主教会议也制定了好几个规章，使男女修道院都处于主教的教会权力和世俗权力之下。它禁止修道院院长不得主教的同意而去旅行。

（续表）

日期	地点	参加者	会议目的	教会立法
约555	在阿尔莫里克，地点不确知		这次主教会议开除了瓦纳的主教马克鲁，因他在他哥哥布列塔尼的伯爵夏恩死后为了伯爵领地和一个女人而离开了他的主教职位。	
555	巴黎	27个主教	这次主教会议是由巴黎的国王希尔德贝尔特召开的由阿尔勒的主教萨巴陀斯主持的。它把巴黎的主教沙发拉古斯罢免关进一个修道院，以优西比乌斯作为他的继承者。	
557	巴黎	16个主教	这次主教会议的召集是为了用法律来防止法兰克的国王们给予先来的人的教堂财物的分散。	会议制定了几个反对非法占有教堂财产者，即那些从国王手中取得教堂财产的和攻击主教的私人财产（因为他们的财物就是教堂的财产）的人的法规。 会议禁止主教们试图霸占另一个人的财物；并规定在无损于高贵的慷慨赐予精神下，将它们还给合法的主人。它还禁止任何人在国王的恩宠下，未经其父母同意而抢走一个姑娘或一个寡妇。它取消了一个违反总主教和行省主教以及公民们的意志而由国王任命的主教的圣职授予典礼；而由于在若干事物中，昔日的习俗常被忽视，会议恢复和建议人们遵守昔日

（续表）

日期	地点	参加者	会议目的	教会立法
557	巴黎	16个主教		的法律。 会议命令教堂和教士遵守死者关于他留下来看守坟墓的奴隶的遗嘱。
563	桑特		这次主教会议选举希拉克略以代替埃默里乌斯，克洛泰尔曾任命埃默里乌斯为桑特主教，在此期间克洛泰尔死了，但夏里贝尔特硬要他们接受埃默里乌斯，并课处主教们以罚款，其中包括曾召开和主持会议的波尔多总主教莱昂提乌斯。	
567	里昂	8个主教，5个教士，1个副祭	这次会议由国王贡特朗召开，为了审判恩布伦的主教沙洛纳和加普的主教沙齐坦尔，他们是真正的土匪。他们被主教会议撤职，但他们向教皇约翰上诉，后来由他的命令恢复了他们的职务。	由于他们灵魂的破产，许多人成为暴力和叛逆的俘虏，如果他们不按国王所吩咐的那样把他们所俘获的那些人归还到他们长期休养生息的地方去，那他们一定会被剥夺与教会的交往。 主教会议规定主教之间的争执须由总主教审判，任何主教都不得将圣餐给予一个曾开除另一主教的人。 教士或其他人用以给教堂留下一些东西的遗嘱始终是有效的，无论它在形式上有何种错误，禁止主教们收回其前任的施舍物。

(续表)

日期	地点	参加者	会议目的	教会立法
567	图尔	7 个主教	这次主教会议是在克洛泰尔的儿子们战争时期召开的,当时国王们用教堂财产来弥补他们的军事费用。圣·拉德贡德写信给主教会议要求认可她的规章。会议答应了她的要求。	这次主教会议同前几次一样热烈劝告主教们之间的和谐,它吩咐城市和乡村的教士赡养他们的穷人,以免他们被迫到其他城市去,它反复重述关于妇女们的一切禁令,并规定了若干预防方法,使怀疑不致落到教士们头上。它禁止教士和修道士们睡在一起;它开除了那个拒绝让一个修道士与其宣誓修道后娶的女人分手的法官的教籍。 它安排了修道士们的斋戒;它禁止几种异教迷信;它对那些当我们的君王们互相宣战时,侵犯或索还教会的财物的人恢复一切威胁;并宣告开除不顾主教的警告而欺压穷人的法官和领主的教籍。 会议规定,主教们只可以出给介绍信。他们在撵走一个修道院院长或大祭师之前,必须与其全体教士和修道院院长好好商量,否则他们本人将被开除教籍。会议开革不遵守独身生活规则的教士的教籍。会议规定,如果教士中有人被倔强难驯的教士所侮辱,他们应互相帮助。 会议禁止妇女进入男修道院。
573	巴黎	27 个主教,1 个教士	这次会议是为解决普洛莫多斯被违反一切教规规则而任命为夏托滕的主教这件事召开的。会议宣布按照夏托滕教堂主教出缺时负责管理该教堂的沙特尔的主教帕波勒斯提出的要求,将他免职。	
575	里昂			

（续表）

日期	地点	参加者	会议目的	教会立法
577	巴黎		这次主教会议审判了普雷特克斯塔特事件。	
578	欧克塞尔	欧克塞尔的主教,7个修道院院长,34个教士,3个副祭,他们都来自欧克塞尔主教管辖区。	这次主教会议由欧克塞尔的主教奥那歇尔主持;它只讨论了一些关于规章和礼仪的问题。	这次会议禁止许多异端的迷信;它命令所有的主教都得出席五月举行的主教会议,修道院院长都得出席十一月的主教会议。它禁止在教堂里进餐和让青年女子和世俗人士在那里歌唱。 任何主教不得传讯任何人,但他可以授权他的教友或别的在俗教徒办这件事。一切在俗教徒藐视他的总本堂大祭师的警告的,都得逐出教堂,直到他服从并付出了我们光荣的国王所课的罚金为止。 主教会议禁止同一天在同一祭坛上举行两次弥撒;禁止把一个尸体放在另一个尸体之上。禁止接受犯了自杀罪的人的贡献物;禁止教士不斋戒而庆祝或听弥撒;禁止教士和副祭出席用刑和参加宣判死刑;禁止教士在世俗法官面前传讯另一教士;禁止教士在宴会上唱歌或跳舞;禁止修道院院长或修道士彼此是教父。 它规定了对没有迫使修道士们遵守独身生活戒律的修道院院长的惩罚,对他们的惩罚应在另一座修道院里而不在他领导的修道院里执行。
578	夏隆		这次主教会议由贡特朗召开,为了重新审判萨吉泰尔和沙洛纳;他们被判犯了弑君和	

（续表）

日期	地点	参加者	会议目的	教会立法
578	夏隆		国罪，主教们认为他们其他罪行可以用教规的惩罚来赎罪。主教会议为摩里耶纳任命了一个主教，并将授予圣职典礼交给维也纳主教主持。	
579	桑特		这次会议建议希拉克略主教宽恕被他开除教籍而请求赦罪的南蒂努斯伯爵。主教同意了宽恕他。	
580	布雷纳		这次主教会议审判了关于图尔的主教格列高利事件，他被某个栾达斯特控告；会议判定栾达斯特胜诉。	
581	里昂		这次主教会议申斥了几个主教的疏忽。	
581	马孔	21个主教	这次主教会议由贡特朗召开。	任何教士不得穿丝织或其他世俗服装，这不合于他的职业。法官没有足够的理由，即没有被控杀人、偷盗或妖术而拘捕教士的，应开除。任何犹太人不得做基督教徒的法官，也不准做捐税的征收员。

171

（续表）

日期	地点	参加者	会议目的	教会立法
581	马孔	21个主教		主教会议禁止基督教徒为犹太人服务，并给予身为犹太人奴隶的基督教徒以自赎之权。主教会议对于主教致其他主教的关于俘虏赎身的信件作了规定，建议人们查看其真实性。它命令主教们关心他们教区里的麻风病者，使他们不致到其他城市去。
583	里昂	8个主教，12个主教派遣的人		
584	瓦朗斯	17个主教	主教会议确认了贡特朗。他的妻子和女儿献给教堂的贡物。	
585	马孔	43个主教，15个使者，16个没有主教辖区的主教	这次主教会议由贡特朗召开，由他治下的全部主教组成，其中若干人曾被哥特人剥夺了管辖区。他当时对有的主教和法官写了信以贯彻主教会议的法令。就在这次主教会议上发生了常被人谈到的著名的讨论，讨论的问题是妇女有	主教会议规定，星期日应正确地奉行宗教仪式；每个基督教徒都得呈献贡物，按期交什一税，在规定时间外除必要，不得受洗礼。 有一条教规是这样开始的：我们应该使神圣教会中我们随着时间的消逝而退化的一切事物恢复到它们原始的状态。 任何喝醉酒的或断了斋的教士都不得大胆地去献祭。 会议制定了一条保护去教会法庭出庭的被解放的人的法律，并责成他们主教为他们的讼事辩护。 会议还规定，如果任何有势力的人同一个主教发生争吵，则这事必须提交总主教处理，并对主教不得使用武力。它规定对于教士和副祭也应这样做。 会议禁止法官不通知他们的自然保护者即主教，或在主教不在时不通知他的任一教士而决定关于寡妇和孤儿们的事情，及在和他们的商议中决定一切事情。

（续表）

日期	地点	参加者	会议目的	教会立法
585	马孔	43个主教,15个使者,16个没有主教辖区的主教	没有灵魂。事实是一个主教不能把女人叫作“人”,但他屈服于这两个理由:圣经上说,上帝创造了男人和女人;还说耶稣基督是个女人的儿子,被称为人的儿子。	会议禁止主教畜犬保护自己的住宅,因为这是违反好客精神的。 会议禁止在没有得到其所属者的许可时将一具尸体放在另一具尸体的坟墓上。 会议规定了一个世俗人士遇见一个教士时应向他表示的敬意标准和教士回答的方式。 会议禁止教士们参加对罪犯的审判。它规定一切请求都得按照法律和教规来判断,“因为那些国王左右的人和因握有世俗权力而得意扬扬的人把一切法律和教规都踩在脚下,就可以篡夺别人的财物,没有司法诉讼和证明,就不仅可以剥夺穷人的田地,而且可以把穷人逐出其住处。”
587	安德洛		这次主教和贵人们的集会商议和确认贡特朗和希德贝尔二世的和解。	
588	克莱蒙		这次主教会议由布尔日的主教苏尔比斯和他的一些副主教主持。关于卡奥尔和洛德茨的主教的某些教区的争执前者得到胜诉。	
588	地点不详		这次主教会议讨论了好几个罪行,其中有鲁昂的总主教普雷特克斯塔特的被杀。	

(续表)

日期	地点	参加者	会议目的	教会立法
589	苏尔塞		这次主教会议规定进城应由苏瓦松的主教特龙戴齐尔颁发证明。	
589	普瓦捷		这次主教会议开除了克劳提尔德和圣·拉德贡德女修道院的几个修女。	
589	沙隆	贡特朗亲近的几个主教	这次主教会议确认了普瓦捷主教会议宣布的开除案。	
589—590	纳博讷	7个主教	这次主教会议由西哥特人的国王理查召开。	主教会议禁止教士穿着紫色服装;停留在公共场所并混入那里进行的交谈和世俗人士保护下的会议或地点开会,这已由尼西亚(据拉贝说是替卡尔西登)的主教会议禁止。它命令修道院院长们对关在修道院里的有罪者只施加由主教所加的惩罚。 主教会议也禁止某些异端迷信并谴责罪人,如果他是自由人,判处苦行;如果是奴隶,则判处笞刑。命令教士们服从上级,禁止参加祈祷的人在做弥撒时离开教堂;禁止犹太人用唱圣歌来埋葬他们的死者,违者罚款。
590	在奥弗涅、热拉丹和鲁埃格的交界处		这次主教会议审判了和迪迪埃离了婚的和尤拉迪乌斯的第一个妻子泰特拉迪亚的事件,她要求她逃出去与迪迪埃结合时带走的财产。	

（续表）

日期	地点	参加者	会议目的	教会立法
590	普瓦捷	6个主教	这次主教会议审判了克劳提尔德和普瓦捷修道院女院长之间的争端。	
590	梅斯		兰斯主教吉尔在这次会议上被免职，因犯了叛国罪。克劳提尔德和巴西纳得到了宽恕。	
591	楠泰尔		小国王克洛泰尔二世在这次会议上受洗礼。	
594	沙隆		这次主教会议规定了圣·马尔赛尔修道院举行各种圣事的仪式。	

七　世　纪

日期	地点	参加者	会议目的	教会立法
	沙隆		王后布吕娜奥在这次主教会议上罢免了维也纳主教圣·迪迪埃。	
615	巴黎		这次主教会议由克洛泰尔二世召开。	任何主教不得为自己选择主教助理。 任何法官不得在主教不知道的情况下拘捕教士。 主教会议禁止任何人在一个去世的教徒的遗嘱公布之前接触这个教徒的财物。

（续表）

日期	地点	参加者	会议目的	教会立法
615	巴黎			它禁止主教们和一切有权的神职人员或世俗人员侵占一个主教的财产或权利。 它禁止主教和副主教侵占一个教士或修道院院长遗留下来的东西，并用教堂的财产的借口掠夺教堂，它禁止犹太人向君主们要求管理基督教徒的权力，并规定得到这种权力的人应同他的全部家属接受洗礼。
同上次会议相距不久	地点未能确定			主教会议禁止使在俗教徒成为总本堂神甫，除非由于他自己的功德使主教们认为为了抚慰教堂和保护教区人民必须如此做。 如果获得了自由的奴隶出卖了自己，则当他们能够付出那笔他们为此而出卖自己的钱时，他们应该得到自由；如果这种人中，丈夫有一个自由的妻子，或妻子有一个自由的丈夫，则他们的孩子将是自由的。会议禁止在修道院里举行洗礼，为死者做弥撒或在那里埋葬在俗教徒。 会议禁止没有理由而撤大祭司和副主教的职。
625	兰斯	41 个主教	在这次主教会议后兰斯教堂有了宗教会议的章程，但人们认为它们属于远得多的一个时期；其中没有什么重要的东西。	主教会议更新了一些规章以及对教士们的阴谋和他们为主教们设的圈套。它命令主教们找出可能在高卢找出的异教徒并使其改宗。它命令那些躲进了教堂其生命将得救的人，在获得自由之前应答应服满教规规定的刑罚（如果有的话）。

（续表）

日期	地点	参加者	会议目的	教会立法
625	兰斯	41个主教		如果基督教徒被迫出卖他的奴隶，则只能卖给基督教徒，否则要受开除的处分。 如果犹太人想引诱他们使他们的信基督教的奴隶改信犹太教，或让他们忍受残酷的苦痛，则他们将回到检察官的控制之下。 主教会议禁止接受不自由的人的控诉，并使已得到自由的人降为奴隶；它像几乎一切以前的主教会议那样，禁止把不是本地出生的，也不是由全体人民的意志选出的并得到行省的主教们同意的人尊为主教；禁止主教们打破圣盆，除非这是为了赎买俘虏。
627	马孔		卢克绥尔的修道士阿格里提乌斯攻击圣·高隆班的规则，修道院院长尤斯坦歇保卫它，主教会议认可它。	
628	克利希	由克洛泰尔召集的主教们和大人物们	这次克利希主教会议讨论了公共的和平和教会的规则。	
633	克利希	16个主教，国王达戈贝尔，一些高贵的在俗教徒	这次主教会议处理了逃犯和圣·丹尼斯的教堂的庇护所。	
638	巴黎	9个主教，国王达戈贝尔，3个在俗教徒	这次主教会议确认了圣·丹尼斯教堂的特权。	

（续表）

日期	地点	参加者	会议目的	教会立法
645	奥尔良		这次主教会议是由圣·埃洛瓦召开的，用以反对一个宣传一神教的邪说的希腊人，他被索希主教所打败并逐出高卢。	
648	布尔日	地方的宗教会议		
约650	沙隆	38个主教，5个修道院院长，1个副主教	这次沙隆的主教会议罢免了迪涅的主教阿格比乌斯和博篷。	主教会议禁止在同一时间里为一个城市举行两个主教的圣职授予典礼；禁止将教区财产和教区本身交托给在俗人员；在国王（克洛维二世）的领土之外出售奴隶。它禁止法官访问主教管辖下的教区和修道院，传询教士和修道院院长，叫他们准备临时宿处。它禁止修道院院长选择自己的继任人，禁止修道院院长和修道士寻求贵人们的保护，和未经主教许可而去见君王；它抱怨说，那些拥有小礼拜堂的贵人们动摇了他们对正规的管辖权的忠诚。它禁止在教堂里携带武器，或攻击任何人、杀人或打伤他们。它还禁止妇女在那边唱不道德的歌。
约658	南特		兰斯的主教尼瓦尔在这次大会上同意恢复马恩附近的上维利耶的修道院。	

（续表）

日期	地点	参加者	会议目的	教会立法
664	巴黎	5个主教	这些主教确认了巴黎主教朗特里给予圣·丹尼斯教堂的特权。拉贝提到了这次会议，但没有重视它。	
669	克利希	主教们和贵人们	国王克洛维在这次大会上已叫人把圣·丹尼斯教堂的特权写出来。	
670	欧坦		这次主教会议由圣·莱热主持，只讨论关于修道士的规章。对这题目没有规定新东西。	不能牢牢地记住圣·亚大纳西的象征的教士或副祭应由他的主教谴责。 在圣诞节、复活节和圣灵降灵周不去领圣餐的在俗教徒都不能算是天主教徒。任何女人都不得登到祭台上去。
约670	桑斯	34个主教	这次主教会议确认了圣·皮埃尔·勒维夫修道院的特权。	
679	地点不清楚		这次主教会议谴责了一神论派，并派了3个特使、2个主教和1个副祭到教皇那里去。	

179

（续表）

日期	地点	参加者	会议目的	教会立法
685或681	在一所皇家的宫殿里		埃布罗恩在这次主教会议上罢免了圣·莱热和马斯特里赫特的主教朗贝尔。	
688	同上		圣·莱热和埃布罗恩死了，3个主教争夺圣·莱热的尸体，主教会议将它判给了普瓦捷的主教安索瓦尔。	
692	鲁昂	16个主教，4个修道院院长，1个教皇特使，许多教士	这次主教会议给予丰特奈尔修道院若干特权，条件是不得乖离圣·本尼狄克特的教规。	

八　世　纪

日期	地点	参加者	会议目的	教会立法
719	马斯特里赫特		圣·威利布罗德和圣斯维特贝尔主持了这次主教会议，它派圣·卜尼法斯和另外几个传教士向日耳曼人宣讲福音书。	

（续表）

日期	地点	参加者	会议目的	教会立法
742	日耳曼	卡洛曼、7个指名的主教、几个其他的和他们的教士。一些高贵的在俗教士	卡洛曼召开了这次在奥格斯堡或拉底斯堡举行的主教会议；他刚从意大利来，他已接到了教皇扎加利召开这次主教会议的命令，这是卡洛曼在这些规章里讲的。	“由于神圣教士们和我的贵人们的建议，我们为各城市设置了主教们，我们把卜尼法斯作为他们的头儿，我们规定主教会议必须每年召开。” 禁止教士们携带武器，那些在部队中做弥撒和听忏悔者的忏悔的除外。教区的教士们应都须服从他们的主教，并每年向他们提交一份关于自己行为的报告。 与陌生的和不认识的主教相处必须谨慎。 不能让不认识的主教或教士参加神圣的秘密宗教仪式。主教在伯爵(gravio)的帮助下必须注意使人民不落入异端的迷信。 （后面还有若干对于教士行为的处置。）
743	莱普廷斯		这次主教会议由丕平主持，会议确认了日耳曼会议的一些法令。丕平将兰斯总主教阿培尔和桑斯总主教阿道尔贝尔放在他所选择的主教们的头上。圣·卜尼法斯担任这次会议的主席，会议的目的是改革教士；主教、教士和一切神职人员都答应改变	我们规定，凡是有一所房屋的人都得付一个索尔（古金币名）给教堂或修道院。我们规定，像我父亲以前规定的那样，凡是实行异教迷信的人都得被判处十五个苏的罚金。教规和法规应由卜尼法斯根据罗马教皇和主要的法兰克人和高卢人的祈祷者的命令召开的宗教会议颁发。这些教规的开始和终了都有一个对教皇服从的表白，人们向教皇保证，在一切事情中都要向他请教并服从他，他们还答应向他请求白羊毛披肩。总主教每年必须召开一次主教会议。每个主教开会回来后必须召集他的教士和修道院院长开会并告诫他们遵守它的法令；每个主教每年必须视察他们主教辖区；每个教士必须在封斋期向他的主教提交一篇关于自己的行为的详细报告。总主教必须密切注意主教们并了解他们。

（续表）

日期	地点	参加者	会议目的	教会立法
743	莱普廷斯		他们的习俗并按照古老的规律行事；修道士们接受圣·卜尼法斯的教规，宣布对那些犯通奸罪的男女的惩罚。这是丕平说的。 在这次会议的末尾人们发现了几篇似乎属于它的文件：用德语写的萨克森人抛弃对奥丁的崇拜；一张关于日耳曼人的异教迷信的表，一个关于不道德婚姻的训谕，一个训谕是关于道德的，一个训谕是关于反对犹太人安息日习惯上遵行的种种祝典和宗教仪式的；还有卜尼法斯制定的教规；它们的内容没有什么新东西。	是否热心于事业。如果一个主教不能惩戒他的教士，他必须将此事报告总主教，因为罗马教会坚持执行我的命令要主教们宣誓向它指出那些自己不能惩戒的教士。

（续表）

日期	地点	参加者	会议目的	教会立法
744	苏瓦松	23个主教，几个教士和在俗教士	这次主教会议取得王公们和人民的同意谴责了阿达尔贝尔的异端；它制定了好几条教规，但是不重要的；它由丕平和拉德博德签字。	
745	日耳曼尼		这次主教会议由于圣·卜尼法斯的要求，罢免了梅因兹的主教，他在战争中杀死了某人。卡洛曼根据圣·卜尼法斯和他的弟兄丕平的意见召开了这次主教会议，他们给了卜尼法斯以梅因兹主教的职务，此职后被升格为日耳曼尼总主教职。	
748	迪伦		这次主教会议是丕平召开的，为了修理教堂和处理关于穷人、寡妇和孤儿的事情，他急于为这些人伸张正义。	

（续表）

日期	地点	参加者	会议目的	教会立法
752	韦尔梅里		这次主教会议是在丕平出席下召开的。	这次主教会议禁止强迫一个妇女戴面纱而在这种情况下应宣布她是自由的；教士这样做要受贬黜。 一个自由人娶了一个他认为是自由的女人，知道她并不是自由人后，可以再结婚，对一个女人也一样；除非她的丈夫因贫困而出卖自己，她也同意，而卖价也能养活她。 知道自己娶的是个女奴的人得养活她。 一个以女奴作姘头的奴隶可以离开她而从他主人手中接受另一个女人；但最好还是留着她。 如一个男人被迫逃走而他的妻子不愿跟他逃，他在受了刑罚后可以再娶。 如一个解放的奴隶同一个女奴隶来往，如果主人同意，他得娶她；不然，只要她活着，他就不能有别的妻子。 凡是准许自己的妻子戴面纱的人不能再结婚。
752	梅斯		这次主教会议是在国王丕平治下举行的；它的一切安排都带有世俗权力的印记。	伯爵应强迫教士们参加主教会议。任何人不得以任何借口阻止前来罗马的朝圣者。 一个利弗的含量不得超过 32 个苏，其中的一个是给铸币工人的。 各种特许的权利应当保留。 这次主教会议没收那些给违禁的婚姻的人的财产，并对援助和容忍他们的人判处罚金或体罚。
755	韦尔纳	几乎全部高卢主教	这次主教会议是奉丕平国王之命并在他亲临下举行的。	每个城市都得有主教。 大家都得服从我们任命为总主教的主教，从这时起直至我们可以做得更符合于教规。

（续表）

日期	地点	参加者	会议目的	教会立法
755	韦尔纳	几乎全部高卢主教		每年应举行两次主教会议，一次在三月，在国王面前，在他喜欢的任何地点；另一次在十月，地点由主教们在三月间选定。一切由总主教领导的主教都得参加这第二次主教会议。 主教应有权惩治他的教士和修道士。那些说自己为了爱上帝而剃去了头发，并按照自己的爱好靠自己的财产生活的人，应被关在一个修道院里，或在主教指导下过符合教规的生活。 如果一所修道院已落入在俗教士手里，以致主教也不能改良它，而修道士们为了拯救自己的灵魂愿意离开它到另一所修道院去，则必须准许他们这样做。 没有主教管辖区的主教们不得在其他主教的主教辖区里行使任何职权。 由于人民都确信星期日不能骑马、骑牛或坐车去旅行，或准备饮食，搞个人卫生和打扫屋子（这个习俗犹太人更甚于基督教徒），我们决定人们在星期日可以做他常常做的事。我们认为我们应该不要去耕地，以便更方便去教堂；如有人做禁止做的事，他的惩罚不应在俗家而应在教士身上。 所有的在俗教徒不管是不是贵族，结婚都得公开地举行。 一所教堂没有主教的日子不得超过三个月。 皇家的一些修道院的收入账目向国王报；主教区的收入账目向主教报。
756	莱普廷斯		这次主教会议由国王丕平主持，他力图促成教会财产的归还；由于不能成功，他们对这种田产上的耕耘课以十二个但尼尔的租金，同时他们以同一目的规定了九分之一和十分之一的征税。	

185

（续表）

日期	地点	参加者	会议目的	教会立法
757	贡比涅	20个主教,14个基督教徒	这次主教会议由国王丕平在人民大会里举行。	这次主教会议的一切规章都同婚姻有关;人们准许一个麻风病男子的妻子如得到她丈夫的同意可以嫁给另一个男子;一个男子跟着他的老爷来到一块封地并在那里结了婚,这个老爷死后,如果他被夺去了这块他得到的封地并离开了他在这同一时候得到的这个妻子,而在自己的家乡再次结了婚,则可以允许将这第二个妻子看作是合法的。
758	贡比涅		这次大会也许不应在这里计算进去,巴伐利亚的公爵塔西龙就是在这里向丕平宣誓效忠的。	
759	日耳曼尼		加冷和鲁塔尔是国库的职员,因不法行为而被判处监禁,圣·加尔修道院院长乌特马尔的唯一罪行似为抱怨,并还抱怨他们的勒索。	
761	伏尔维希		丕平在奥弗涅主持这次主教会议;人们在会上争论关于三位一体的邪说。丕平在邻近的一些教堂里散发了许多礼品。	

（续表）

日期	地点	参加者	会议目的	教会立法
763	讷韦尔		丕平主持了这次会议，关于教堂的事它没有留下什么。	
764	沃尔姆斯			
765	阿底尼	27个主教，17个修道院院长	这次大会除其成员为保证他们死后得到大量弥撒和祈祷采取的方法外，没有留下什么东西。	
766	奥尔良			
767	真蒂利		这次大会也像前几次一样由丕平主持，有一场希腊人和罗马人之间关于三位一体和关于圣灵与圣像的巡行瞻礼的争论。	
767	布尔日			
768	圣·丹尼斯			
770	沃尔姆斯			
771	瓦朗谢讷			
772	沃尔姆斯			
773	在巴伐利亚	5个主教，13个修道院院长		

(续表)

日期	地点	参加者	会议目的	教会立法
773	日内瓦			
775	迪伦			
776	沃尔姆斯		许多撒克逊人在这次大会上受洗礼。	
777	帕德博恩		在这次大会上也一样。	
779	迪伦		这些规条带有法令的名称,但它们不过是查理曼主持的教会大会的规章。	那些还没有举行受圣职礼的主教应毫不延误地给他们举行典礼。 教堂不得给予被判死刑的人庇护。 还有许多规定,但它们与其说是关于教会戒律的,还不如说是关于公共治安的。
780	利珀附近		这次主教会议讨论在萨克森建立一些主教辖区和建筑几座教堂。	
782	在利珀附近或在科隆			
785	帕德博恩		维蒂肯德受施洗	
786	帕德博恩		人们在那里讨论关于萨克森教堂的事情。	
786	沃尔姆斯			
787	沃尔姆斯			
788	英格尔海姆			

（续表）

日期	地点	参加者	会议目的	教会立法
788	纳博讷	29个主教，教皇的特使迪迪埃，3个主教派来的使节和一个大法官	这次主教会议处理了乌尔热尔的主教菲利克斯的邪说和纳博讷主教区的界限，在789年的日期下人们看到一部由查理曼颁发的关于教会戒律的法令汇编。苏瓦松的主教会议称它们为宗教会议的法规；它们大部分来自东方的教规和教皇的敕令，查理曼这一年在艾克斯-拉-沙佩勒举行了一次大会。	
790	沃尔姆斯			
792	拉蒂斯邦		这次主教会议谴责了乌尔热尔主教菲利克斯，他说耶稣是上帝的养子。	
794	法兰克福	高卢和日耳曼尼和意大利的主教们，教皇的2个特使	这次主教会议第三次谴责了菲利克斯和托莱多的总主教埃尔保德，后者持同样的意	主教会议为食品出售规定一个最高价格，并应接受新的钱币。它禁止人们在修道院里挑选贪婪的储藏室管理员；禁止修道院院长们使他们的修道士受蒙蔽和使残废；禁止教徒和修

(续表)

日期	地点	参加者	会议目的	教会立法
794	法兰克福		见。主教会议带着诅咒也抛弃了君士坦丁主教会议关于圣像崇拜的学说,把它看作的偶像崇拜。	道士到酒店去喝酒;禁止国王的小教堂的教士同背叛其主教的教士来往;禁止主教们离开他们的教管区三个星期以上。主教们不应不知道教规和规则。 主教们不应求助于新的圣徒,人们不得破坏圣林。
797	艾克斯-拉-沙佩勒		这次主教会议讨论了在罗马建筑圣保罗修道院的问题。	
799	艾克斯-拉-沙佩勒		这次宗教会议接受了菲利克斯的发誓弃绝异端邪说。	
799	拉蒂斯邦		这次主教会议的日期不清楚。它处理了一些事情,其中有关于只有在理查曼的法令中留下其痕迹。	
800	图尔			
	地点未能确定		这两次主教会议的情况和日期都无可查考;人们只知道它们讨论了关于教士们可以何种方式洗刷被控的罪名。	
	沃尔姆斯			

九 世 纪

日期	地点	参加者	会议目的	教会立法
802	艾克斯-拉-沙佩尔		这次主教会议进行教会和修道院的规章的改革，所有参加会议的都宣誓忠于皇帝。	
809	艾克斯-拉-沙佩尔		这次主教会议讨论了关于圣灵的巡行瞻礼，这是耶路撒冷的修道士约翰提出来的；他派一个特使到教皇那里去以便获得决定。主教会议也讨论了纪律，但未作任何决定。	
813	阿尔勒		813年这五次主教会议是奉查理曼之命为改革教会纪律而举行的；它们重复的很多；一般的目的是反对教士中流行的愚昧、粗暴和横暴行为，全部教士和主教退出世俗事务，善良、学习和禁止他们欺压贪婪等。这些在好几次主教	这次主教会议命令主教们细心教育教士和人民关于洗礼和信仰之主义。 要他们不但在城市里，还要在教区里进行说教。 要主教们保护穷人，反对压迫，并向国王要求使它停止。 它禁止在俗教徒从教士手中接受金钱，使教士们好好履行圣职。

（续表）

日期	地点	参加者	会议目的	教会立法
813	阿尔勒		会议中常常重复的办法表明，在教士中世俗的思想日益进展。这在什一税、安息日礼仪和教士的纪律，最后在教士的稳定性方面也有一些问题。	
813	梅因兹	30个主教，25个修道院院长		主教会议规定有势力的人、伯爵、主教等只能公开购买穷人的财物，否则无效。 它为教士们规定了教士生活的规则。 它禁止在教堂里为世俗事情召开大会。 它建议教士们教人民学习使徒的主祷文，至少用通俗语言，如果他们不能用别的方法学习的话，并宣布教士和修道士如违反他们的意愿而要他们削发受戒的话，他们可以自由行动。
813	兰斯			主教会议禁止一个教士从一个低级称号过渡到一个高级称号；禁止教士参加世俗的审判大会；禁止一个城市或修道院集有超过它能容纳的更多的上帝的侍奉者。
	图尔			主教会议要求主教们阅读和可能时用心记住福音书和圣·保罗的书信；不要过度耽于饮食；不要娱乐于小丑们的玩乐，并劝导教士们逃避它们以及狩猎。它禁止教士们不加区别地让一切来做弥撒的人领圣餐。它要求一切信徒不论贫富都服从主教。

（续表）

日期	地点	参加者	会议目的	教会立法
813	沙隆		这次主教会议讨论了惩罚的执行；它明确表示痛恨那些肯定是错误的，但不确知其作者为谁的那些悔罪著作。它们对罪恶的评价非常不一律。主教会议认为，难以克制的罪恶有八种，这些都是大罪，其中包括憎恨。毫无疑问，这构成第八种。	主教会议禁止主教要求他们任命以教士提出特殊的誓言。它禁止拆散合法婚姻的成对奴隶；它判以惩罚，但不使那些为达到这目的而把他们的孩子行坚振礼的女人同她们的丈夫分开。 有些人认为我们只应向上帝忏悔自己的罪行；另一些人认为应该向教士忏悔罪行；这个和那个在上帝的教堂里都是十分有用的…… 向上帝忏悔罪行可以清除罪行，向教士忏悔能使我们知道怎样清除罪行；因为上帝是健康者和分配者，它用他的看不见的影响来给予很多人，很多人则通过医生的行为来给予。主教会议通知说，忏悔应该是全部的。
814	里昂		这次主教会议任命阿戈巴尔德为里昂的总主教以代替利德雷德，他已退隐到苏瓦松的一所修道院。	
814	努瓦永	11个主教，8个修道院院长，4个伯爵，几个教士	这次主教会议由兰斯的总主教伍尔番尔和他所辖的主教们举行，它结束了苏瓦松和努瓦永两主教辖区分界的争端。	

（续表）

日期	地点	参加者	会议目的	教会立法
	特里尔		这次主教会议由特里尔的总主教埃东主持，日期未明确。	
816	艾克斯-拉-沙佩勒		这次主教会议按宽厚者路易的命令召开，制定了两个规则：一个是为议事司铎的，有 145 项；另一个是为修女的，有 28 项。路易为此给每个大主教送去一份，命令他们的省里遵行。这两个规则是从神甫和主教们那里摘出来的，没有什么重要的东西，只有对教士们强加修道生活，有越来越增加的趋势。这个对议事司铎的规定与那个对修道院的规定很少差别。	这个给予修女们的规则像这个时期的许多规章一样，表示出主教们想使她们服从所感到的困难；下面的部署是不断地再现的：女修道院院长们必须服从主教们；女修道院院长们不得主教们的同意不得外出；女修道院院长们不给头巾；她们不得承担任何祭司的任务。 我们也看到要她们坚持隐修生活有很大困难；因为主教会议常常禁止她们在禁止时间内或没有必要不接见男子、修道士、教士等。
817	艾克斯-拉-沙佩勒		这次主教会议只由修道院院长和修道士组成；他们只讨论了修道院的戒律。	

194

（续表）

日期	地点	参加者	会议目的	教会立法
818	艾克斯-拉-沙佩勒		这次主教会议谴责了几个反对宽厚者路易而站在他的侄子贝尔纳方面的主教。	
818	瓦讷			
819	艾克斯-拉-沙佩尔			
820	蒂永维尔		这次主教会议由梅因兹、科隆、特里尔、兰斯的主教和副主教和高卢其他省的代表们举行的，宣布对那些对教士们有罪的人的教会处罚和罚款。	
823	阿底尼		在这次主教会议上宽厚者路易提出要忏悔。	
823	贡比涅		这次主教会议讨论了被在俗教士篡夺的教会财产，教皇帕斯加尔的特使们在座。	

（续表）

日期	地点	参加者	会议目的	教会立法
824	巴黎		这次主教会议处理圣像崇拜问题。这一集子的作者们被认为伪造了那些带有它的名字的法令，但对真正的法令却没有什么知识。这次会议是在东帝国皇帝的这个问题派两个特使到那里时召开的。这个会议也派了两个特使把它的法令送到教皇那里去。	这次主教会议的规章被包括在三本书里，第一本有 34 集，会议在其中制定了两个权力的区分，并把教士的权力置于高于国王权力的地位，这在国王权力之上；宣布对教士有自己改正的必要；它坚持对洗礼要好好管理并必须对人民好好说明它的意义。它声明反对买卖圣物，反对主教的贪婪，它力图恢复关于教会财物的古老规定以抑制它，并要求教士、副祭和一切受委屈的人都出席。 主教会议把乡村主教同耶稣基督七十个弟子相比，并抱憾说，他们希望承担主教的职务。主教会议命令主教们细心照料各学校，并使学生出席省的主教会议。它禁止修士和修道士经商和从事农业，并嘱咐主教和教士应有恰当的住处。它禁止不贫困的主教领取祭品；它抱憾教士们不严重惩戒重大的混乱；它禁止教士给面纱、禁止妇女自己带上面纱，它非常不满妇女为祭台服务，甚至给人民圣餐面包。它禁止在家里和花园里做弥撒，除非绝对必要。它也禁止强迫教士这样做。——无论如何，如果没有一座由主教主持奉献典礼的祭台的话，绝不能这样做。它也禁止没有人唱感恩的赞美诗而举行弥撒。 主教会议的第二本书研讨了国王的责任；其中宣布："任何一个国王都不应认为他的王国来自祖先而不来自上帝。" 书的其余部分论述了对国王的服从，基督教徒的义务和在教堂里表示的尊敬，分为 13 条。 第三本书是主教们给国王的一封信，信中向他报告主教会议的经过，也向他指出他们特别希望得到遵行的那些规条。除了我们已提到的那些以外，他们还加上了另一些规条。他们

（续表）

日期	地点	参加者	会议目的	教会立法
824	巴黎			要求学校应建立在王国内三个地方，使他父亲和他自己的精力不致因疏忽而灭亡。他们要求他从王宫派一群教士和修道士不顾他们的主教而住在那里。他们不满节假日在王宫的小教堂里举行礼拜仪式的习俗。总之，他们给了王国若干忠告，这些忠告所用的语调非常不同于主教们过去与查理曼打交道时对待查理曼的尊敬的习惯。
826	英格尔海姆		这次主教会议讨论了教会的事务。宽厚者路易在那里接待了教皇和圣地的使节。	
829	巴黎		宽厚者路易召集的巴黎的、梅因兹的、里昂的和图卢兹的这些主教会议都是在829年这一年里举行。他指明会议应由那些主教组成，那些问题应在那里讨论，人们在那里采取什么法规。这些主教会议里我们只有巴黎会议的。很可能，它们彼此都很相似。	
829	梅因兹			
829	里昂			

（续表）

日期	地点	参加者	会议目的	教会立法
829	图卢兹			
829	沃尔姆斯		这次主教会议认可了上面四次会议采取的决议。	
830	里昂	7个主教,2个乡村主教,13个修道院院长、教士或副司祭,14个代表	主教会议确认了朗格勒主教阿尔贝里克给予圣·皮埃尔·德·贝松修道院的捐赠。	
831	尼姆维根		这次主教会议撤去了亚眠的主教耶西的职务;他参加了反宽厚者路易的事情。	
833	沃尔姆斯	26个主教、5个修道院院长	桑斯的总主教阿尔德里克在这次主教会议上准予圣·勒米的修道院迁移地点。	
833	贡比涅		这次会议褫夺了宽厚者路易的王冠。	
834	圣·丹尼斯		这次会议重新准许路易领圣餐和治理帝国。	

（续表）

日期	地点	参加者	会议目的	教会立法
834	阿底尼		这次会议研究了教会的恶劣情况；主教们把一个结婚的问题的决定推给了在俗的法官，只给自己保留了施加惩罚之权，如果发生这种事的话。	
835	梅斯		在这次主教会议上路易抱怨兰斯总主教埃博，他曾革除他的教籍。埃博按照非洲的教规在主教中选择法官。	
835	蒂永维尔	43个主教	这次主教会议上路易重新得到了赦免；埃博被谴责后认输了。	
836	艾克斯-拉-沙佩勒		这次主教会议系奉宽厚者路易之命而召集，为了讨论三个题目，它们成了三本书的内容：1.主教的生活，十二个条目；2.主教的教义，十二个条目，下级教士的教义和生活，十六个条目；3.最	

（续表）

日期	地点	参加者	会议目的	教会立法
836	艾克斯-拉-沙佩勒		最后是国王本人，他的儿女和他的随从有二十五个条目。这本书的最后一些条目跟它的书名没有什么关系，是些一般的问题。此外，主教会议还献给阿基坦的国王丕平分三卷的一本论著，其中它根据圣经确认了一些它规定的事情。第一卷有三十八个条目；第二卷有三十一个条目，第三卷有二十七个条目。它们全都是语录、论说、回忆而没有任何积极的叙述。至于教规、规章，它们不过是以前主教会议的重复。第三卷是关于国王和其他几个问题的，那是巴黎第六次主教会议第三卷上的一些抄件，有的是简略的抄件。	

200

（续表）

日期	地点	参加者	会议目的	教会立法
836	在里昂的克雷米厄		里昂的总主教阿戈巴尔德和维也纳的主教贝尔纳被蒂永维尔的主教会议所罢免，因为他们曾罢免了宽厚者路易。这次主教会议的召开是为了审判他们，但因为他们缺席而什么也不能决定下来。他们最后被恢复了荣誉。	
839	沙隆		这次主教会议处理了教会和国家的一些事务。841年在英格尔海姆开过一次大会，出席了20个主教和几个教士，它奉那时的皇帝洛泰尔之命恢复了埃博的兰斯主教席位，他在那里曾被免职。	
841	欧克塞尔	20个主教，4个修道院院长	这次大会因刚在丰特奈发生了战争，布置了三天的斋戒。	

（续表）

日期	地点	参加者	会议目的	教会立法
842	布尔日		这次由秃头查理的拥护者们召开的主教会议，批准了埃博的罢免。	
843	图卢兹		这次大会除了秃头查理的一些敕令之外没有留下什么东西。我们不难看出，这些敕令是在一些质朴的教士的申请下和在等待一次大的宗教会议时颁发的。	如果教士们向国王提出申请主教们不得恼火；他们不得向教士们坚持索取太大的补助金；如果他们不访问他们的教管区时不要索取它，而当他们去访问两次时，只能索取一次；他们不得将教区分割以索取双倍；他们不得强迫教士一年出席主教会议两次以上。
843	古兰纳		这次大会由秃头查理召集；留下的法规汇集要求遵守对上帝的义务和王家的权力；它们没有提出什么奇特的东西。	
843	安茹的卢瓦尔		这次主教会议的法规都同前几次主教会议的意义一样；它们似乎与朗贝尔伯爵的背叛有关。	

（续表）

日期	地点	参加者	会议目的	教会立法
844	蒂永维尔		这次会议由梅斯的主教德劳贡当主席；它在叫作“审判官席”的地方举行。宽厚者路易的三个儿子在这里达成了和平。还通过了几个法规，为他们的目的安排教会的事务。	必须为空缺的主教职位任命主教，那些已失去职位的必须让他们重新受任。 原来交托给在俗人士的修道院必须交给男女教会人员负责。 教会的财产不得被人侵占。
844	韦尔纳		这次主教会议几乎与上次的有同样的目的；它由普瓦捷主教埃布罗恩主持。	必须派遣人员去处罚那些蔑视神的和人的法律的人；派遣宗教人员去访问修道院，调查纪律松弛的情况；已离去的教士和僧侣必须回到他们的教堂和修院；教会的财物必须归还；教堂必须供养牧师。 主教不去打仗，不论是由于体弱，还是由于国王的放任，他们应把他们的人交托给他们信任的一个人，使兵役不受损失。 国王和亲王们不要在主教那里长期盘桓；不要反对地方的主教会议的召开；不要在对圣经的解释中采择任何新花样。主教们必须有些人去教导乡村教士。在俗教徒不得使用教堂教士去照顾他们的农场。 国王不得主教同意不要用教士为自己服务。 不得在什一税和教会财物上向教士索取不义的贡品。
845	博韦		这次主教会议由秃头查理和他的主教们举行的；它同另外两个主教会议有同样的目的。	

203

（续表）

日期	地点	参加者	会议目的	教会立法
845	莫城		这次主教会议重述和确认了前几次主教会议的法规；它制定了大量的新的法规，其中许多重复了原有的规定；一切都与前三次一样的精神，为了教会的改革以及财产和豁免权的恢复。	
846	瓦讷		布列塔尼的君王诺默诺埃在驱逐了几个主教以后，任命了另一些人，也增加了主教的职位，把主教们集合在自己一边，并自己加冕为国王。	
846或毋宁是847	巴黎	20个主教，5个修道院院长	这次主教会议禁止埃博进入兰斯的主教管区，直到他屈服于教皇所专注的他的判决。人们结束了在莫城的主教会议上所不能结束的事。	亲王应将用自己的印章签字了的权力给予主教们，使他们需要世俗的权力时可以同样完成他们神圣的职责。 皇家的小教堂不得交托给在俗人员，只能交托给教士。

（续表）

日期	地点	参加者	会议目的	教会立法
847	梅因兹	13个主教，许多教士	这次主教会议由梅因兹主教拉邦连同他的副主教和他的教士主持，主教会议讨论纪律并要求收回教堂的豁免权。它谴责了一种叫作Thiota的预言家。他预言世界的末日并公开指责教堂各阶层。	不要对垂死的人施加惩罚，但要满足于他们的忏悔，他们朋友的布施和祷告，给他们以临终的圣餐并为他们祈祷；假如他们病好了，他们必将接受惩罚。 主教会议允许罪犯们在忏悔后实行基督徒的埋葬和在教堂里举行祈祷。
848	梅因兹		这次主教会议谴责支持宿命论学说的修道士戈特沙尔克，拉邦主持了这次会议；戈特沙尔克被送到兰斯的辛克马尔那里。	
848	里昂		这次主教会议讨论了一个叫戈尔德盖尔的教士的事，它毫不使人感到兴趣。	
848	利摩日		这次主教会议同意了圣·马丁教堂的希望成为修道士的教士们的要求。利摩日的主教勉强表示同意。	

（续表）

日期	地点	参加者	会议目的	教会立法
849	沙特尔		丕平的弟兄、阿基坦的国王查理在这主教会议上要求和接受了削发受戒礼。	
849	吉尔塞	16个主教,3个修道院院长,几个教士	这次主教会议重新谴责了戈特沙尔克,将他鞭打并收进监狱。	
849	巴　黎（有人说是图尔）	22个主教	这次主教会议是在图尔的总主教朗特拉姆的邀请下召开的,处理了诺默诺埃的问题,给了他一封谴责的信,信中威胁他要开除他。	
850	莫雷			
851	苏瓦松		阿基坦的国王丕平在这次主教会议上被废除王位并削发受戒。	
852	梅因兹			
852	桑斯,日期未能确定	13个主教,2个修道院院长	这次主教会议确认了圣·雷米的修道院的种种特权。	

（续表）

日期	地点	参加者	会议目的	教会立法
853	桑斯		这次主教会议拒绝授予秃头查理所推荐的布尔查德以沙特尔主教之职，但他不配担任此职。	
853	苏瓦松	27个主教，6个修道院院长，几个教士	这次主教会议允许布尔查德任主教之职；它忙于供应几个教堂的需要，忙于讨论一般纪律问题和将由辛克马尔的前任埃博在兰斯主持的几个圣职授予典礼，它们都被取消了。秃头查理拿他将给予他的派遣人员的指示同主教会议商量；它们得到了同意。	秃头查理的指示。 我们的使者必须注意，当主教们或其仆役用领主老爷的鞭子抽打他们的奴隶以惩治他们时，这些老爷是多么生气；他们必须知道，这时应使他们受制于我们的禁令、受制于严厉的惩罚。 我们的信徒必须知道，我们已向宗教会议宣布，如果我们将教堂的财物转让给一个不合理的要求，即便是转让给主教或修道院院长，都将是无效的；因此，他们必须注意，不要提出这样的要求。
853	吉尔塞		这次主教会议作出了反对戈特沙尔克的四条规定并再次开除了一个叫福尔克尔的领主，因为他抛弃了他的妻子而要另娶。	
853	韦尔梅里	22个主教	这次主教会议照管好几个教会的事务。	

（续表）

日期	地点	参加者	会议目的	教会立法
855	瓦朗斯	18个主教，许多教士	这次主教会议制定了好几个关于宿命论、关于个别人利益和纪律问题的规则，这对戈特沙尔克很有利。	要主教们注意不要授圣职予不称职的人员。 主教会议谴责裁判顺序中的宣誓的习惯，因为它必然会导致伪誓罪，它也谴责裁判决斗，也拒绝那给那些被杀的人以基督徒的埋葬。 它要求建立神学和人文科学的学校和教会的歌唱队，因为长时期学习的中断、对信仰的无知以及对一切科学的忽视已侵入了许多上帝的教堂。 在教士的工作中，对主教没有什么可指责的。
857	吉尔塞		这次主教会议为教会的改革而召开，并由秃头查理召集。	
857	梅因兹		这次主教会议讨论了教会法规的问题。	
858	吉尔塞	鲁昂的总主教和他的副主教；兰斯的副主教们	这次主教会议给日耳曼人路易一封劝告和责备的信，因他侵犯了秃头查理的国家。	
858	苏瓦松		这次主教会议系奉日耳曼人路易之命召开，他已手执武器进入高卢。	
859	梅斯	6个主教，3个总主教	这次主教会议讨论了路易和查理的争吵。	

（续表）

日期	地点	参加者	会议目的	教会立法
859	朗格勒	2 个总主教，许多主教		这次主教会议制定了 16 个法规，这些法规在图勒或萨伏尼埃尔的主教会议上都得到了认可，它们只在那里有，首先的六个认可了瓦朗斯主教会议的一些有利于戈特沙尔克的法规。第 12 个法规建议每个教会组织都有一个高于它的等级的上级。
859	朗格勒	8 个主教		
859	图勒	12 省的主教们	这次主教会议讨论了路易和查理之间的和平；查理对许多主教的抱怨；讨论了布列塔尼的一些主教和关于纪律的问题。	
860	艾克斯-拉-沙佩勒			这两次主教会议为洛泰尔和端特贝日的离婚而召开，相隔一个月，它们判决了这次离婚。
860	艾克斯-拉-沙佩勒	7 个主教		
860	柯布伦茨	2 个修道院院长，10 个主教，许多在俗教徒	这次主教会议从事了国王们之间的事，他们在这里达成了一个协定。	
860	图勒或萨伏尼埃尔	14 个省的 40 个主教	这次主教会议制定了几个关于纪律的规则。	
860	图勒或都赛		这次主教会议讨论了波松伯爵的妻子英格尔特吕特的事，她已离开他。	

209

（续表）

日期	地点	参加者	会议目的	教会立法
861	苏瓦松		在这次主教会议上辛克马尔开除了苏瓦松的主教罗泰德的教籍。	
862	桑斯		不明确知道这次主教会议在何处召开，它罢免了讷韦尔主教赫里曼的职务。	
862	艾克斯-拉-沙佩勒	8 个主教	这次主教会议准许洛泰尔二世娶端特贝日以外另一个女人。	
862	沙勃洛尼埃尔		这次主教会议处理对洛泰尔二世的控告，保护了英格尔特吕特和秃头查理的女儿，后者不得他的同意而嫁给了博杜安伯爵。	
862	皮特尔	37 个主教，11 个修道院院长，许多的教士	这次主教会议确认了好几个修道院的特权，采取了一些办法重建在国家和教会里的秩序。	
862	苏瓦松		这次主教会议处理了尤迪斯事件。	

（续表）

日期	地点	参加者	会议目的	教会立法
862	苏瓦松		这次主教会议处理了罗泰德事件，他在皮特尔主教会议中曾向教皇上诉，他被撤了职。	
863	桑利斯		据帕奇说，这次主教会议与上次一样。	
863	梅斯		这次主教会议由洛泰尔的王国的主教们组成，批准了他的离婚，教皇宣告判决无效并开除了主教们。	
863	在阿基坦，地点不明确		这次主教会议开除了奥弗涅的伯爵埃蒂安，它是奉教皇尼古拉之命召开的，他在这里派有特使。	
863	韦尔梅里		这次主教会议处理圣·加来的修道院的问题。芒斯的主教声称，它是在他的管辖之下的；会议作出了有利于修道院的判决。	

（续表）

日期	地点	参加者	会议目的	教会立法
866	苏瓦松	35个主教	这次主教会议是奉教皇尼古拉之命召开的，他命令恢复罗泰尔的主教职位后，也想同样为伍尔法德以及埃博在其被辛克马尔撤职后所任命的一些教士们复职。会议实现了他的愿望。	
866	特鲁瓦	6个省的20个主教	辛克马尔在这次主教会议上被几个想取悦于国王的主教所攻击，然而他终于占了上风，并使会议像他所命令的那样将一切经过情况报告教皇。教皇阿德里安写信给这次主教会议说，除了皇帝提名的以外，这次会议不得任命其他主教。主教们拒绝了。	
868	地点不明确	高卢和勃艮第的主教	这次主教会议讨论了关于纪律的问题。	
868	沃尔姆斯			

（续表）

日期	地点	参加者	会议目的	教会立法
869	韦尔梅里	29个主教	在这次主教会议上秃头查理和他的叔叔控告拉昂主教辛克马尔和辛克马尔的侄子兰斯的总主教，说他们不公正地开革了几个人的教籍，忘记了自己对国王宣的誓，不公正地剥夺了几个教士的圣俸；辛克马尔向教皇提出了上诉。	
869	梅斯		这次主教会议把死在意大利的他的侄儿洛泰尔的王国给了秃头查理。	
869	皮特尔	12个主教		
870	阿底尼	10个省的主教们	拉昂的主教辛克马尔再次被控告，再次向教皇上诉。	
870	科隆		这次主教会议讨论了纪律的问题。	
871	杜济·雷·普雷	22个主教，8个主教的使节，8个教士	这次主教会议罢免了拉昂的主教。	

（续表）

日期	地点	参加者	会议目的	教会立法
873	沙隆	5个主教，19个乡村主教，许多教士	这次主教会议处理了沙隆的两个教堂之间的争论。	
873	科隆	11个主教,9个教士,1个副祭	这次主教会议认可了给科隆教堂的议事司铎的特权。	
873	桑利斯	2个省的主教们	这次主教会议由秃头查理召开,会议免了他儿子卡洛曼的副祭之职。	
874	杜济·雷·普雷		这次主教会议讨论了禁止的婚姻和教会财产的被侵占。	
875	沙隆	46个主教	这次主教会议认可了图尔尼的修道院的特权。	
876	蓬蒂翁	2个教皇特使,5个主教,3个修道院院长	这次主教会议是在秃头查理加冕后不久召开的,它确认了他在不久前刚在帕维亚举行的主教会议颁布的一些法令。	蓬蒂翁的主教会议的文件。 罗马的神圣教堂应被全体人员尊为一切教堂的母亲,任何人不得不公正地反对它的权利和权力,它有权力和合宜的精力向全世界的教会显示出一种牧师的关心,并由它的神圣的祈祷者为大家求助于万物的创造者。 一切的人都应尊敬无上的教长和全世界的教皇,我们精神上的父亲约翰阁下,所有的人都应以极大的尊敬

(续表)

日期	地点	参加者	会议目的	教会立法
876	蓬蒂翁	2个教皇特使,5个主教,3个修道院院长		接受他按他神圣的职责在他使徒的权力范围内决定的一切事物。同时我们在一切事物方面应给予他们所应得的服从。 皇家的尊严应得到一切人的尊重,任何人都不应不受惩罚地不服从皇帝用文件或通告规定的事。 法规中规定:主教们应带同教士们过符合教规的生活;他们应像对儿子般地对待国王的伯爵和诸侯,而后者主张尊敬父亲那样尊敬他们;主教应有 missi dominici(钦差)那样的权力;主教和伯爵们在巡视时除了被邀请外,不应住穷人的家。
878	在纽斯特里亚		这次主教会议由辛克马尔主持,接受了路易三世皇帝的起诉,反对洛泰尔二世和瓦尔德拉德的儿子于格在他国内造成的破坏;主教会议威胁于格要开除他的教籍。	
878	特鲁瓦	教皇约翰,29个主教	这次主教会议根据教皇约翰的要求,罢免了斯波莱托的公爵朗贝尔,波尔多的主教阿达尔贝尔·福尔摩索和他们的同伙。它	

（续表）

日期	地点	参加者	会议目的	教会立法
878	特鲁瓦	教皇约翰，29个主教	听取了拉昂的主教辛克马尔的控诉，确认了许多特权并确认了几个法规，还开除了那些侵占教皇财产的人的教籍。教皇在会议上为口吃者路易加冕。	
879	在维央诺瓦兹的芒达叶	29个主教	这次主教会议由阿尔勒王国的主教和大人物组成，给予波松以国王的头衔。	
881	斐姆		这次主教会议在圣·马克尔教堂举行，那地方现在叫斐姆，它处在兰斯和苏瓦松这两个主教辖区之间，会议讨论了纪律和教会的改革。	
883	图卢兹	塞蒂马尼亚的和阿基坦的主教们	关于这次主教会议的记述是在纳博讷总主教圣·狄奥达德的传记里发现的；它像风俗画一样奇特，作了一个摘要，虽然同意拉贝神父的意见，认为它	

（续表）

日期	地点	参加者	会议目的	教会立法
883	图卢兹	塞蒂马尼亚的和阿基坦的主教们	的真实性是可疑的：“图卢兹的犹太人向卡洛曼国王抱怨他们受到这城的主教和人民的不公平对待，他们一年内三次侮辱和虐待他们中的一些人。这件事被提交到塞蒂马尼亚和阿基坦的一次主教会议，并在那里展开了讨论。犹太人抱怨说，他们受到了不公平的对待，基督教徒却称之为公正的惩罚。于是那时还十分年轻的狄奥达德得到图卢兹的主教的准许作了发言，并提出了两个法令，一个是查理曼的，另一个是宽厚者路易的，它们证实，已来到法国的被称为阿卜杜尔拉赫曼的图卢兹的犹太人，查理只允许他们在那里生活，条件	

（续表）

日期	地点	参加者	会议目的	教会立法
883	图卢兹	塞蒂马尼亚的和阿基坦的主教们	是在圣诞节、耶稣受难节和耶稣升天节，他们中的一个人应在教堂前面挨一个著名人士的一顿打，并交纳三磅蜡。“已听到这些事并受到公爵咨询的主教们大声喊道，‘我们绝不能丝毫反对国王的这个公正而公平的决定’。“狄奥达德与犹太人之间的讨论仍热心地继续着。犹太人用这种咒骂的话明白地反对耶稣基督，使发火的公爵以最后手段来威胁他们；于是他们投身到主教的脚边，恳求他使他们得到公爵的宽恕而继续屈服于国王为他们判定的折磨，使他们可以在和平与安全中生活。	

（续表）

日期	地点	参加者	会议目的	教会立法
883	图卢兹	塞蒂马尼亚的和阿基坦的主教们	“公爵心里先有些反感，后来还是同意了。但加上了狄奥达德提出的下面这一条件：应该挨打耳光的犹太人在挨打之前必须大声向整个大会明确地说：‘犹太人的头挨基督徒的打是完全公正的，因为他们不愿屈服于诸主之主和诸王之王的拿撒勒的耶稣’。如果犹太人拒绝这样做，则他将挨七倍的打，才可能实现他们法律上写的话，‘我要七倍地惩罚你，趾高气扬地冲着你’。主教们同意加这一条，公爵加上了这一条，国王认可了这件事。”	
886	沙隆	9个主教，1个大法官	这次主教会议认可了几个教堂的特权。	

（续表）

日期	地点	参加者	会议目的	教会立法
886	在尼姆港附近	19个主教	纳博讷的总主教狄奥达德主持了这次会议以反对西班牙教士塞尔瓦，他违反教规，自任为塔拉戈纳的主教，并不顾狄奥达德而任命欧米扎为赫罗纳的主教。这两个人都被罢免，人们撕下了他们的主教法衣，脱去了他们手指上的戒子，并在他们头上打断了他们的权杖。	
886	科隆	5个主教，4个修道院院长，一些教士和在俗教徒	这次主教会议制定了好几个反对侵占教会财产、压迫穷人和缔结禁止婚姻的规章。	
888	圣·莫里斯	主教们和贵人们	这次主教会议为勃艮第立国王并为康拉德二世的儿子罗道尔夫加冕。	
888	梅因兹	梅因兹的、科隆的、特里尔的总主	这次主教会议是在阿诺德在位的第一年举	主教会议禁止教士们今后在他们房子里留存女人，即使他们自己的姊妹也不可，因为因此会引起混乱。

（续表）

日期	地点	参加者	会议目的	教会立法
888	梅因兹	教们和他们的副主教	行的，目的在于改革规章和补救诺曼人入侵引起的混乱。	它禁止低级的教士控告比自己级位高的教士；它规定为一个判决要有多少证人；对一个主教是72；一个基本教士是40；一个罗马的基本副祭是26；一个副祭、一个四品修士是7。证人应是有名的，有妻子和子女的，这规章取自罗马的一次主教会议。 证人的年龄至少有十四岁。
888	梅斯	4个比利时的主教，1个修道院院长，一些教士，一些在俗教徒	这次主教会议为了获得和平和诺曼人的退却，下令举行3天斋戒和庄严的祈祷。	任何领主不得接受他的教堂的什一税，而为教堂职务的教士应全部拿它来用于圣事。 一个教士只能有一个教堂，除非他的教堂是自古以来就同一所不能和它分离的小教堂联系着的。
889	圣·扬古尔	4个主教，一些修道院院长，6个伯爵	这次大会(placitum)是奉王后爱尔芒加德(波松的寡妇)之命召开的，为的是处理吉尼的修道士们对某个抢了他们财产的贝尔那尔的控告。	
890	瓦朗斯	阿尔勒王国的一些主教和领主	这次主教会议使波松的儿子路易成为国王。	
890	沃尔姆斯	兰斯的总主教，他的副主教，科隆和汉堡的总主教，几个邻近的主教	这次主教会议处理科隆和汉堡的总主教的争执，他们为不来梅教堂而争吵，会议是奉福尔摩苏斯教皇之命而召开的。	

（续表）

日期	地点	参加者	会议目的	教会立法
891	卢瓦尔河畔的梅亨	16个主教	这次主教会议根据桑斯的总主教戈蒂埃的要求决定，今后除桑斯的圣皮埃尔修道院的修道士所选举和接受的人以外，任何人都不得被立为该院的院长。	
892	维也纳	阿尔勒王国的主教们，2个教皇特使		在俗教徒杀害、致残、毁伤、污辱了一个教士的，都应去苦修并设法挽救自己。 任何人不得不诚实地占有一个垂死的或患病的主教或教士得到的布施物。 在俗教徒未经主教同意不得让渡或卖掉主教的所依靠的教堂；他们也不得在教士们初进教堂时以礼物的形式向教士勒索贡品；他们也不得用横暴行为向他们勒索任何东西。
893	兰斯		兰斯的总主教富尔克在这次主教会议上为厄德的竞争者天真汉查理加冕。	
894	沙隆	4个主教	这次主教会议允许被控对欧坦主教下毒的一个修道士受领圣餐的考验。	

（续表）

日期	地点	参加者	会议目的	教会立法
895	特里布尔	22个主教	这次主教会议几乎完全由日耳曼的主教组成，根据国王阿诺尔德的命令，从事对教会的改革。	为一个教士死亡而给的金钱应分为三份：一份给教堂，另一份给他的主教，第三份给他的父母。 带着出鞘的利剑进入教堂是需要处罚的一种亵渎。 如果一个主教在出巡中为教士大会订的日期同伯爵有心或无心地订的他的开庭日期相同，则所有的人，包括伯爵本人，都得离开法庭而去参加主教的大会。但是如果住在自己城里的主教同伯爵为各自的大会订的日期相同，则首先提出这个日期的人有优先权，往往保住了主教的尊严和权力。 任何教士犯了杀人罪，即便是被迫而犯的，都得撤职。 如果有必要，可将死者埋葬在不属于大教堂的教区内。在这种情况下，应选择死者曾缴纳过什一税的教区。为了埋葬死者用的那块地而索取金钱是件可怕的事，因此是被禁止的。任何在俗教徒不得埋葬在教堂里。在一个在俗教徒和一个教士的争端中，受审时在俗教徒应宣誓，教士应领圣餐，因为教士不应轻易发誓。 为了纪念有福的使徒彼得，我们应如此崇敬神圣的罗马教皇，因为这个教会，这位祭司尊敬的母亲，对我们来说是教会权利的支配者。因此，如果（但愿上帝阻止发生这样的事）一个违反我们职务的教士向我们控告他带来了一封伪造的教皇的来信，或是任何不可能从那边来的东西，则主教就有权将他关进牢里，直到通过书信或传话，他请求他的教皇派一个配得上的特使来说明罗马法的规条和我们为了配合而应该做的事。 如果一座教堂是许多共同继承者的财产，则应让他们取得协议，使礼拜上帝的事不受损害。但如果不是这样，他们对一个教士的选择上不能取得一致意见，而彼此间或在教士之间

（续表）

日期	地点	参加者	会议目的	教会立法
895	特里布尔	22个主教	这次主教会议几乎完全由日耳曼的主教组成，根据国王阿诺尔德的命令，从事对教会的改革。	发生了争吵，则主教应从教堂取走圣徒的遗物，将教堂的门用盖有自己印章的封条封起来，使他们无法举行任何圣事，直到他们有了一个配得上照管这神圣的地方并使上帝的人民得到拯救的教士。 伯爵不得强迫任何悔罪苦行者出庭辩护。和一个女人犯通奸罪的人不得娶这个女人。 如果一个由于自己的妻子而被玷辱的丈夫想杀死妻子而她逃到了主教那里，则主教应劝阻丈夫执行自己的计划，如果他未能劝阻成功，则不应让她被杀死而应小心地将她安置在一个由她自己选择的、她能安全地生活的地方。 如果姘居的男女两人互有赠与，则应让赠与的财产为他们的孩子服务，但一旦他们分手了，他们就没有任何共同的财产。 这次会议另外还制定了许多关于非法婚姻和悔罪的法规。
日期不明确	南特		这次主教会议讨论了纪律问题。不知它的日期；它的第三和第四个法规是由本尼狄克特所辑的法规第七卷转载的。西尔蒙认为这些法规不可能属于弗罗多阿尔所提到的858年在南特举行的大主教会议的。	星期日和节假日，教士们在做弥撒之前，应询问人们有没有来自其他教区的人，尽管他们有自己的教士；如果有，应让他们离开弥撒并强迫他们到自己的教区去；如果他们发现有些人怀着深仇大恨在争吵，则应使他们和解。 主教会议对外出旅行或去参加审判大会的人，免除他们在自己教区里做弥撒的义务。 教士们要知道什一税和贡礼是穷人和外来人的收入，它们不是给他们而是交托给他们的，供他们向上帝交账用的。

（续表）

日期	地点	参加者	会议目的	教会立法
日期不明确	南特		我们把它们留在拉贝给它们指定的地方。	主教会议规定在举行圣职授任礼之前，主教应召集通晓上帝的法律的教士和明智的人，问那些应受职的人关于他们的生活、出身、家乡、年龄、何处受的教育、他们是否是文人、他们懂不懂法律，尤其是他们有没有基督的信仰。 主教会议后来讨论了友爱、团结问题，使他们的目的只限于有关救助、贡品、教堂灯常明、每月的祈祷、布施、殡葬事和其他敬神的事。它建议如果必须开会并接着要进餐时，它应当是简单和朴素的，而且一切都应井井有条。教士和在俗教徒应在这种友爱团结中聚首。 主教会议抱怨一些女人在公开的大会上讲一些公共的事，因此禁止修女和寡妇去参加这些大会，除非得到他们主教的同意而且是为了她们的事，或是奉了他的命的。 主教会议要求主教们和教士们努力废除异端的迷信。
897	在尼莫阿的波特	4个主教，8个教徒	这次主教会议命令马格隆纳的主教把他判给圣·安德鲁的教堂的领地还给施洗者约翰的教堂。	

十 世 纪

日期	地点	参加者	会议目的	教会立法
900	兰斯	12个主教	这次主教会议开除了杀死富尔克的总主教的凶手。	

（续表）

日期	地点	参加者	会议目的	教会立法
906	巴塞罗那	8个主教	虽然这次主教会议是在西班牙召开，我们把它列在这里，因为它是由来自纳博讷的副主教们组成。它讨论了这个大都市的权利问题，而讨论这同一件事的下一个会议是在法国举行的，而且这个时期，巴塞罗那这块伯爵领地是法国的一个采邑。这次会议热烈讨论了这个问题：在目前，奥索那的这座教堂是否属于纳博讷。	
907	阿格德主教区内的圣蒂倍利	10个主教	这次主教会议解除了奥索那的教堂对纳博讷的教堂的一切从属和债务，纳博讷的总主教奥尔罗斯特同意此事。	

（续表）

日期	地点	参加者	会议目的	教会立法
909	麦格隆纳主教辖区的容基耶尔	11个主教	这次主教会议给舒尼西耶尔伯爵和他整个家庭举行赦罪和祝福仪式。	
909	在苏瓦松奈的特洛利	12个主教	这次主教会议进行了教会的改革，它常常援引罗马教皇的规章和敕令。它结束时根据来自罗马的意见公开表示自己的信念，认为关于圣灵节游行仪式的希腊邪说在东方仍很活跃。	主教会议抱怨修道阶层的状况。很多的修道院都被异教徒破坏了，在男的或女的修道院里住着在俗的修道院院长，带着他们的妻子、孩子，他们的兵士和狗；如果有人向他们提出规则，他们就像以赛亚那样回答说："我不会读。" 主教会议把缴纳什一税的义务扩展到一切生产品。 可能有人说："我不是劳动者，我没有土地，也没有畜群可以缴什一税。"要让每个人知道，他不论是军人、商人或手工业者，他取得食物的来源都来自上帝，所以他应向他缴纳什一税。 主教会议把异教徒的破坏和农田收成不好归之于不缴纳什一税。 主教会议按法规禁止秘密婚姻，从这里可以产生许多疾患，因而产生瞎子、跷脚、伛背等。管婚姻的教士必须询问双方，以便确切知道那女人是不是他未婚夫的亲属或另一人的未婚妻或妻子或姘头。 主教会议要求七个证人的誓言以便证明一个教士犯了同一个女人姘居的罪；如果没有这些，教士可以凭他单独的誓言为自己辩护。 主教会议恢复了在西班牙的巴伦西亚举行的一次主教会议的一个规章，它禁止一个没留下遗嘱而死去的主教的亲属，在他的继承者授任前或大主教同意前占有他的财产，因为怕他们同时占有属于教堂的财产。

（续表）

日期	地点	参加者	会议目的	教会立法
911	纳博讷附近的枫丹·科韦尔特		这次主教会议处理了乌尔盖尔和巴拉里的两个主教在辖区界限问题上发生的争执。	
912	图尔	图尔的总主教和他的副主教们	这次主教会议决定庆祝圣马丁的遗物升天的节日。这个时期人们发现桑斯的总主教戈蒂埃的规章：Constitutiones ex concilio Galteri, archiepiscopi Senonensis，这似乎说明他曾举行一次主教会议。但我们没有其他迹象，这些关于纪律的规章没有什么重要性。	
915	沙隆	7个主教	这次主教会议讨论了纪律问题，并接受了因感到开除的威胁而甚感惊慌的马孔伯爵鲁道夫归还的他侵占的教堂财产。	

（续表）

日期	地点	参加者	会议目的	教会立法
921	特罗利		这次主教会议给已死的被开除教籍的伯爵埃勒巴特赦罪。	
922	柯布伦茨	8个主教，许多教士	这次主教会议有天真汉查理和亨利·奥阿什栾出席，制定了好几个关于纪律的规章。	如果在俗教徒有小教堂，这是违反法律和道理的，他们收什一税并用它来养狗和情人；教士征收什一税比较合宜。 有人问，对引诱和出卖一个基督教徒的人该怎么办，我们认为他犯了杀人罪。 想送掉自己的财产的在俗教徒必须知道，他不能送掉教堂所在地的教堂的什一税；如果他这样做，他的行动是无效的，同时他本人也将受到教会的责难。
923	在雷奠瓦，地点不详	兰斯的总主教和他的副主教们	这次主教会议定出了对处在苏瓦松战争中，在天真汉查理和罗贝尔国王之间的一种惩罚。	
924		主教们，几个伯爵	冈布雷的主教埃蒂耶纳在这次主教会议上接受了伊萨克伯爵给他的补偿；他给了他赦罪文。	
926	沙尔略	3个主教	这次主教会议使沙尔略修道院收回了从那里拿走的十个教堂。	

（续表）

日期	地点	参加者	会议目的	教会立法
927	特罗利	6个主教	这次奉赫里贝尔伯爵（他的五岁的儿子被选为兰斯的总主教）之命召集的主教会议是不顾国王拉乌尔的反对而举行的。会议准许惩罚赫尔宁伯爵，因为他在妻子活着时再次结婚。	
927	杜伊斯堡		这次主教会议将那些使梅斯主教成为盲人的人逐出了教会。	
932	爱尔福特	13个主教，许多教士		这次主教会议禁止在圣诞节前七天、复活节前十五天、圣·约翰节前七天召开法庭，以便大众到教堂去祈祷。它还禁止强使教徒额外地持斋。
933	蒂耶里堡		这次主教会议为博韦主教举行授任仪式。	
935	菲斯姆	7个主教	这次主教会议特将那些侵夺教堂财产的人逐出教门。	

（续表）

日期	地点	参加者	会议目的	教会立法
941	苏瓦松	兰斯主教辖区的副主教们	这次主教会议作出了赞成赫里贝尔的儿子于格而反对也想取得兰斯总主教职位的哈托德的决定。主教们都来到兰斯，并为于格举行了授予圣职典礼。	
942或943	波恩	22个主教	我们不知这次主教会议的确实日期，或者是否两次会议是连续举行的；它们都没留下什么东西。	
943	在日耳曼尼的宾根		没有关于这次主教会议的记载。	
944	特雷诺赫或图尔诺	7个主教，许多教士	这次主教会议由吉尔贝公爵下令召开，它决定把特雷诺赫的修道院运到奥弗涅的圣·波尔西安修道院的圣骨重新运回去。	

231

（续表）

日期	地点	参加者	会议目的	教会立法
947	在鲁西永的爱尔纳主教辖区的枫丹纳		这次主教会议根据教皇阿加佩图斯的命令罢免了、接着又立即恢复了赫罗纳和乌盖尔的两位主教的职务。它赐予爱尔纳主教以仅次于纳博讷总主教的极高的地位（此后爱尔纳主教辖区就迁移到佩皮尼昂）。	
947	凡尔登	8个主教，许多修道院院长	这次主教会议授予阿尔托德以兰斯主教的职位。	
948		特里尔的总主教穆松和他的副主教们，几个兰斯主教区的主教	这次主教会议重新授予阿尔托德以兰斯主教的职位，并禁止于格领圣餐，直到八月召开的主教大会。	
948	英格尔海姆	31个主教	这次主教会议确认了上一次会议做的事，并开革了于格伯爵的教籍，因他将拉昂的主教逐出了他的主教辖区。这次会议还制定了许多关于纪律的规章。	

（续表）

日期	地点	参加者	会议目的	教会立法
948	拉昂		这次主教会议根据教皇特使马林的信召唤于格伯爵前来悔过。	
948	特里尔	5 个主教，1 个教皇特使	这次主教会议开除了于格伯爵和于格主教所任命的几个主教以及其他许多人的教籍。	
952	奥格斯堡	25 个主教	这次主教会议由日耳曼尼、意大利和东高卢的主教们组成，它制定了一些关于纪律的规章，但其中没有新的内容。	
953	在雷莫瓦的圣蒂耶里	3 个主教	这次主教会议是针对海诺德伯爵召开的，他的开除教籍问题因国王的要求而延缓。	
955	在勃艮第的边境上，地点不明		这次主教会议开除了伊索阿尔伯爵的教籍，他把持了圣西姆福利安教堂的领地。	

（续表）

日期	地点	参加者	会议目的	教会立法
962	在马恩河上近莫城的地方	13个主教	这次主教会议是在阿尔托德死时召开的，好几个主教想把兰斯主教的职位给予于格，另一些人拒绝这事，主教会议与教皇商量，于是按他的意见选举并举行仪式任命奥达里克为兰斯主教。	
972	在塔尔德诺阿的芒特·圣玛利	兰斯的总主教，他的10个副手，5个修道院院长，8个主教代理	这次主教会议认可了兰斯总主教阿达尔贝隆的敕令，他把修道士代替议事司铎放进穆松隐修所，教皇知道后赞成和同意了。	
972	英格尔海姆		这次主教会议拒绝了奥格斯堡的主教奥达里克的离开主教职位而去过修道士生活的请求，因为选举他的继任者时定会引起混乱。	

（续表）

日期	地点	参加者	会议目的	教会立法
975	兰斯		这次主教会议由一个教皇特使主持，它开除了亚眠的主教蒂鲍德，他是由兰斯的总主教于格任命的，但早已因其他原因被开除教籍。	
980	桑斯	6个主教，4个基督教徒	桑斯的总主教塞温在这次主教会议上退还了许多财产给圣·皮埃尔·勒·维甫的修道院。	

历史的例证[①]

公　告

我本想在这卷所包括的第十六、十七、十八和十九讲论述法国第三等级的起源及其早期发展情况的文章后面，附以我提到过的各城市或自治城镇的全部文献的原文和它们的专史。这种法令和精确事实的集子可能说明并证明我提出的一般结论。但是这样一项工作可能太广泛太庞大了。因此，我在这里只能发表：1.对于亨利一世到瓦卢瓦的菲利浦这几个法国国王关于城市和自治城镇的条令、信件和其他法令的一个总的看法；2.我在讲演中提到过的几个特许状；3.关于从十一世纪到十四世纪几个不同起源和不同政体的城市里发生的事情的一些报告。这个关于封建时期各种自治体的命运的小标本(恕我这样称呼它)也许不是毫无用处或毫无趣味的。

① “历史的例证”的原书页码是英译本页码，它原来排在第四十九讲之后。现按照法文原著恢复排列次序。——译者

历史的例证[137]

I

从亨利一世到瓦卢瓦的菲利浦这几个国王关于城市和自治城镇的条令、信件和其他法令的表。

亨利一世 1031 — 1060

（法令 1）

1057 奥尔良……………………… 在葡萄收获期内酒可以自由运入——国王的官员们对酒的输入将不再征税。

路易六世 1108 — 1137

（9） 237

1115	博韦………………………	取消在司法和税收方面由城堡主厄德引进城市管理中来的种种陋习。
1119	昂热·雷吉（在奥尔良）…	免予纳税——限制兵役。
1122	博韦………………………	允许重建房屋、桥梁等，无须要求特许或支付任何捐税。
1123	埃当普………………………	市场里的贸易自由——各种豁免。
1126	圣·里奎里………………	国王干预修道院院长和自治市之间的争端。
1128	拉昂………………………	对该自治市让与一份特许状。

1134	巴黎…………………………	赐予巴黎的自由民在国王的管辖范围内反对他们的债务人的自由。
同上	丰特努阿…………………	豁免课税、法定劳役、巡回军役等。
1137	弗雷内-赖范克 …………	豁免一切对国王的捐税——居民除对沙特尔的主教外可不再缴纳任何东西。

路易七世 1137—1180

(25)

238

1137	埃当普………………………	关于货币和酒的销售的诺言。
同上	奥尔良………………………	给予反对总督及其警官的自由民的保证。
1144	博韦…………………………	确认路易六世的一份特许状。
1145	布尔日………………………	纠正冤屈——豁免负担。
1147	奥尔良………………………	国王把永远管业权放弃给自治市的自由民。
1150	芒特斯………………………	确认路易六世的一份特许状。
1151	博韦…………………………	声明司法权属于主教，不属于自治市的自由民。
1153	塞昂斯，在加蒂奈 ………	认可该市的一些常规。
1155	埃当普………………………	国王取消其官员在此城按市价三分之二购买肉类的特权。
1155	洛里斯，在加蒂奈 ………	逐一认可该城的一些常规。
1158	莱默罗，巴黎附近 ………	恢复昔日的一些特权。
1163	鲁瓦新城……………………	特许援用洛里斯的惯例。

1165	巴黎……………………	禁止拿走国王经过时暂住的屋子里的床垫、靠垫等物。
1168	奥尔良……………………	废除许多陋规。
1169	新城,埃当普附近 ………	给予将到这里来定居的人以特权。
1171	图尔纳斯……………………	国王调整修道院与居民之间的关系。
1174	莱阿吕特,巴黎附近 ……	豁免捐税、法定劳役等。
1175	邓-勒-罗瓦 ………………	让与各种特权和豁免。
同上	松夏洛(卢瓦尔河畔夏荣)…	特许援用洛里斯的惯例。
1177	布鲁埃尔……………………	让与各种特权和豁免。
同上	新城,贡比涅附近…	同上。
1178	奥尔良……………………	废除一些陋规和恶习。
同上	同上……………………	废除另一些陋规。
1179	埃当普……………………	让与各种特权——纠正一些陋规。 239
1180	奥尔良……………………	给予奥尔良及其郊区的国王的农奴以公民权。

菲利浦·奥古斯都 1180—1223

(78)

1180	科尔比……………………	确认路易六世建立的自治市。
1180	通内尔……………………	确认讷韦尔伯爵授予的特许状。
1181	苏瓦松……………………	确认路易六世授予的特许状。
同上	夏托纳夫……………………	确认路易的特许状并延长其有效期。
同上	布尔日和邓-勒-罗瓦 …	确认一些老的特权,并让与一些新的特权。

1181 努瓦永…………………………… 确认这个自治市及其一些惯例。

1182 博韦…………………………… 制定这个自治市的章程。

同上 肖蒙…………………………… 同上。

1183 奥尔良和附近一些城市… 让与到这里来定居的人以各种特权。

同上 鲁瓦耶…………………………… 让与一份自治市特许状。

同上 第戎…………………………… 确认勃艮第公爵授予的特许状。

1184 塞尔尼
夏穆伊
博纳
谢维
科尔托纳 ………………… 让与自治市一些权利。
维尔纳叶
布尔格

240 科明

同上 克雷斯比………………………… 特许援用布鲁埃尔自治市的惯例。

1185 韦斯利
孔代
夏沃纳斯
塞伊斯 ………………… 确认一些特权并延长其有效期。
帕尔尼
菲莱恩

1185 拉昂…………………………… 确认拉昂主教与拉昂居民签订的一项条约，关于居民应为其葡萄园向主教纳税的问题。

1186 拉沙拜尔-拉-雷纳，在加蒂奈…………………………… 确认路易七世所承认的一些惯例。

1186 贡比涅…………………… 确认路易七世的一份特许状。

同上 同上…………………… 确认一些古老的特权并让与一些新特权。

同上 桑斯…………………… 禁止自治市的自由民让大主教领地上的人进入他们的自治市。

同上 布鲁埃尔与附近一些城市…………………… 确认一些古老的特权。

1186 贝尔-封丹 …………………… 豁免向直接领主和国王缴纳的捐税和徭役地租。

同上 布瓦康蒙，在加蒂奈 …… 确认路易七世授予洛里斯自治市的特许状。

同上 安吉…………………… 让与关于军役的特权。

1187 洛里斯…………………… 确认路易六世和路易七世所承认的一些惯例。

同上 图尔奈…………………… 确认一些惯例。 241

同上 瓦西纳…………………… 特许援用洛里斯的一些惯例。

同上 第戎…………………… 重新确认第戎的特许状。

1188 圣安德烈，在马孔附近 … 国王将居民置于自己的保护之下，并特许他们援用洛里斯的惯例。

同上 蒙特勒伊…………………… 建立自治市。

1188 蓬图瓦兹…………………… 建立自治市。

1189 拉昂…………………… 改革和确认拉昂自治市。

1189 埃斯库罗斯…………………… 国王将该市置于自己的保护之下。

同上 桑斯…………………… 组成自治市。

同上 圣里奎里…………………… 确认该自治市。

同上 巴希斯地区…………………… 让与各种特权。

1190	亚眠…………………………	组成自治市。
同上	狄蒙…………………………	特许援用洛里斯的一些惯例。
1192	阿内…………………………	特许各种豁免。
1195	圣康坦………………………	确认一些古老的惯例。
1196	巴保姆………………………	让与司法权和对自治市官员的选择权。
同上	博纳 谢维 科尔托纳 维尔纳叶 布尔格 科明 } ………………	减轻这些城市为1184年确认它们的特权而必须缴纳的捐税。
同上	依附于拉昂的圣·让教堂的一些城市………………	让与它们自治市的权利。
同上	圣梅隆新城………………	让与一些豁免和特权。
同上	迪齐…………………………	同上。
1197	阿卢埃特人………………	同上。
1199	埃当普………………………	废除这个自治市。
1200	博韦新城…………………	让与桑利斯的特许状。
1200	奥克塞尔…………………	确认奥克塞尔伯爵让与的一些豁免。
同上	同上…………………………	同上。
1200	图尔奈………………………	特许援用桑利斯市关于自治市自由民与教士之间的关系的一些惯例。
1201	克莱里………………………	特许援用洛里斯的一些惯例。
1202	圣杰曼·德·布瓦斯……	确认一些古老的惯例。

1204	尼奥尔……………………	让与鲁昂的特许状。
同上	奥德梅尔桥………………	确认这个自治市。
同上	维尔纳叶…………………	确认一些古老的特权。
同上	普瓦捷……………………	同上。
同上	诺南库尔…………………	让与维尔纳叶的一些特权。
同上	圣让丹吉莱………………	让与鲁昂的特许状的其他特权
同上	同上………………………	同上。
同上	法莱斯……………………	国王豁免自治市自由民除芒特斯以外的一切地方的过境税。
1205	费里埃雷…………………	让与一个自治市的特许状。
1207	鲁昂………………………	让与各种特权
同上	佩罗纳……………………	确认一些古老的惯例
1209	巴黎………………………	同上。
1210	同上………………………	给市长、警官和自由人的训令，关于对可能被捕和监禁的神职人员应遵循的处理方法。
同上	布尔日……………………	国王参与制定一项赋税，用以铺设城市的及其周围的道路。
1210	布雷………………………	让与一份自治市的特许状。
1211	图尔奈……………………	确认一些惯例。
1212	阿赛斯……………………	让与一份自治市的特许状。
1213	杜埃………………………	确认一些惯例。
同上	肖尔尼……………………	让与圣・康坦的特许状。
1215	巴隆………………………	让与各种特权。
同上	克雷斯比，在瓦卢瓦 ……	让与一份自治市的特许状。

243

1215	依附于拉昂主教辖区的奥里尼修道院的城市……	让与自治市的权利。
1217	伊尔斯……………………	确认一些惯例。
1221	拉费尔戴·米隆…………	让与各种豁免。
同上	杜朗……………………	确认蓬蒂安伯爵让与的一些特权。
无日期	普瓦西、特里尔、圣·列日……………	让与自治市的权利。

路易八世　1223—1226

(10)

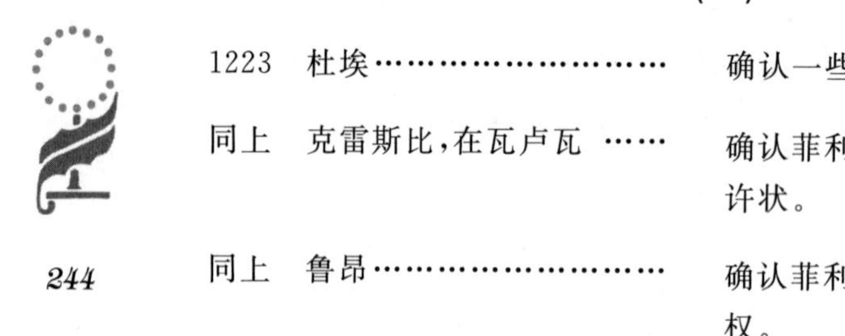

244

1223	杜埃……………………	确认一些古老的惯例。
同上	克雷斯比,在瓦卢瓦 ……	确认菲利浦·奥古斯都授予的特许状。
同上	鲁昂……………………	确认菲利浦·奥古斯都让与的特权。
同上	布列特伊………………	让与各种豁免。
同上	维尔纳叶………………	同上。
1224	拉罗歇东………………	确认一些古老的特权。
同上	布尔日…………………	同上。
1224	布尔日…………………	确认一些古老的特权。
同上	布尔日和邓-勒-罗瓦 ……	同上。
1224	邓-勒-罗瓦 ………………	确认菲利浦·奥古斯都让与的特许权。

路易九世 1226—1270

(20)

1226	鲁昂……………………………	确认菲利浦·奥古斯都和路易八世让与的一些特许权。
同上	圣安东尼,在鲁埃格 ……	国王置该城于自己的保护之下,并确认其一些惯例。
1227	拉罗歇尔………………………	确认路易八世颁给的特许状。
同上	同上…………………………	让与各种豁免。
1229	布尔日和邓-勒-罗瓦…	确认菲利浦·奥古斯都和路易八世让与的特许权。
1230	尼奥尔………………………	确认这个自治市。
1233	布尔日………………………	确认各种特许权。
1246	艾格莫尔特…………………	组建这个自治市。 245
1254	博凯尔………………………	纠正各种陋习。
同上	尼姆…………………………	让与各种特权。
同上	巴希斯地区…………………	给 1189 年的特许状换新的,因原照被盗匪抢去销毁
1256	………………………………	一项关于王国内各好的城市市长选举和财政管理的法令。
1256	………………………………	一项颁给诺曼底各好的城市的几乎同样的法令。
1260	………………………………	一项法令,给予市长们以审判居住在其辖境内的受过洗礼的犹太人所犯罪行之权。

1260 贡比涅…………………… 取消各种陋规。

1263 维尔纳叶………………… 废除各种坏的习俗。

1263 奥德梅尔桥……………… 同上。

1265 谢尔河畔夏托纳夫……… 确认一些古老的惯例。

1269 维尔纳叶………………… 恢复各种豁免。

无日期…………………………… 一项整顿对在国王的各城市里负责税收工作的人员的选拔的法令。

勇夫菲利浦 1270—1285

(15)

1271 拉昂……………………… 国王将居民置于自己的保护之下。

同上 尼奥尔…………………… 确认自治市的特许状。

1272 鲁昂……………………… 同上。

246

1273 朗格多克的一个叫做德阿斯普雷里斯的城市……… 确认图卢兹伯爵雷蒙六世颁给的一份特许状。

1274 布尔日…………………… 确认一些惯例和特权。

1277 利摩日…………………… 国王规定，插在他的信中的自治市自由民与利摩日子爵签订的条约的副本同失落的原本具有同样价值。

1278 鲁昂……………………… 一些信件，说明菲利浦·奥古斯都的特许状授予鲁昂市长和鲁昂自治市的管辖权限。

1279 艾格莫尔特……………… 确认一些自由和特权。

1281 阿卢埃特人……………… 确认一些特权。

同上 奥尔良…………………… 确认菲利浦·奥古斯都给予的特许权。

1281	伊苏瓦尔…………………	同上。
1282	圣奥梅尔…………………	确认阿图瓦伯爵们颁给的一份古老的特许状。
1283	图卢兹……………………	一项关于图卢兹首要官员的选拔和他们的管辖权限的法令。
1284	杜埃………………………	确认一些惯例。
同上	里尔………………………	许可该市设防。

美男子菲利浦 1285 — 1314

(46)

1285	圣艾尤宁…………………	确认圣路易批准的一项当时居民和主教签订的协定。
同上	尼奥尔……………………	确认一些古老的特许状。
1286	布列特伊…………………	让与选举当地官员的权利。
1287	…………………………	关于取得中产阶级地位的方式方法和它征收的各种费用的一般法令。
1290	伊苏瓦尔…………………	确认一些古老的特权。
1290	图尔奈……………………	确认佛兰德伯爵与自由民签订的关于他们的城市的管辖权的协定。
同上	夏罗斯特…………………	确认领主让与的一些特权。
1291	格勒纳德,在阿马尼亚克…	让与一些自由权。
1292	圣安德烈,在朗格多克 …	同上。
1293	布列特伊…………………	确认一些特权。

1293	里尔…………………………	禁止皇家管家和法警以不服从佛兰德伯爵为理由逮捕市民或没收其货物。
同上	布尔日……………………	确认一些特权。
1294	里尔…………………………	命令皇家法官防止自治市自由民为世俗事务而受教会法官的审判。
1296	里尔…………………………	豁免一些捐税。
同上	杜埃…………………………	同上。
同上	根特…………………………	恢复根特的三十九个官员的职权。
同上	里尔…………………………	国王答应保护居民反抗其伯爵。
同上	同上…………………………	国王将该市置于自己的防卫范围内。
同上	杜埃…………………………	同上。
同上	同上…………………………	确认一些特权。
同上	布尔日，根特，伊普雷，杜埃，里尔 …………………	禁止居民没有国王的命令而将武器携带出王国。
同上	杜埃…………………………	确认一些特权。
同上	拉昂…………………………	恢复拉昂自治市。
同上	杜埃…………………………	确认一些特权。
1296	图尔奈……………………	确认几个古老的惯例。
1297	奥尔恰……………………	确认佛兰德伯爵让与的特许状。
1297	图卢兹……………………	确认自治市自由民的取得贵族财产的特权。
1300	图勒…………………………	国王将该市置于自己的防卫范围内。
1302	圣奥梅尔…………………	确认阿图瓦伯爵们颁给的特许状。

1303	图卢兹……………………	关于总督管辖权限问题的一些信函。
同上	同上………………………	确认各种特权。
同上	同上………………………	关于该市官员们管辖权限的信件。
同上	贝济耶……………………	豁免某些税负。
同上	图卢兹……………………	关于皇家大管家职权的安排。
同上	贝济耶,卡尔卡松 ………	国王命令皇家大管家和官员们保证圣路易的权力机构的设置。
1304	奥尔恰……………………	确认一些特权。
1308	沙鲁………………………	让与将在那里定居的人一些自由。
1309	比塞,特兰尼,马吉瓦尔,克罗伊和其他地方…………	确认苏瓦松的伯爵们和主教们让与的一些特权。
同上	佩里戈尔岛………………	国王确定居民与其领主争执的一些惯例和特权。
同上	鲁昂………………………	国王撤销几种捐税,它们是在把它们的特权交给自治市自由民时被保留下来的。 249
同上	同上………………………	确认勇夫菲利浦颁给的关于市长的管辖权和自治市自由民的特许状。
1309	鲁昂………………………	确认一些特权。
同上	戈尼斯……………………	豁免某些费用。
1311	克莱蒙特-蒙费朗 ………	国王废除将该城让与勃艮第公爵的特许状,因为总督、自治市自由民和一般居民都不能也不应与王国分离。
1311	杜埃………………………	确认一些特权和协定。

1313 蒙特利安…………………… 确认一些特权。

1314 杜埃……………………… 声明关于皇家官员在佛兰德战争时期在杜埃行使的司法权的一些法令不会妨碍杜埃的特权。

顽夫路易十世 1314—1316

(6)

1315 德阿斯普娄斯…………… 确认雷蒙六世颁给的一份特许状。

同上 奥尔恰…………………… 确认一些特权。

同上 滨海蒙特勒伊………… 国王将它置于自己的保护下。

同上 凡尔登…………………… 同上。

同上 杜埃……………………… 确认一些特权。

250

同上 同上……………………… 国王声明,虽然他本人对于该市没有像佛兰德伯爵们在就职时作的那样宣过誓,但该市的自由和特权绝不会因此而受到任何损失。

高个子菲利浦五世 1316—1322

(11)

1316 拉昂……………………… 确认拉昂的自治市地位。

同上 戈尼斯…………………… 豁免某些费用。

同上 克莱蒙特-蒙费朗 ……… 确认美男子菲利浦(1311年)的法令。

1317 奥尔恰…………………… 确认一些特权。

1318 费吉阿克………………… 建立自治市。

同上 圣奥梅尔……………… 多次确认一些特权。

1318	图尔奈……………………	将这个自治市划归韦芒杜瓦行政长官管辖区管辖。
1319	卡达约的圣·保罗………	建立自治市。
1320	圣奥梅尔…………………	确认一些特权。
同上	蒙太奇和附近诸自治市…	同上。
同上	图尔奈……………………	同上。

美男子查理四世 1322—1328

(17)

1321	克莱蒙特-蒙费朗 ………	确认美男子菲利浦(1311年)颁发的法令。
1322	鲁埃格省内的圣罗马…	建立自治市。
同上	戈尼斯……………………	豁免某些费用。
1323	奥尔恰……………………	确认一些特权。
同上	圣奥梅尔…………………	同上。
1324	图卢兹……………………	允许居民根据某些条件获得贵族的财产。
同上	弗勒朗日…………………	由国王派驻朗格多克的代理总督瓦卢瓦的查理让与它 些特权。
1325	里奥姆……………………	确认一些特权。
同上	尼奥尔……………………	查理作为国王确认他作为马尔什的伯爵时写的关于尼奥尔的特权的信。
同上	苏瓦松……………………	他同意该市可由国王的一个总督管理,保留其自治市的特许权和几种自由,但司法权除外。
1325	诺曼底的一些称为 Bateices[①] 的城镇 ……………	国王豁免了它们原来缴给它们的领主的人头税。

251

① 这些城镇原无任何自治权利,既无市长,亦无行政司法长官。

1326	塞尔维安……………………	应居民的要求，国王宣布该城将不再与王国分离。
同上	旺德雷……………………	同上。
同上	苏瓦松……………………	将该市划归韦芒杜瓦行政长官管辖区管辖。
1327	加拉克……………………	确认一些特权。
同上	劳特雷克……………………	同上。
同上	贡比涅……………………	如果发生杀人放火事件准许击鸣大钟，虽然该市已不再作为一个自治市来治理。

Ⅱ 奥尔良

虽然我已指出[1] 1057—1281 年颁给奥尔良市的特许状的性质和效果，但我认为我还是应该将其全文拿给你们看。这样我们才能知道，一个没有建成自治市而没有独立的管辖权的城市可能拥有什么重要的特权。这些特许状还充分说明那个时代社会的混乱状况和为了使社会有一些一般的和永久性的规则，多么需要一个高级权力的影响。

一、亨利一世——1057

“我，蒙上帝之恩的法兰西国王亨利，以基督的名义，通知神圣教会的一切现在的和未来的信徒：奥尔良的主教伊森巴德 253
和教士以及委托他照管的人民来到我们面前诉苦，因为该市在门卫方面似乎存在着一种不正当的惯例，即该市的城门在葡萄收获季节对人民也是防卫的关闭的，还因为我们的官员在那里常勒索葡萄酒；他们迫切地谦恭地哀求我们说，为了上帝的爱，为了我们的灵魂和我们父亲们的灵魂的利益，希望我们愿意为上帝的神圣教会、为他、为教士们和人民永远地废除这种不义的不敬神的惯例。我已经顺利地答应这种要求，已对上帝、对这位主教、对教士和人民，永远地废除这种惯例和索取；因此，将来在那个时期内，那里将不设门卫，城门也不像惯常

[1] 第十七讲。

那样关闭着，并且不准任何人向任何一个人索取或从他那里取走他的酒，但让所有的人都有自由出入城门，让每个人都能按照公民权利和衡平法上的权利保留属于自己的东西。为了使这份特许状永远巩固和稳定，我们愿意作出我们当局的这个证言，我们已经用我们的图章和指环确认了这个证言。下列几位已在它上面盖上了他们的图章：奥尔良主教伊森巴德；国王亨利；兰斯的大主教热尔韦；于格·巴杜尔夫；仆役长于格；费里埃雷的亨利；总督马尔贝尔；总监赫威；副总监赫尔贝尔；司酒者吉斯勒贝尔；副仆役长约尔当；国王秘书博杜安。

“耶稣纪元1057年，国王亨利27年，10月7日前第6日公布于奥尔良。”①

二、路易七世——1137

254

“我，蒙上帝之恩的法兰西国王和阿基坦公爵路易，以上帝的名义通知现在的和未来的一切人等，我们为了我们奥尔良自治市自由民的利益，准许他们保持下列惯例：

“1. 我们父亲逝世时流通的奥尔良的货币在我们在世时不再更换或改变。

“2. 作为那种币制的报酬，我们将像我父亲做的那样，每隔二年对每大桶葡萄酒和谷物征收两个但尼尔，对每五夸特春谷征收一个但尼尔。

“3. 我们规定并颁布命令，我们的总督或法警，除非奉我们或

① 《法令汇编》，第I卷，第1页。

我们大管家的命令，不得传唤任何一个自由民。

“4. 任何一个我们的自由民，如果他不服从我们或不能服从我们，我们就要以某种罪名或其他原因传唤他，我们不拘留他，除非他在犯罪时当场被捉住，但他可以随意回家，并在自己家里待一天，过了一天，他和他的财物就听凭我们处置了。

“5. 此外，我们命令我们的总督，不得通过自己家里的侍卫、教区小吏或原告，损害任何一个自由民。

“6. 如果任何一个自由民殴打他的一个雇仆，他就得向我们的总督缴纳罚金。

“7. 鉴于我们的父亲在他逝世之前的这个复活节曾约定，他和他的警官在七年之内将不向该市征收永久管业税，我们认可我们父亲为他灵魂的安宁而做的事。

“8. 鉴于我们的警官委屈了自由民，硬要他们补偿据他说在我们父亲逝世时应向他们收取的钱，而自由民发誓说，他们不欠任何人这种钱，我们命令我们的警官在这方面不再提这种要求。 255

“为了使本文件不致被我们的后人所废除或将它置于一旁不予理睬，我们以我们的名字的威信加以认可。我主降生 1137 年，即我在位第五年，当众发布于巴黎。

“在我们王宫里和我们一起发布此件的有我们的御前大臣拉乌尔，司膳威廉，和将军于格。本文件由国王秘书奥格兰亲手书写。”

三、路易七世——1147

“法国国王兼阿基坦公爵路易:我们考虑到皇家的宗教权力大于世俗权力,认为我们应该和善对待我们的子民:因此,为了纪念怜悯其人民的那个人,我们同情我们的奥尔良人民,我们对他们拥有永世管业权;为了我们的父亲、为了我们先辈和我们自己的灵魂的利益,我们放弃对奥尔良市及其整个主教辖区的这种权利,我们约允,将来我们自己和我们的后代都不再提出这种要求。为了进一步确认此事并使其永不引起争论,我们亲手签字于此。我主降生1147年,即我在位第十二年,颁发于奥尔良。当时在王宫里和我在一起的有:我们的御前大臣拉乌尔;司膳威廉;我们的议事厅侍从马西亚和将军马西亚;签字时在场的还有奥尔良的主教美尼瑟;圣伊弗尔法院的皮埃尔。国王秘书卡杜尔手书。”

256

四、路易七世——1178[①]

“以圣三位一体的名义;蒙上帝之恩的法国国王路易,注意到奥尔良的某些习俗应该取消,并希望能满足我们市民和灵魂健康的利益的需要,我们纠正所说的这些习俗。

已改变了的习俗如下:

“1. 任何异乡人在奥尔良还债时,可不付任何与此有关的捐税。

---

① 这特许状究属:1168年还是1178年的,是有争论的,在《法令汇编》中,人们发现它被列在两个日期下。但特许状的原文上的日期是1178年,这似乎是最可能的日期。

“2. 对任何运其商品到奥尔良来出售的外国人，不得为其商品的陈列或所定的价格而课以捐税。

“3. 如果一笔五个苏的债款被否认了，不得用两个人之间的战斗来解决。

“4. 如果一个人在第一天提不出保证人的名字来，不得因此而说他已败诉，应允许他在方便的一天提出来。

“5. 凡是与另一个人合伙缴纳觐见费的人都不须缴纳全部费用，只需缴纳他自己的一份就行了。

“6. 凡在奥尔良购买葡萄酒的人都不得再将所买的酒在一个酒店里出售。

“7. 凡是与一个教会执事或骑士有合伙关系的人在有关合伙的任何事情上都无须缴纳全部费用，只需缴纳他应缴的部分，只要那个教会执事或骑士证明所说的这个人是与他合伙的。

“8. 应将购买葡萄酒的人的指导者撵走。 257

“9. 叫卖的小贩不得在奥尔良市区域范围内购买食物而在奥尔良出售。

“10. 宪兵队长和护林员不得扣押市区范围内的货车。

“11. 停在杜诺伊斯门装载食物的货车不得第二次再装；如果食物已经出售，就得退出去让位给其他货车。

“12. 任何人不得在奥尔良购买面包而在当地销售。

“13. 盐矿老板只能向使用盐矿者收取两个但尼尔。

“14. 默恩和卢瓦雷河畔圣马丁的人不得支付地租作为赎回他们的执行官的赎金。

“15. 在我们时代附加在粪便捐上的税应该废止，应按照我们父亲的时代那样办。

“16. 我们废止了的一系列习俗已这样一一列举。我们已发布了法令，现在再以我的玉玺和我们皇家的名义予以确认。我们禁止任何人为奥尔良人民重建这里提到的任何一种习俗。我主1168年发于巴黎。当时在我们王宫里出席的有我们的宫廷总管蒂鲍；侍从长居伊；御前大臣雷诺；将军拉乌尔。由大臣于格亲手发布。”[①]

五、路易七世——1178

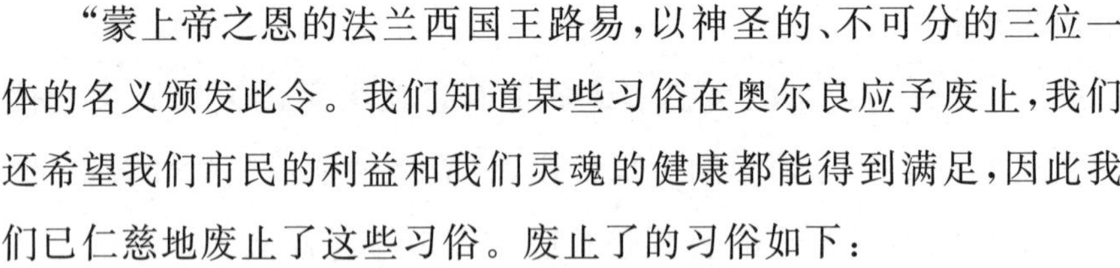

“蒙上帝之恩的法兰西国王路易，以神圣的、不可分的三位一体的名义颁发此令。我们知道某些习俗在奥尔良应予废止，我们还希望我们市民的利益和我们灵魂的健康都能得到满足，因此我们已仁慈地废止了这些习俗。废止了的习俗如下：

“1. 除了在奥尔良可以索取这种过境税之外，任何人都不得在列布里清[②]或卢里[③]索取过境税。

“2. 不得强迫任何人在市场上租用我们的货摊。

“3. 我们原在马罗-奥-博伊和贡姆米尔两地[④]征收的大麦和其他谷物的税一律废止。

“4. 不得为了从尚托[⑤]运葡萄酒来而扣押任何车辆。

---

① 《法令汇编》第Ⅰ卷，第15页；第Ⅺ卷，第200页。

② 卢瓦尔河畔的一个村庄，离奥尔良有三里格路程。

③ 离奥尔良五里格的一个村庄。

④ 都是奥尔良周围的村庄。

⑤ 离奥尔良两里格的一个村庄。

“5. 不得强迫任何一个在奥尔良出售葡萄酒的人按对国王的权利应缴纳的瓶数缴纳钱款;但可以让他按应缴纳的瓶数缴纳葡萄酒,如果他更愿意这样办的话。

“6. 桥头堡的守卫者不得向运送干草的卡车索取过境税,除非干草是刈草人所有的。

“7. 任何一个已将其商品在奥尔良卖掉而还停留在奥尔良的商人,不经总督许可,不得因此而将他送交法院审判。

“8. 不得强迫来奥尔良赶三月集市的外国商人负担集市的维持费。

“9. 在日耳米尼[①]或尚托,除耕种我们的土地的人以外,任何人卖羊和养猪都无须纳税。

“10. 在卢瓦雷河畔圣马丁的地方长官管辖区内,每辆运货车
都得缴纳四斗黑麦。 259

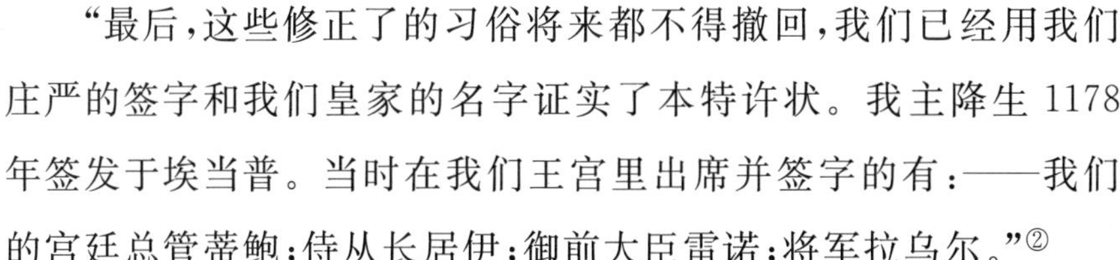

“最后,这些修正了的习俗将来都不得撤回,我们已经用我们庄严的签字和我们皇家的名字证实了本特许状。我主降生1178年签发于埃当普。当时在我们王宫里出席并签字的有:——我们的宫廷总管蒂鲍;侍从长居伊;御前大臣雷诺;将军拉乌尔。”[②]

六、路易七世——1180

“蒙上帝之恩的法兰西的国王路易,以神圣的不可分的三位一体的名义颁发此令,阿门:我们知道上帝一向对我们和我们的王国

① 在奥尔良森林边界上的一个村庄。

② 《法令汇编》,第XI卷,第209—211页。

非常仁慈，他给予我们的恩惠不可胜计，我们感谢并俯首赞美他，如果赞美的次数没有像应该有的那么多，至少我们是以力之所及的全部忠诚来赞美他的。因此，我们被高贵的虔敬行为和仁慈宽厚精神所激励，为了我们的灵魂和我们祖先和我们的儿子菲利浦的健康，我们永远释放居住在奥尔良或其近郊、城镇或村庄的一切我们的农奴和被称为侍仆的奴隶以及他们的子女，免除他们的一切义务，他们居住的地方就是默恩、日尔米尼、昌姆和奥尔良总督辖区的其他属区以及切塞、布雷的圣・让、卢瓦雷河畔的圣・马丁；和卢瓦尔河彼岸、圣・梅斯明和其他村庄，以及纽维尔、雷布里钦和科德雷[①]的属区；我们还希望他们像生来就自由的那样自由自在地过日子；这就是说，在我们的儿子菲利浦加冕之后和明年圣诞节之前将在上述地区找到的那些人将享受那种自由：但是由于
260 这次释放而从别处聚集到上述地区来的我们的其他农奴则不在此列。为了使上述事物永远留存，我们已用我们庄严的玉玺和我们高贵的名字的签署来认可本特许状。我主降生 1180 年，公布于巴黎。在我们王宫里出席此典礼者其名字如下：我们的宫廷总管蒂鲍伯爵；侍从长居伊；御前大臣雷诺；将军拉乌尔。由大臣于格第二亲手发布。”

七、菲利浦-奥古斯都——1183

“蒙上帝之恩的法兰西国王菲利浦，以神圣的不可分的三位一体的名义发布此令，阿门：以怜悯之心恕宥其子民并慷慨

① 这些村庄都在奥尔良的附近。

帮助那些不堪重负之苦的人,这是符合于国王的仁慈宽厚的性质的。我们通知一切已到场的和将要到来的人,因为信仰上帝,并为了我们和我们的先父路易和我们的祖先们的灵魂的安宁,我们要求并规定,凡是居住和将居住在奥尔良和圣·马丁地区、圣·让地区和在科德雷、雷布里钦和日尔米尼的人,今后可免缴一切捐税;除此之外,我们将不使他们到比埃当普、叶夫里沙特尔或洛里斯更远的任何地方去出庭为自己辩护,我们将既不扣押他们,也不扣押他们的货物和他们的妻子、儿女,也不对他们施加暴力,只要他们愿意并确实接受我们法庭的判决。他们中任何人,除犯抢劫、强奸、杀人、谋杀或叛国罪,或是砍掉了任何人的手、足、鼻子、眼睛或任何其他器官的罪之外,犯了一般的罪行,付给我们的罚款不得超过六十个

苏。如果他们中任何人被传讯,他也不必在八天之内对传讯作
出反应。现在,我们给予他们所有这些特许,其条件是,所有 261
那些受到我们这种恩惠和我们可能课以捐税的人,今后每年应为他们收获到的每四加仑酒或谷物(不论春谷还是冬谷)缴付给我们两个但尼尔。但我们要通知大家,这样征收的两年的谷物和葡萄酒税(通常称为面包和葡萄酒税)是对一切捐税和我们已经废除的上述一切习俗的清偿,而每个第三年缴的税是用作货币铸造的维持费的,在这第三年里,那些不在我们赐予上述特权者之列的人,即除供铸造货币用的面包和葡萄酒税以外不欠我们任何捐税的人,应按照他们向来做的那样,向我们缴纳那种供维持货币铸造用的面包和葡萄酒税,每标准容量的春谷一个但尼尔。现在,我们每年要派一个在我家服侍我们的人

到奥尔良来，会同我们派驻在该市的其他官吏和十个由该市市民选举出来的善良市民负责征收这种面包和葡萄酒税。这些人每年应宣誓说，他们绝不因自己的爱或憎而豁免或加重征课任何人。为了使这些特许权永远存在，使我们的继承者法国国王们也像我们一样永远维护这些特许权，我们特以我们庄严的玉玺和皇家名字的签署认可本协定。我主降生 1183 年，即我在位第四年颁发于枫丹白露。当时在我们王宫里出席并副署者有：我们的宫廷总管蒂鲍伯爵；侍从长居伊；御前大臣马修；将军拉乌尔。[①]”

Ⅲ 埃当普

刚才奥尔良已告诉我们，一个没有建成真正的自治城市的城
262 市可能有什么样的特权和日益增长的发展。现在埃当普将告诉我们，一份自治城市的特许状在一个城市的生存中有时占着多么小的地位，以及丧失它时如何绝不会丧失其一切利益和一切自由。

我不想预先作出结论。我不想在提出各种事实之前就把这些事实加以总结。我要把十一到十三世纪法国国王们在各个方面以埃当普为对象颁发各种法令的情况告诉你们。我们将在那里看到，在那个时候，一个城市实际上是怎么样的，其居民的特权存在于什么之中和如何形成的，以及谈到这个问题的那些人几乎老是

① 《法令汇编》，第 XI 卷，第 226 页。本特许状于 1281 年由勇夫菲利浦的一份类似的特许状加以认可（同书，第 357 页）。

给予我们的历史形象是多么错误。

1082 年，国王菲利浦一世想如同他的祖先国王罗贝尔和亨利一世所做的那样，给予埃当普圣母院的教士们一些恩惠，他赐予他们这份特许状：

蒙上帝之恩的法国国王菲利浦，以神圣而不可分的三位一体的名义发布此令。温和地治理世俗事务，尤其是怀着宗教的和怜悯的感情经常密切注意宗教的事务，使我国任何事情都安排得很好，同时坚定地遵行并于遵行中加强已由我们的先人或我们自己让与的事物，这是合乎正义并与皇家的尊严非常相称的事。因此，我们通知神圣教会的现在的和未来的信徒，埃当普圣母院的司铎们来到我们天阶下恳求我们将我们先人、我们祖父国王罗贝尔和我们父亲国王亨利赐予他们并加以确认的那些权利和习俗再赐予他们并永远予以确认。……上述教堂所拥有的上述权利如下：

“让司铎们将该教堂的职务，如监督、教长、牧师等，交给他们 263
自己内部选举出来的那些人；让这些人掌握一切属于该教堂的事物，但八月中旬圣坞利节期除外，那时，任何一个修道院院长都没有这样规定的权利：司铎们将得到几条面包和餐巾：关于其他小贡物，如蜂蜡、但尼尔、金子和银子，如果有人捐献，修道院院长可以接受和享用它们。此外，在节庆期间，修道院院长应守卫祭台，靠祭台上的面包生活，而由司铎们任命的教长则应从普通贡物中取得葡萄酒和上述节日所需的其他食物。……对于属于教堂的司铎们的土地，我们的官员不得行使任何管辖权或索取任何东西，也不得横暴地擅自住进他们的屋里去。……在所说的司铎们的恳求下，并为了表示仁爱，我们已从他们那里接受了二十个利弗并写下

了这件关于我们的特许状的备忘录,并以我们庄严的玉玺和我们皇家的签名加以确认。这件盛事的证人是(接着是十四个国王的官员或世俗证人和二十九个教士或司铎的名字)。耶稣降生 1082 年,即法国国王菲利浦在位第 23 年公开颁发于新埃当普,由巴黎主教格里芬朗读和签字。”①

不管司铎们本身的情况如何,我们在这里看到,属于司铎们的土地上的居民,在埃当普,甚至在埃当普地区之内,是不受一切管辖,不受皇家官员的勒索的,此外也没有提供住处的义务,而这项义务正是许多陋习的根源。

不久,这位菲利浦国王,不确切知道由于什么原因,发誓要头戴头盔、拉低帽檐、佩着短剑、穿着锁子铠到耶路撒冷去瞻谒圣墓,将自己的武器留在圣殿里,并以自己的礼物装饰它。但据说主教
264 们和大臣们在被垂询意见时都认为国王出国远行对王国有危险而加以反对。大概菲利浦自己也并不热切要实现自己的誓言。一个埃当普的他的信徒、一个他家的人、沙隆-圣-梅达村的总管厄德自愿按照他许的愿全副武装地为他作此远行。他在这长途跋涉的朝圣中花了两年时间,直到把他的武器安置在圣墓上后才回来,这些武器将在一个长时期里和一个铜碑一起供人参观,铜碑上记载着他的誓言和这次朝圣之行。在厄德出发之前,国王将其六个孩子,一个名叫安梭尔德的儿子和五个女儿,置于自己的照顾之下,而在 1085 年 3 月他回来时,他作为报偿给了他们包含在下列特许状里的全部权利和特权:

① 《法令汇编》,第 XI 卷,第 174 页。

“谕令各色人等一体周知，法国国王菲利浦的仆人、沙隆的总管厄德，由于上帝的启示并经国王菲利浦的同意，已出发前往圣地朝觐圣墓，并将其儿子安梭尔德和五个女儿留下由国王照管，国王已接受这些孩子并置于自己的照管之下。现在为了上帝的爱和仅仅出于仁爱之心和对圣墓的尊敬，特赐予安梭尔德和他的五个姊妹如下特权，即他或她们的任何一个男系亲属如果娶一个在国王手下处于奴隶地位的妇女为妻，则他可以通过这个婚姻解除她这种奴役关系而赎回她。如果国王的农奴娶厄德的后代妇女为妻，则他们和他们的后代都可以成为国王的家族中人，过王族的生活。国王以封地的形式将自己沙隆的地产赐予厄德的继承人和继承人的继承人，使他们因此可以只受国王的审判而不必受国王的任何一个公务员的审判，同时允许他们不对国王的任何土地纳税。此外，国王命令他的埃当普的仆人们去保卫沙隆的议会，[1]因为沙隆的人民负有义务在埃当普守卫，他们的议会既然设在那边，他们将会更好地保卫它。为了使上述权利和协定永远巩固稳定，国王已将它们列入本备忘录，并在备忘录上签字盖印，并用自己的手画押加以确认。在宫廷里出席签名盖印者如下：皇家的总管于格；将军加斯东·德·普瓦西；御前大臣潘恩斯；宫内侍从官德·加勒朗的兄弟居伊。耶稣降生 1085 年，即国王在位第二十五年三月颁发于埃当普宫中。在赐予这些政治权利时到场作证的有：阿伦贝尔的儿子安塞姆；布伦考因的阿尔贝特；沙隆的教士盖斯纳；教长热拉

① 他们把存放有关国王的权利和王权的契据和法令的地方称为 camera。弗勒罗，《埃当普城市和公国的古代》，第 83 页。

尔;埃拉尔的儿子皮埃尔……和他的儿子海蒙。”[1]

这里,我们看到埃当普的一个家庭及其后代被赋予了最重要的政治权利,由于婚姻而拥有了给予自由的权利,拥有了除国王本人与其最亲近的官员以外不受任何人审判的权利和不缴纳特支费、赋税、通行税等的权利。不到二百年之后,圣路易在宣布豁免沙隆-圣-梅达尔的厄德的后代值班守卫巴黎市的义务时说,他们的人数是三千人,而在1598年时,他们仍被算作二百五十三人,当时总督布里松在对埃当普居民大发雷霆时使他们的特权受到了打击,因为这些居民到他的在格拉维尔的家里去拜望他时没有按照他的要求对他表示敬意。这种特权持续了五百一十七年之久,直到1602年才被巴黎议会的法令所取消。[2]

在埃当普附近,在莫里尼,有一座获得圣本尼狄克特勋位的大而富裕的修道院,它是由于弗莱克斯修道院或博韦附近的圣盖默修道院肢解而成立的。1120年,路易六世给予了莫里尼的修道院各种特权,其中有:

“向来在埃当普市对莫里尼修道院的修道士缴租的庄园佃农应像在俗人手里时那样向我们缴纳这种同样的租税,除非我们或我们的继承人已经豁免了他们这项义务。

“我们答应,对一切修道士的佃农,不论他们住在何处,总督和我们任何其他官员都不对他们行使司法权,除非修道士们对他们不公道,除非他们犯罪时当场被捉住,除非他们违犯了禁律。”[3]

---

① 弗勒罗,《埃当普城市和公国的古代》,第78页。

② 弗勒罗,《埃当普城市和公国的古代》,第71—91页。

③ 《法令汇编》,第XI卷,第179页。

路易六世常常驻跸于埃当普，当他来此居住时，马尔什-暖夫（后来称为马尔什-圣-吉尔）的居民就得供给他和他的朝廷亚麻布和厨房的用具及器皿。这项任务看来是十分繁重的，因此很少人居住在那个地区，而那个地区也就几乎成了荒地。1123 年，路易想把居民吸引到那边去，发表了下列特许状：

“蒙上帝之恩的法国国王路易，以神圣而不可分的三位一体的名义，通知我的一切现在的和将来的信徒，我们允许那些住在或将住在埃当普的马尔什-暖夫的居民从我在位的第十六年的圣·雷米节起十年内享受这项特权。[①]

“1. 我们答应他们在上述市场范围内，豁免一切征集、征召，一切赋税或是徒步的和骑马的服务。

“2. 我们也允许他们不对没有根据的传唤或指控的罪名缴纳罚款。 267

“3. 此外，在他们的案子里，我们永远将六十个苏的罚金减为五个苏和四个但尼尔；将七个半苏的关税和罚金减为十六个但尼尔。

“4. 今后任何人，除星期四外，都无须缴采矿税。

“5. 任何人被要求对任何事情宣誓时，如果他拒绝宣誓，不必缴纳罚款。

“6. 凡将葡萄酒或食物和任何其他物品运入我们上述市场或庄园的佃农建于上述市场内的住宅者都可免税，当他们到来时，或在此住着时和回去时，对他们的一切食物都不得乱动；因此，任何

① 约在此法令颁发后两年，胖子路易于 1108 年登上了王位。

人都不得为他们或他们主人的不端行为而逮捕或为难他们，除非他们在犯罪时当场被捉住。

“我们永远赐予他们这些特权，而那些只有在上述固定范围内他们才能享受的关于征集、关于骑马和步行的服役和赋税的特权则除外。为了使上述特许权不致被废弃，我们已将它写成书面文字；为了使它不被我们的后代所取消，我们已用我们庄严的玉玺和我们的签名加以认可。耶稣降生1123年，即我在位第十六年公开颁布于埃当普，当时在我们王宫出席并于此签名盖章的有：宫廷总管斯蒂芬；侍从长吉尔贝尔；将军于格；御前大臣阿尔贝特；和大法官斯蒂芬。”①

此后，马尔什-圣-吉尔居民在埃当普建立了一个有其自己的特许状和职能的独特的社团。

1137年，路易七世颁给“全体埃当普人，包括骑士和自治市自由民，”一份特许状如下：

“以圣神而不可分的三位一体的名义，阿门。我，法国和阿基坦公爵路易，通知我们现在的和未来的全体信徒，我们已经应埃当普人的谦卑的请求和我们信徒的意见，赐予全体埃当普人民，包括骑士和自治市自由民，下列事物：

“1.我们将在我们的一生中不改变货币的成色和重量，也不让任何人改变自从我父亲逝世以来一直在埃当普流通的现在的埃当普货币，只要埃当普的骑士和自治市自由民，从万圣节起，每三年为赎回上述货币向我们缴纳一百个利弗的那个货币；如果他们自

① 《法令汇编》，第XI卷，第183页。

已发现这货币是伪造的或是在成色和重量方面已经改变，则我们一接到他们的通知将负责加以试验，如果它确已被伪造或已改变成色和重量，我们定将按照埃当普骑士和自由民的意见使伪造者和改变成色或重量者得到应得的惩罚。现在，埃当普的骑士卢克·德·马鲁斯奉我们的命令代替我们和朝廷宣誓说，我们将按照这里规定的方式，遵守那些条件。

“2.我们还答应埃当普的骑士和自由民，任何时候都不禁止任何一个埃当普人出售葡萄酒；除我们自己的以外，任何人的酒都无须通过公告出售。

“3.此外，为了我们的灵魂和我们先人的灵魂的安宁，我们永远答应埃当普的骑士和自由民，过去埃当普的总督和总督的仆人或代表学他的样，从自由民的酒店里拿走的那么多的葡萄酒，今后任何一个总督或其仆人和代表都不得再用任何方法从那里取走；同时，我们禁止自由民自己用任何方法给他们葡萄酒。

269

“4.我们也禁止酒贩在埃当普骑士、教会执事或自由民买酒时以任何借口不给他们足够的分量，或是向他们索取超过他们以前公平地索取的价钱。

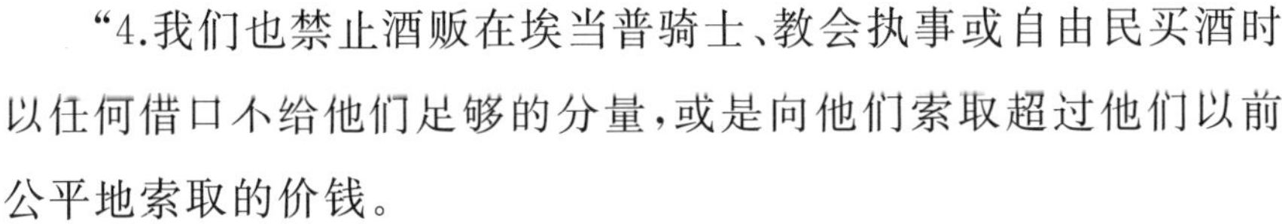

“为使本文件永远岿然不动，我们已盖上我们的玉玺，签上我们的名字加以认可。耶稣降生1137年，即我在位第四年公布于巴黎。当时在我们王宫里出席并在文件上签名盖章的有：宫廷总管、韦芒杜瓦的伯爵拉乌尔；将军于格；侍从长威廉。由大法官奥格林亲手签发。”①

① 《法令汇编》，第XI卷，第188页。

这里，这不仅仅是一个教区、一个家族、一个地区的问题。所赐予的特权是赐给整个城市的；它的全部居民、骑士或自由民，不论是居住在圣吉尔市集还是居住在圣母院司铎们的领地上的，都同样可以分享这些特权。

但这个情况是非常特殊的。发生得频繁得多的情况是将特权赐给个别的机构。1141 年和 1147 年，路易七世分别颁给埃当普的圣母院教堂、圣马丁教堂和该市的麻风病院下列两份特许状；

“我，蒙上帝之恩的法国国王兼阿基坦公爵路易，以圣神而不可分的三位一体的名义，通知现在的和未来的全体人民：经埃当普·拉·维尔的司铎们证明后，我们确认医生所罗门在此以前已从高贵而著名的菲利浦手中得到一份位于埃当普的地产，并在一段时间里享用了它的全部特性，现在他经我们同意，通过虔诚的赠与仪式，并以为其灵魂祈祷为条件，将这份地产连同属于它的一切权利和惯例赠与上述埃当普的两个教堂，即圣玛利教堂和圣马丁教堂，据此，我们(我们的责任是支持教堂同时保护和确认我们祖先所颁发的特许状)在上述地产的原所有主的请求和上述司铎们的恳求下，以我们的威信确认这项赠与或毋宁说施舍，此外，并在本特许状中宣布上述地产上的一些惯例，使今后人们对它不能提出任何需索。这些惯例如下：

“1. 六十个苏的通常的罚款在这里是五个苏；七个半苏的在这里是十二个但尼尔。皮肉之伤的罚款是一只活鹅；对人拔出刀来的罚款是一只价值两个但尼尔的家禽。

“2. 在征召证书宣布后，这块土地上的人必须派四个全副武装的军士到国王的军队中去。

“3. 至于上述土地的场地所有权，则上述教堂的执事必须在每个星期的星期四提出对它的要求，如果他们遗漏了某个星期四，则在下一星期的星期四或其他日子提出要求，但无须追究或处以罚款。

“4. 在圣雷米节，上述司铎的军士应向上述地产上的每家人家征收徭役地租。

“5. 这是上述地产的一项惯例，即如果任何人对上述地产上的一个佃农起诉，他必须将起诉书提交上述司铎们的管辖区。

“6. 上述地产可免缴任何和一切加于司铎们身上的捐税。

“7. 上述惯例，戈弗雷·西尔韦斯特已在埃当普在我们面前宣誓后加以确认。

为了此事不致被忘却，我们已叫人写下来并以我们的印鉴全部加以证实。耶稣降生 1141 年，即我在位第五年，公开颁发于巴黎。当时在我们王宫里出席并签字盖章于此特许状者有：韦芒杜瓦的伯爵、我们的宫廷总管拉乌尔；侍从长纪尧姆；御前大臣马修；将军马修。由大法官卡杜尔亲手书写。”①

“我，蒙上帝之恩的法国国王暨阿基坦公爵路易，通知现在和未来的一切人民说，我们赠送给埃当普的圣·拉扎勒斯教堂的教友们一个为期八天的定期集市，它每年在米迦勒节在邻近圣·拉扎勒斯教堂的地方举行，对于这项政治权利我们不在其中保留任何权利，我们的官员不在那里边收取任何费用，除了为了司法的目的我们对其保留拘捕窃贼权以外，也不逮捕任何人。凡是前来参加这个集市的人我们都置于我们的保护之下；我们永远确认和确

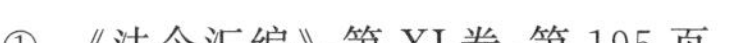

① 《法令汇编》，第 XI 卷，第 195 页。

立这个集市等等。”①

1155 年,这同一位国王废除了一项陋规,那些在埃当普代理他的官员们过去都曾为他们自己的利益执行了这项陋规。

“我,蒙上帝之恩的法国国王,以神圣而不可分的三位一体的名义,阿门。由于我们的警官、我们的总监、代表和驻在埃当普的其他官员似乎一直在使该市的屠夫们屈从着一条惯例,即不论他们向屠夫们购买什么都要减价三分之一,因而他们在其职务的借口下,一直从屠夫们那里每八斤勒索价值十二个但尼尔的肉。因此,我们通知一切现在的和未来的人民,为了我们灵魂的安宁和该市的利益,我们永远废除这个惯例,并明令规定,我们的警官和所有其他官员今后完全按照大众共同遵守的一般习惯与屠夫们进行交易。同时我们的总监、代表或是其他官员购买任何物品时都不得享有超过其他公民的任何好处。为了使这一条永远确立不变,我们已在本文件上签名盖章。耶稣降生 1155 年,公布于巴黎。当时在宫廷出席并签名盖章的有:我们的宫廷总管蒂鲍伯爵;宫廷侍从长居伊;宫廷侍从官马修;将军马修;本文件由大法官于格亲手书写。”②

1179 年,他发布了一个管理埃当普的总法规,这个法规是用这些词语表达的:

“以神圣而不可分的三位一体的名义,阿门。我,法国国王路易,为了我们灵魂的安宁,认为应该废除那些由于我们警官的疏

① 《法令汇编》,第 XI 卷,第 195 页。

② 同上书,第 200 页。

忽、没有通知我们而在我们在位期间在埃当普实行的那些陋规。因此，我们通告一切现在的和未来的人民并规定：

“1. 任何人愿意购买被称为“第八号”[①]的我们的土地，除了我们熟悉的一些权利之外，他都可以自由地购买。购买者绝不会由于购买了就更能成为我们的农奴。

“2. 任何人都不得在埃当普或其特许区域内购买除咸鲱鱼或鲭鱼以外的任何鱼类而在当地零售。

“3. 除在葡萄收获季节外，任何人都不得在埃当普购买葡萄酒而在当地出售。

“4. 任何人都不得在该市购买面包而在当地零售。

“5. 任何人当他在所说的市场的范围以内时，虽然他居住在市场以外，也不得以侵犯场地所有权而逮捕他。

“6. 任何人从我们那里取得道路设置权的，都可以在自己的家宅里做一扇门或一个商品陈列橱窗，无须取得总监的许可。 273

“7. 任何人使用市场里的谷物衡器，除经常的市场税以外，都不缴任何费用。

“8. 埃当普的总监不得以任何理由要求一个市民归还一次尚未决定的决斗中挑战者所投下的挑战品。

“9. 埃当普的人民都可以使自己的葡萄园得到称心满意的保卫，只要付给守卫们一笔钱，但无须对享有葡萄园的徭役地租的领主缴纳任何费用。

---

① 在埃当普的范围里有一种叫作“第八号”(octaves)土地，它们的所有者按照从前的习俗是国王的奴隶。这种土地所以取这个名字，也许因为领主收取它们第八捆谷物之故。

“10. 不得要求开设一个店铺的一般商贩付费给总监。

“11. 除在市场里摆货摊的商贩外,任何人都没有义务付费给总监。

“12. 除对皮货商外,不得对任何人要求给予总监一张毛皮。

“13. 除总监外,我们任何一个官员都不得向市场内外的任何商贩索取费用。

“14. 为在量器和衡器上打印,总监可以收受不超过两加仑的埃当普红葡萄酒,每个参加衡器打印的助理警官,不超过一个但尼尔。

“15. 购买葡萄酒的人将酒运出埃当普时,无须付费给我们的官员,只需缴纳向来应该缴给我们的通行税。

“16. 总监不得向鲜鱼或咸鱼的商贩勒索鱼货,但可以像其他人一样购买他所需要的鱼。

“17. 发生一场决斗时,我们可以向战败的一方索取不超过六个利弗,我们的总监可以索取不超过六十个苏;战胜者可以得到不
274 超过三十二个苏,如果战斗的原因不是违背城市的特许权或者谋杀、窃盗、强奸,或者奴役他人。

“18. 分量在一加仑以下的酒都不收压榨税。

“19. 皮货商每年付的入场费不得超过十二个但尼尔。

“20. 蜡烛商每年在涤罪节前的星期四所付的入场费不得超过蜡烛一个但尼尔的价值。

“21. 每个贩卖弓的商人每年应缴纳一张弓。

“22. 只出售价值在四个但尼尔以下的水果的人都无须缴纳市场的摊位费。

“23. 一个在债款数额清算出来之前拒绝偿债的人的货物,不得加以扣押。

“24. 每设置一个售酒货摊，总监可以得到一加仑的埃当普红葡萄酒。

“25. 在集市日，无论是犹太人的总监或是其他人都不得为债务而逮捕任何一个市场里的，或是到市场去的，或是从市场回来的人，也不得扣押他的货物。

“26. 出售亚麻或大麻的商人无须为他在市场里的摊位付钱，只需合情合理地缴纳一把麻。

“27. 对于一笔已被承认而有效的债务，总监在法律规定的日数之前不得加以扣押。

“28. 一个寡妇为取得开店的执照只需缴纳二十五个苏。

“29. 任何受雇的斗士都不得参加战斗的考验。

“为使所有这一切条文巩固而不变，我们已庄严地签字盖章于本特许状加以确证。耶稣降生 1179 年颁发于巴黎。当时出席于 275
我们宫廷并签字盖章的有：我们的宫廷总管蒂鲍伯爵；侍从长居伊；御前大臣雷诺；将军拉乌尔。大法官的职位空缺。”[①]

直到现在，我们没有听到过关于埃当普的自治社团的任何事情；不仅我们没有遇到过组成这个社团的任何特许状，而且没有一个我们引证过的文件能对它作出任何说明。然而有一个社团的确曾在埃当普存在过，而且可能是一个非常横暴、非常有侵略性的社团，因为在 1199 年，菲利浦·奥古斯都用这些话语废除了它：

“以神圣而不可分的三位一体的名义，阿门。蒙上帝之恩的法国人的国王菲利浦谕令现在的和未来的人民一体周知，由于埃当

① 《法令汇编》，第 XI 卷，第 211—213 页。

普的这个社团施加于该市各教堂及其财产和施加于骑士们及其财产的暴行、压迫和令人恼火的事情，我们已经废除了这个社团，并已同意上述教堂和骑士的请求，今后在埃当普将没有任何社团组织。各教堂和骑士们将恢复他们在社团建立以前所拥有的一切政治权利和其他权利，只是他们的人和佃户将在我们的远征和战争中侍候我们，像一切其他人所做的那样。而对于这些人和佃户，不论他们是属于教堂的还是属于骑士的，是住在城堡里的还是住在埃当普近郊的，也不论他们是否社团的成员，我们都将在我们认为合适的时候、按我们认为合适的数额，课以捐税。如果这些人和佃户在我们向他们征税时置之不理，那我们完全有权逮捕他们并扣押其货物，不管他们是谁的佃户和谁的手下人，是教堂的人还是骑士的人。为使本文件巩固久远，我们已以我们的签名盖章赋之以
276 权威。耶稣降生 1199 年即我在位第二十一年颁发于巴黎。当时在我们宫廷里出席并签名盖章的没有宫廷总管，但有侍从长居伊；御前大臣马修；将军德勒。大法官职位空缺。”①

如果我们面前只有这个文件，如果我以前引录的所有那些都不存在，我们也不应认为埃当普的居民在丧失其社团时已丧失了他们的一切权利、一切政治权利。实际情况绝不如此。被废除的只是社团的特许状；所有各种专门的特许状仍然像以前那样完全有效。圣母教堂的土地和圣吉尔市场的土地上的居民，沙隆-圣-马德的厄德的后代和莫里尼修道院的佃户仍然保持着他们昔日的种种特权。不但这些特权仍然留给他们，而且还有另一些特权不

① 《法令汇编》，第 XI 卷，第 277 页。

断地加给他们，同样与一个社团无关，同样只限于这个城市的个别地区、只限于其居民的某些阶层。例如，1204 年，菲利浦·奥古斯都赐予埃当普的织布工一份以下列话语写的特许状：

“以神圣而不可分的三位一体的名义，阿门。我，蒙上帝之恩的法国国王菲利浦，通知一切现在的和将来的人：

“为了上帝的爱，我们已经豁免了一切现在和将来居住在埃当普的亲自织麻织品和毛织品的织工今后应向我们缴纳的捐税，即每年的赋税和学徒期间的费用；但在市场里设一个摊位的费用除外，那是每个人都必须继续缴付的；还有，因杀人流血而应付给我们的罚款和我们原有的征召他们在我们军队里和远征中服役的权利，也都不在豁免之列。

“为了酬报我们让与他们这种政治权利，上述织布工应每年付给我们二十个利弗，十个利弗在圣勒米节的下一天，十个利弗在四旬斋终了后的第一天付给。

“一切织布工应按规定的钟点开始和结束他们的工作。

“他们可以由他们自己选择，并按他们认为合适的每隔若干时间，在他们自己的团体中选出四个著名人士，在任何司法案件中作为他们的代表，并在他们团体内进行他们认为必要的改革。

“这四个人应向国王和总监宣誓效忠，并负责维护他们的权利和支付上述的二十个利弗。

“他们应监督布匹的织造，务使产品质地优良、分量诚实不欺，如果他们不能办到这一点，他们就得向我们缴纳一笔罚款。

“我们答应他们我们绝不撤回这些礼物。

“为使这个承诺坚定而永远不变，我们已签名盖章使其确实有效。耶稣降生1204年，即我在位第二十四年颁发于巴黎。当时在宫廷出席而签名盖章的：没有宫廷总管；但有侍从长居伊；御前侍从官马修；将军德勒。大法官一职空缺，故由修士加兰执笔书写。”①

1224年，路易八世又以下列话语确认了奥尔良的圣·克鲁瓦教堂的教长和牧师会议授予该教堂在埃当普及其郊区的教徒们的特许和政治权利。

“蒙上帝之恩的法国国王路易，以神圣而不可分的三位一体的名义，阿门。通知一切到场的和将要来的人，我们已经批准了我们亲爱的圣·克鲁瓦教堂的教长和牧师会议呈请我们审阅的如此表达的特许状：

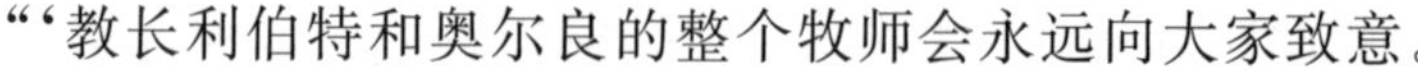

“‘教长利伯特和奥尔良的整个牧师会永远向大家致意。

278 “‘我们通知一切在场和将要来的人，居住在我们埃当普的土地上的我们的男人和女人和所有那些占有上述土地的任何部分的人，不管他们实际上居住在哪里，都已各自个别地向我们宣誓保证，如果我们使他们从不光彩的奴役状态中解放出来，并赐给他们和他们的孩子们（已出生的和将出生的）以自由的幸福，则他们将以感激的心情接受而将忠实地毫不反抗地缴纳我们为上述土地向他们和他们的后代索取的地租。因此，考虑到上述自由特许权可能赋予我们上述的人及其后代和我们自己和我们的教堂的许多好处，我们已决定给予他们上述特许权；使上述的人，他们的妻子儿女，已出生的和将出生的，从一切奴役状态中解放出来。我们已宣

① 《法令汇编》，第XI卷，第286页。

布，除下列负担和地租外，他们确已永远自由：[①]

“‘第一，为了从我们上述埃当普土地上完全根绝奴役的耻辱，我们下令规定，任何处于奴隶地位的男子和妇女都不能在那里保有房屋、葡萄园或场地，使在此以前卑下而为奴役的耻辱所窘困的上述土地，将来可以在壮丽的自由中发出万丈光芒。

“‘任何上述得到解放的人或其后代，不经我们特许不得进入埃当普的自治社团。

“‘居住在我们上述土地上的每个人必须在我们磨坊里而不得在别处磨碎他的谷物。

“‘我们要求——这是我们作为上述让步的报酬而特别强加的一个条件——在我们上述土地上生长的谷物每十二捆应给我们一捆（如该地只生长十一捆，则每十一捆给一捆），并由我们的代理人挑选和交给我们，这一捆就称为取得自由的一捆。

“‘至于有关上述土地应付的什一税则仍然不变。 279

“‘我们还保留我们对未捆的小麦的什一税的要求。总之，这里包含的关于解放的任何事物都不得损害我们通常关于地租和付款的权利。

“‘对于我们所拥有的其他一切权利，一切惯例，以及对筑路的无偿劳力的要求权等等，都是如此，对于所有这些权利，我们都不加改变，完全维持过去的状态，只有奴役权除外——此外还有人头税，我们特此对我们上述的人及其家属和后代一律放弃。

---

① 这一条导致这样一种臆测，即菲利浦于1199年废除的埃当普自治社团曾被恢复，这事本身是十分可能的；而摆在我们面前的明白而确实的事实使它变得非常可能。也很可能废除这个社团的这项法令从未被执行。

"'我们认为,在本文件中应该插入上述我们已经解放的人的名字;首先是马罗尔的厄德,等等。[①]

"'为了保证,为了使人相信,为了证明所说的自由,我们已将这事写成书面,并盖上我们的印章。耶稣降生 1224 年 2 月颁发。'

"我们在赐予上述自由这个礼物时,以同样的方式解放所说的这些人并解除他们一切苦役;最后,为了使它成为一个巩固而永恒的自由,我们已在本特许状上庄严地签字盖章,加以认可。耶稣降生 1224 年,即我在位第二年颁发于默伦。当时在我们宫廷里出席并签名盖章的是:没有宫廷总管;但有侍卫长罗贝尔;御前侍从官巴托洛缪;将军马修。我们亲笔签字并以绿蜡加封。"[②]

我们可以无须加以评注。事实自己会说话,行为自己会说明。十分明显,如果城市(town)、自治城镇(borough)、自治市特许状
280 (borough charter)这些字使我们认为这个时代的机构制度和自治城市命运具有它们实际上并不具有的一种统一性、一种整体性,那么它们会使我们失望。无论在一个城市的城内还是在城外,在城里也像在国内,一切都是特殊的、地方性的、局部的。各种不同的设施制度,各种不同的地方,各种不同的居民阶层,由于各种不同性质、不同年代的资格或头衔,其所拥有的自由和特权,有时是互相不同,有时是相同的,但它们始终是互相独立的,它们中的一个可能会灭亡,但不会影响其他几个。自治城镇的命运并非总是决定着城市的命运的。自治城镇的特许状甚至可能并不是自治城市

① 后面跟着四五百个人的名字和一些居民区的名字。

② 《法令汇编》,第 XI 卷,第 322 页。

的自由和繁荣富庶的最肥沃的根源。让我们就中世纪的奇异而生动的变化来观察中世纪；我们绝不能要求中世纪具有我们的一般概念和我们的单纯而系统性的组织。那里的政治秩序是在世俗社会的内部及其影响下逐渐形成的。那里的权力是从财产中产生出来的，是用私人合同的千变万化的圆通的形式掩盖起来的。谁不用这种观点来看问题就不能懂得中世纪，既不能理解它的封建主义、它的高贵的王权，也不能理解它的自治城镇，而且也既不能说明它的缺点和优点，也不能说明它的制度的力量和弱点。

Ⅳ 博韦

在法国，很少自治城镇像博韦那样具有如此漫长、如此动荡不安、如此变化多端的命运的。而留下的文献如此繁多、如此精细的
自治城镇也是很少的。因此，我毫不迟疑地、还有点自得地来探索 281
它的内部历史，不压缩任何细节，力图阐明一些暧昧而支离破碎的事实，并到处铺叙原文。在我看来，这些都是能得到一般观点的支持的最好的证据；而那些经过仔细研究的专题论著，我认为是使历史得到真正的进展的最可靠的手段。

1099年，博韦的自由民为了一座磨坊与该市的教士会发生争论，这座磨坊原先是由博韦的主教给予教士们的，现已被建筑在它所依赖的水道上的铁匠铺或其他工厂搞得不堪使用。双方都要求主教、即该市的领主和该市一切市民权利的天然的保护者，作出有利于自己的判决。当时担任主教这个职位的是安塞尔，他是一个态度文雅甚至开明大方的虔敬的人，但虔敬这个词的意义并不是今天人们所理解的那个意义,仅稍能刻画出一个十一世纪时的主教对现在开始被称为中产阶级的那个被压迫的贫困的阶级所怀抱的仁慈、人道和正义的感情而已。

因此,安塞尔不参加到教士会一边,相反地保护了自由民的权利要求。也许他是被另一种更老于世故更加政治性的动机所驱使:博韦的主教们尚不知道害怕他们领主城市的恭顺的市民利用某些政治权利,但他们已经吃够了他们教会的司铎们凶恶的霸道的苦头。安塞尔曾亲自——无疑是违背自己的意志的——让与他们宣布他自愿逐出教门和在他们认为合适时停止他对主教辖区的教权这两种重要的权利。我们将看到司铎们如何利用或毋宁说滥用他们从安塞尔手中夺去的特权来对付他的继承者。大概这位主教已预见到这种事情,所以欣然抓住有利的机会,降低其对手们的权力,以便在这个城市的内部使一些新朋友依附于他。

282 不论实际情况如何,教士会认为这位主教的这个行为很坏,于是强烈地向沙特尔的主教伊夫斯控诉。伊夫斯主教在教会事务方面的优势是一般所承认的。他对参与博韦教会的事业似乎有特殊的动机,他把抚育他长大的博韦教会称为他的母亲:Ecclesia Belvacensis,Mater mea,quœ me genuit et lactuit(意即:养我与育我的我的母亲,博韦的教会。——译者)。我们没有司铎们的信,但伊夫斯的复信如下:

“伊夫斯,蒙上帝之恩的沙特尔教会的一个卑微的仆人,向博韦教会的教长于格和这个教会的其他教友们致意,祝愿您们身体健康为上帝服务。

“为了那座主教造来给你们的磨坊的事情,你们向我们控诉,那磨坊你们已平静地享用了三十年，而且根据你们的特权，这在你们一直是得到了保证的，但是由于几座桥的障碍和污秽的染料，这磨坊已不能履行它的磨麦子的职务，你们向我们控诉，要求得到一种公道，一种为充分的理由所支持的公道；特别是对你们的主教，他不但应该反对现时的违法的事情，而且还应该改革过去时代法所不许的事情。……而且对主教来说，只说自己没有下命令对磨坊设置任何障碍，是不够的，如果他不用他职务的全部力量来反对那些确实设置这些障碍的人的话。教皇约翰八世曾这样写信给路易皇帝说：一个能够防止一件恶行的人如果由于疏忽未能防止它，那他就是犯了这件恶行。……

“对于根据按照这个城市的习惯每年占有的财物，或根据主教答应遵守这个城市的习惯的承诺，或根据自治城镇里建立的暴乱的团体情况作出的反驳，所有这一切对教会的法律是不起任何作 283
用的。因为契约、章程或者甚至反对司铎们的誓言，你们很了解，事实上是完全无用的。因此，教皇佐齐穆斯对纳博讷的人民说：准许或改变任何违反教皇们的法规的事是超越于这个主教本身的权力的。因此，如果你觉得有些事情判决得不利于司铎们，你们可以向你们认为更高权力的司法当局，或者是你们的大主教，或者是罗马教皇的大使提出申诉。提出这个申诉后，你们可以在五天之内要求你们向他申诉的这个人写信给你们所要上诉的人，以便后者向双方指定一个日期来判决你们的案子。再见。”①

看来，这件事并没有随着这封信而结束，不知为了仲裁还是为

① 于1099年，《法国历史学家文集》，第XV卷，第105页。

了任何其他原因，他们把它交给一个局外人来决定。下面是某个亚当作出的判决的原文，他的地位人们完全不知道：

“这些是亚当在博韦主教安塞尔面前作出的判决词，那些在场的人都表示同意。司铎们抱怨说，三种东西阻碍了磨坊的工作，即标桩、木板和泥土。自由民们回答说，他们在所说的主教（安塞尔）之前的四位主教的管辖下都是享受这条例规的，而且是安塞尔自己准许他们享受这条例规的。因此，我们裁定，掌握水的使用权的主教应该排除上述种种障碍使水道畅通，使磨坊的工作不受任何妨碍。此外，应让人们知道他们必须使水道不被阻塞，并让这位主教监视人们妥善行事。”①

在这件无关紧要的事情中可以看到许多重要的事实。第一，关于某些权利和例规的博韦古风：自由民们说，“在安塞尔主教之
284 前的四位主教的管辖下，我们已经享受了这些例规，而且是他自己让我们享受这些例规的。”沙特尔的伊夫斯写道，“主教不该提出按博韦的习俗由每年的占有造成的这种权利和势必遵行那个城市的习俗的誓言来作为反对我们的理由。”因此，在1099年之前，这里存在着一种古老的例规，这种例规现已变成权利，并由于主教们和这个城市的封建领主的誓言而得到确认，且在事实上如此确立不移，甚至那些受到它们妨碍的人都不敢否定它们，只能满足于指责它们违反教规；这是那个时代日常应用于最公正、最正常的事情的谴责词，如果这些事情冒犯了教会里某些居高位者的自尊心的话。

因此，洛伊塞尔并没有希望使博韦的自治城市的种种特许权

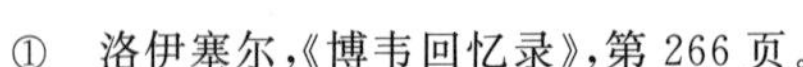

① 洛伊塞尔，《博韦回忆录》，第266页。

恢复到恺撒所说的贝洛瓦西的那种元老院所掌握的特权,甚至也没有断言他们在罗马人治下曾得到过许多高卢城市所拥有的那种完全的组织,可以认为,这个城市从未完全被剥夺过这些特许权,而且我们从我们刚才引录的几段文字中可以辨认出的毋宁是对法律上拥有的古老权利的回忆,而不是对一种新获得物或最近得到的政治权利的感情。

这种获得物、这种政治权利还是发生了,这是沙特尔的伊夫斯的信所指出的第二个事实。他在列举无疑会使人想到主教对自由民的好意的那些托词时说,一个自治城市刚才在博韦建立起来了:turbulenta conjuratio factœ communionis(意即:动荡的结盟共同的功业——译者);同时他把新近建立的联盟,即自治社团同他刚才抱怨的那些古老的例规明白地区别开来。当时,在自由民的抱负之中,在他们对自己力量的信心中,在他们的对手们对他们的看法上,已经增加了一种新关系、一种对防御的额外的关心;这件事 285 不能没有暴力而实现,仍然是这位主教看出了它,不顾自己团体成员的责备而批准了它,保护了它。因此,这个叛乱运动(用我们今天的话来说)的发生并不是针对着他的,虽然他是这个城市的主官。司铎们看来并没有兴起过统治博韦的意图,他们的恶毒的仇恨心似乎是对着他们的首脑的,不是对着他们的下级的。因此,必须到别处去寻找这件事的原因;但也许,由于不了解情况,因为我们除伊夫斯的信而外一无所知,我们可能会用猜想来证实自己,并给建立博韦自治市的运动指定一个可能的原因。

该市的教士会并不是主教们必须与其权利要求相斗争的唯一的对手。在博韦还存在着另一个权威,主教们不耐烦地支持着它

的存在,但它这方面却力图扩张和巩固自己的势力。

博韦原是比利时人的一个重要城市,坐落在离高卢北部日耳曼诸族不远的地方,后来成为法国在诺曼底这一边的边境地区,其居民在与诺曼底人的长期战争中坚定地站在法兰西人这一边;我说,博韦始终被认为是一个重要的地方,并因此而被周密地设防;由方块小石头杂以大砖并用不透水的水泥胶接起来筑成的八英尺厚的墙成为它的围墙,墙上还等距离地建立着许多用同样材料筑成的圆形高塔楼。人们可以通过许多大门进入该城;主要的一座叫作 Chastel(意即:城堡),人们有理由认为此处筑有某种坚固的堡垒。无论如何这一点是可以肯定的,即这里住着一位负有卫戍重任的守城者和城市的长官。无法肯定,他是凭什么资格行使这个权力的。它究竟来自国王还是来自主教,它的起源是否仅仅由于武力,它是怎样流传的。博韦的编年史关于城主们和主教们之
286 间的争端都有详细的记载;但关于双方的权力和他们的权利要求是否有正当的理由,却没有提供任何讯息。这些争端在十一世纪时爆发得尤其猛烈,在 1063 年到 1094 年之间,在居伊主教和富尔克主教管辖下,达到了最横暴的程度;后者甚至比他的前任走得更远,1093 年用一支武装部队攻击城堡主厄德,把他围困在自己的城堡里,强占了该城的各个要隘,抢走了他的葡萄酒,并诱惑他的许多封臣,款待他们和他的教士,使他们背叛他。

富尔克受到教皇乌尔班二世的严厉谴责,特别谴责他觊觎该城的要害,即城堡主的被公认的权利:Portarum claves,quas ipse ex more tenuerat,ademisti。

于是,富尔克主教在其与厄德的争端中,也像其前任居伊主教

受到教皇亚历山大二世和格列高利七世的谴责那样受到教皇乌尔班二世的谴责后，城堡主们感觉到他们的力量更加巩固了，他们的权利要求大概也更加坚定了。实际上，在这个时期，他们似乎力图使他们的种种权利成为世袭的（我不知道这些权利他们是从谁的手中取得的），同时，他们开始残酷地折磨公民们，虽然他们在会同他们一起反对主教们时一般把他们看作粗暴而暴虐的人民，他们的专制主义不饶恕任何一个人。如果我们刚才已经看到富尔克因其对厄德的行为而受到乌尔班二世的严厉谴责，则居伊也受到亚历山大二世的同样的谴责，他谴责他"以不可容忍的方式折磨上帝的子民。"

因此，事实使我相信，已摆脱了主教这个累赘、并认为对自己的权力已更有把握的城堡主们，使博韦的公民们觉得他们比主教们更为残酷，并看到自己辛辛苦苦使主教们受到耻辱之后竟一无所获。那时，主教的职位都是由像罗杰，尤其是安塞尔那样的态度温和的人占据的。自由民们为了除去眼前的弊害忘却了遥远的弊害，决定不再忍受城堡主的折磨，而在他们封建领主的支持下，在一种新的组合中寻求对他们合法权利要求的保证。于是，大概就成立了这个自治城市，而伊夫斯所控诉的 turbulence（动乱）之发生一定是针对着城堡主而不是针对着主教的，这是一个合情合理的猜测，如果我们注意到公众性情的变动，注意到安塞尔这个城堡主的死对头用以掩护这个新的自治城市的保护措施，注意到美男子路易的信（我们即将读这封信）的话。法国国王第一个法令的目的是使它免受城堡主的勒索，这一点难道不值得我们注意吗？这个事实难道还不能证实我的关于这个自治市的可能的起源的意见吗？

287

“以基督的名义，我，蒙上帝之恩的法国国王路易，想通知一切现在的和将来的人，为了我们父母和祖先灵魂的健康，我们已废除了博韦城堡主厄德所勒索和征收的某些不正当的苛税，使他和他的继承者将来都不能征收和勒索它们；而在这样废除之后，我们已通过我们高贵的权力机关明令禁止，今后不许再征收这些苛税。

“下面是城堡主所要求的惯例：

“他希望他的总督能在全市行使他的审判权，而这是我们所绝对禁止的；他要求由他的计量人员和他所信任的人来购买麻袋底里剩下的东西，这种做法也是我们以后要禁止的；如果有人向他或他的妻子告状，我们同意他行使他的审判权，但只能在法庭里或在他自己的家里进行审判。为了使任何事情都不能不按照这里写着的办，我们规定，本特许状应由我们名义的权力机关盖印和认可，

288 使它可以明白地表明，为了保卫和维护我们的意志，应做何事和什么事物应永久存在。耶稣降生1115年，即我在位第七年，王后阿德莱德在位第一年，签发于博韦。当时在我们王宫里出席并签名盖印的有：宫廷总管昂塞尔姆；侍卫长吉斯勒贝尔；将军于格；御前大臣居伊。由大法官斯蒂芬亲手书写并签字。”①

胖子路易的这份特许状，像我们看到的那样，是1115年在博韦颁发的，这个日期确定了他在他不得不干涉的那个长期流血纠纷之后到那边去旅行的时期。

德高望重的安塞尔于1101年死后，艾蒂安·德·加兰被选为他的继任者，这是一个在他的领地里很有影响并深得国王信任的

---

① 《法令汇编》，第XI卷，第177页。

人；但是他没有足够的教士风度，同时他在选举中的某些不正当行为使许多教士不同意他当选，教皇帕斯卡尔二世便宣告选举无效并命令重新选举。于是，沙特尔的伊夫斯的一个门徒和朋友加龙被任命为主教。对这位新主教似乎没有人提出任何谴责的话；但国王生气了，因为人们竟这样来拒绝他的亲信，他还不相信坐立不安的伊夫斯会优于加龙，于是他绝对反对加龙就任主教之职。这就必须对王家的意志让步，而于 1103 年另作新的选择。于是戈弗雷成了博韦的主教；加龙被调到了巴黎。

如果博韦城里没有激起这么多的动荡不安的事，没有削弱各权力机构的力量，没有让骚动的激情得到较多的自由，所有这些纠纷就不会发生。教会和城市都被分成互相剑拔弩张的几派，于是发生了暴乱，这是仇恨和报复的一个有力的原因。只有一种力量能够从博韦的这种可以说是公认的法律秩序的暂停状态中得到好 289
处，而这种状态并不是一切状态中最正常或最为人们所希冀的。教士会在这两年的间歇中已经把主教的权力作为一种权利继承下来，并由于行使了这种借用的权力，更大胆地扩展它天天在篡夺的权力。它不久在一件对这城市来说是不幸的事、对司铎们来说是羞耻的事件中找到了展示其抱负的机会。

1113 年或 1114 年仲夏的一个星期日，“某一个在其人民中相当有地位的名叫雷诺的骑士，晚餐后被他的一个博韦同乡阴险地弄死了。”①这些是吉尔贝特·德·诺根特说的话，但他仅仅顺带

① 《吉尔贝特·德·诺根特的一生》，第 I 卷，第 17 章，第 436 页。载于我的《关于法国历史的回忆录集》。

地说到了这件谋杀案，忘了提及它是如何成为奇特而重要的案件的。案犯不仅有博韦的居民，有一个司铎是此案的唆使者和主犯。国王一听到这件事，立刻宣布他要审理此案。教士会顽强地反对他，假托说，此案属于对一个教士的裁判权，但胖子路易唯恐丧失树立自己威信和担任那大大有助于法国王权的独立平等的角色的机会，不容许自己被这种抗议所左右，而靠自己的官员来追究这件事，下令把货物和犯罪的骄横的人扣留起来。于是，教士会第一次运用它的新权力，置全市于禁令之下；国王对此更加恼火，博韦的自由民站在他一边。事情发展到这样一个地步，许多司铎被迫离开该市；他们的苦难在法国的许多教堂里成为大众怜恤的主题。

沙特尔的伊夫斯写信给他们说，“那封包含着关于你们种种不幸事件的细节的信，自从它在我们群集的教友们中间
290
公开宣读之时起，已使我们流了许多泪。确实的，谁能阅读了关于你们被放逐、关于自由民施加于你们的种种讨厌的事、关于劫掠你们的家宅和使你们的土地荒芜、关于只有暴力才能作出的种种事情以及俗人们对教士们的傲慢和妒忌的种种报道而不流泪的呢？至于禁令是否正当，对国王来说，有什么关系呢？

“因此，要好好注意，看到你们财物的损失，你们切不可灰心丧气；实际上，爱财富就会产生出软弱，软弱中会产生出使声名狼藉的丑事，如果你卑贱地把自己的头颈置于俗人的脚下，那你就绝不能逃避这些事情。……至于我们，最亲爱的教友们，毫无疑义，我们是站在你们这一边的，在一切事物方面，将按照我们的资力，尽你们的希望来支持你们；请考验我们吧。”[①]

沙特尔的伊夫斯对于他的司铎们的坚定性仍不十分信任，但他努力使他们比较坚定一些；他以比他劝告他们的语气更为谦卑的语气为他们向国王说情：

大约就在这个时期，他写信给国王说，“使仁慈与正义保持平衡，从而使这一个由于另一个而变得柔和，这是与巍然崇高的地位相称的：不要让轻率的仁慈鼓励人们的骄横，也不要让过分的严酷窒息了仁慈……为了这个缘故，我心里跪着哀求陛下，明白表示，在陛下的眼里，我已得到某种恩惠，因为您为了爱上帝和我们，愿意为这件杀人案如此对待教士和人民，使无辜者可以不遭践踏，由于穷凶极恶的猜测而犯的鲁莽行动可以不用倔强和傲慢者应得的惩罚来惩治，而用后悔的鞭笞来纠正：因为这相当于说，皇家的公道并不 291
同样地对待它的一切子民，因为害怕凶恶的狂怒会在惩处的表面下偷偷地潜入，而过度的恐怖会使昔日的亲爱的人民四散到国外去，而陛下原来可以在王国的一切城市里从这些人民取得有益的服务。……至于施于博韦教会的禁令，我不同意那种措施。”[②]

我不知道是否这些论证感化了胖子路易，或者是否他对终止这个其重要性超越于博韦城墙之外的事件，另有其他的动机；可以肯定的是，他于1115年怀着最和平的意向到了那边，渐渐与司铎们取得了和解，确认甚至扩大了他们的特权，并通过我上引的特许

① 《历史学家文集》，第XV卷，第169页。

② 同上。

状使自己成为大家欢迎的人，从厄德的强征暴敛下解救了博韦的居民。至于杀雷诺骑士的人其下落如何，是否已经伏法，无人知悉。但很可能的是，犯罪的司铎被非常宽厚地开释了，如被判刑，那将落在他的同谋者、一些没有特权保护的不重要的人身上；因为在这个时期，这个自治城市似乎没有要求司法权这个至高无上的特权。

在好多年里，胖子路易没有一年不给博韦市民颁发一份小小的特许状以证明他对他们的关心，虽然这种特许状所涉及的利益在我们看来无足轻重，但那些与它们有更密切关系的人肯定是用不同的眼光看待它们的：十二世纪的自治市自由民不惜以自己的生命换取安心地享受那些我们由于已非常习惯甚至想都想不到的那些个人权利。

“以神圣的三位一体的名义，阿门。我，蒙上帝之恩的法国国王路易，通知大家：我们容许博韦人，如果他们中任何人的房屋坍

292 毁了或是被烧了，他们可以无须请求任何人的许可而按照与以前的同样的并经三个有相当资产的邻居证明了的样式重建这所房屋。此外，我们容许，他们所建或所购的桥或架在河上的木板如果倒坍或被焚，可以重建或修理，无须取得由任何人颁发的执照。还有，他们从主教那里买来的桥和木板永远属于他们和他们的继承人所有。至于这些桥，我们规定，他们在重建它们之前必须提出由三个有资格的人写的关于它们以前的状况的证明。此事不得遗忘或违反，我们已经写成正式文件并签名盖章于其上。耶稣降生1022年，颁给予蓬图瓦兹。”①

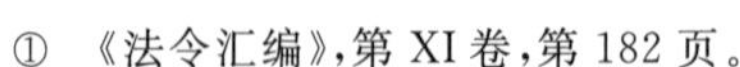

① 《法令汇编》，第XI卷，第182页。

胖子路易还为博韦自治市做了更多的事；他批准了它，规定它，创立它。他颁给它一份实事求是的特许状，规定了这个自治市各权力机构和它的权利和义务，并保证了它的存在和特权。这个特许状看来已被主教和该市的自由民所接受：它在青年路易后来颁给的那些特许状里常被引用，在博韦自治市的各种法令中也常被提到；不幸的是，这份特许状早已不再存在，我们不得不信任青年路易的说法作为它的内容，青年路易自称在他自己的特许状中重述了它。我们可以立刻看出，有时这种说法是多么不正确。我们也没有任何足以指出胖子路易颁发这个特许状的日期的文献；青年路易在 1144 年说的这是他父亲在那时很久之前（multa ante tempora）颁给的这句话似乎足以支持《法国国王们的法令汇编》的编者把它归属于 1103 年或 1104 年颁发的特许状的那个意见；但我们又如何能相信，如果这个特许状在 1115 年和 1122 年的那些特许状之前就已存在，那在那些特许状中怎么会没有提到它呢？ 293
我们怎能认为，在我们刚才叙述的争吵中，人们会丝毫没有提到它呢？我们又怎能认为博韦新当局的任何一个权利要求都丝毫没有泄露它们的存在呢？因此，如果不敢定下一个日期（因为没有任何事物能指定一个日期），我不能承认它是 1103 年或 1104 年颁发的特许状，同时，我认为博韦的大宪章是在胖子路易当政的末期颁发的。

有人猜测 multa ante tempora[在那时很久以前]这几个字在青年路易的特许状中原来是没有的，是人们在较晚的一个时期里插进去的；是从菲利浦·奥古斯都的特许状中借来的，它们在那里出现自然得多。这个猜测也许是正确的。

胖子路易死于1137年8月1日。青年路易一听到他父亲亡故的消息,急忙离开他在普瓦捷举行的他与吉昂纳的埃莱奥诺结婚同时加冕为阿基坦公爵的盛典。他此行的目的地是卡佩王朝诸王的实际首都巴黎。但他的路线使他通过奥尔良,而他在那里顺便发出的某些命令唤起了这个自治市自由民对他的怀疑,于是在这个问题上发生了动乱。然而他的当政的这个令人不快的开端似乎并没有妨碍他跟着他父亲的脚步表示自己是自治市自由民种种自由权的保护者。我们看到,他在1144年通过下列特许状确认和保证了博韦自治市的那些自由权:

"以神圣而不可分的三位一体的名义,我,蒙上帝之恩的法国国王和阿基坦公爵路易,通知一切现在在场和将要来的人:我们同意并确认我们的父亲路易很久以前颁给博韦人民的自治市特许状,连同他们的一些习俗,但宗教信仰除外,因为它是我们应得之份,随着各人所奉行和宣誓的不同而不同的。这些习俗如下:

"一切居住在本城城墙之内及其近郊的人,不论其所居之地属于哪个领主,都应向自治市宣誓,除非其中有些人由于贵族们和那些已向自治市宣誓的人的劝告而自己放弃。

"在整个城市里,每个人都应按照自己的能力忠诚地帮助其他人。

"任何人如对一个已向自治市宣过誓的人犯了罪而被诉诸自治市的参议们,则参议们应根据他们作出的判决,适当处置罪犯的人身和财物,除非他按照他们的判决改正自己的错误。

"如果犯罪的人匿居在任何一个坚固的城堡里,则自治市的参议们应与城堡领主或其代理人商议,如能根据他们的判决使自治市的敌人作出赔偿，那就算了；但如果城堡领主拒绝让罪人赔偿损失，则自治市的参议们可根据自己作出的判决适当处置罪犯的人身和财产。

“如果一个外国商人到博韦来做买卖、而有人在博韦辖境内侵犯了他的权利，因而被控告到参议们的面前，如果这商人能在市内找到他的罪犯，则参议们应根据自己作出的判决给他以帮助，除非实际上这个商人是自治市的一个敌人。

“如果这个罪犯隐匿到一个坚固的城堡里，商人或参议们可以捎信给他。如果他赔偿商人的损失或证明自己没有做任何错事，则自治市应感到满足。如果他既不赔偿损失，也不证明自己无罪，则应根据参议们作出的判决，对他加以适当的制裁，如能在市内逮到他的话。

“除我们和我们的宫廷总管以外，任何人都不得将这样一个人带进自治市里来，这个人损害了自治市里的一个人，但没有根据参议们的判决赔偿受害者的损失。如果博韦的主教本人由于误会将一个损害自治市权益的人带进城里来，则他知道误会后也不得再将他带到那边去，除非得到参议们的同意；但这时他可以安全地将他送回去。

“每个磨坊里只能设置两个磨坊管理员；如果人们希望设置更多的管理员或将任何其他陋习塞进磨坊来，并向参议们诉苦，则参议们可以根据自己的判断帮助那些诉苦者。

“此外，如果博韦的主教要去我们的三个法庭或到军队中去，他每次只能拿三匹马，并不得向自治市所不熟悉的人要马；如果他或他的任何一个仆人已从一个人手里取得了一匹马的补偿费，他就不得另拿一匹马以代替那一匹；如果他不这样做或想欺骗人而被人向参议们控诉，则参议们可以根据自己的判决帮助控诉者。因此，如果主教有时想送鱼给我们，他不得因此而拿走一匹以上的马。

“当自治市与其敌人作战的时候，自治市的任何人都不得将自己的钱赠给或借给自治市的敌人；因为如果他这样做，他就成为发伪誓者；而任何人如果被宣判犯有赠与或借给他们任何财物的罪，则将按照参议们的判决受到应得的惩罚。

“如果发生了这样的事，自治市机关派部队出城去抵御敌人，则如果没有参议们签发的许可证，任何人都不得与敌人谈判。

“如果自治市的任何一个人将自己的钱托付给本市的某一个人，而此人却躲进了一个坚固的城堡里，则受到控告的城堡主应将这钱归还原主或将债务人逐出自己的城堡，如果他既不做前面一件事也不做后面一件事，则应按照参议们的意见法办那个城堡里的人。

“自治市的人应谨慎地将自己的储备食物托付给一个住在市区内的忠实的管保者，如果托付给一个住在市区外面的人，则自治市对此不负责任，除非在城里找到这个犯罪分子。

“关于晾被单的问题，悬挂的两根桩柱应以同等高度插在地里固定起来；如果有人对此问题提出控诉，则应根据参议们的判决加以制裁。

“自治市的人如果把钱借给一个外国人，必须对自己做的事完全有把握，因为任何债务人都不能被逮捕，除非这个债务人在自治市里有保释人。

“自治市的参议们应宣誓不因友谊而偏袒任何人，也不因仇恨而放弃任何人，一切都按他们所犯的罪而处理。所有其他人应宣誓愿遵照参议们的决定办事，并帮助他们。至于我们自己，我们同意并确认参议们所作出的判决，而为了使这些事在将来仍然稳定，我们已命令将它们用书面规定下来，并以我们印信的权威，并签上我们的名字加以确证。耶稣降生 1044 年，即我在位第八年公开颁布于巴黎。当时在我们王宫出席和签名的有：我们的宫廷总管韦芒杜瓦伯爵拉乌尔；御前大臣马修；将军马修；侍从长——；由大法官卡奥尔亲手颁发”。[①]

这份特许状公布后不久，青年路易就出发去参加十字军东征，将其国事的管理留交其审慎而忠实的大臣、修道院院长絮热。因此，那些希望通过王家势力申雪冤情的人都转向了絮热；受到某个莱维蒙的领主的冤苦的博韦的自由民们都不找任

何其他保护者而只找这位有势力的但尼斯修道院院长了。但 297
我不能找到关于这个问题的细节，我也不知道絮热所作出的判决究竟如何。

“博韦自治市的参议们像对自己的皇上那样，向蒙上帝之恩的可敬的圣但尼斯修道院院长絮热大人致敬并祝颂健康(1148 年)。

“我们请求您，并像向我们皇上那样向您控诉，因为国王陛下已将我们交托给您监护。我们自治市的某一个人，一个自由人[②]，

---

① 洛伊塞尔，《博韦回忆录》第 271 页。

② 这里自由人这个词并不是指已经宣誓而成为自治市成员的人。我们发现，它有时被用于一种比较狭隘的意义，那时它的意思就是自治市的一个由于宣过一个特殊的誓而负有某种义务的官员。

听说他的两匹在四旬斋中被窃的马现在在莱维蒙，便在复活节的星期一到那边去取回。但是上述城市的领主加勒朗对我主的复活毫不尊重，竟下令将此无辜者拘捕，并强迫他以十个巴黎铸的苏的代价购买自己的自由，以五十个苏的代价购买这两匹马。因为这个人很穷，并以高利欠下了这笔款和其他许多款项，我们以上帝的名义恳求陛下，为使上帝和您自己增光起见，给加勒朗以适当的处分，使他将钱归还给我们的自由人，今后也不敢再骚扰您所保管的任何一个人。祝您健康。”①

298

但国王一回到法国，就发现自己和絮热一样有更好和更个人的原因和博韦的事务纠缠在一起。路易有一个兄弟名叫亨利，他原先在同一个时期里拥有许多教会的圣职、圣俸和土地等礼物，后来突然于 1145 年正当他盛年时把自己关在当时由贝尔纳管理的克莱尔沃的修道院里。此举虽不像在后几个世纪发生的那样显得异乎寻常，但已使许多虔敬上帝的人对这位年轻的高僧赞不绝口。博韦主教一职于 1148 年开缺，以前曾在那个教堂担任司铎和司库的亨利被任命为主教，使大众都感到满意。可是他辞不接受此职，郑重声明自己不配担当如此重任。看来这个谦虚既不是假装的，也不是夸张的；如果我们相信后来人们对他说的谴责的话和圣贝尔纳公开宣称的“他觉得自己无论在智慧方面或是在与人交往方面都不具备一个青年主教所应有的气质，而他的举止和所做的事都是与他的地位不协调的”，那我们就会认为亨利的拒任此职是出于真诚的，他比那些逼迫他接受主教重任的人对他本人有更好的

① 《法国历史学家文集》，第 XV 卷，第 506 页。

了解。但圣贝尔纳不愿将作出这个决定的责任放在自己身上，只有克吕尼修道院的长老皮埃尔的受人尊敬的权威成功地克服了他和他的修道士的顾虑。

我不知道路易对推选他兄弟是否不怀好意，但亨利一就任博韦的主教，我们就发现这位主教处处与国王发生龃龉，教皇不得不干涉这个争端，教士与市民一直忙于进行和解，以致忘记了开始卷入一场反对国王的叛乱这样一个危险。絮热判断事态已十分严重，便于 1150 年写给他们大家一封既是恐吓又是哀求的信。关于这场争吵的起因，史学家们没有给予我们丝毫讯息。

絮热致博韦主教亨利，致博韦的教士和人民

“蒙上帝之恩的圣但尼斯修道院院长絮热通过万王之王和法国国王向可敬的亨利主教和博韦圣皮埃尔教堂的教士会以及教士和人民祝颂天上和地上的安宁。我在当今的皇上和他的父亲的治下始终忠实地为你们的安宁而辛勤劳动，当怨言起来时我始终不让任何礼物玷污我的手；现在我虽被一系列疾病禁锢着，但还是要以那份节操的名义，通过一切可能的劝诱手段，要求你、劝告你，恳求你不要对皇上、对皇位举起罪恶的手，他是一切大主教、主教和贵族的支柱，根据公正的头衔，我们应该对他尊敬和忠诚。这一行动是对你绝不相宜的。一个如此无情无理的轻率行动在这个时代里是新而闻所未闻的，而你不能长期保护城市和教堂使其免遭毁损。因为你自己可以轻易地看到一切邪恶的后果和一场由主教或其所照管的人民组织的反对他们共同的皇上的叛乱的一切危险，

尤其是如果这场叛乱是没有与高级教士和主教们以及王国里的贵人们商量过的话。仅仅这样一个理由就可以纠正你的这种推测，这就是:你从未听说过你的祖先们曾不遗余力地进行这样一种图谋，你也没有在古代诉讼史中看到过这样一个犯罪计划的例子。你为什么要在我们皇上这位热心做一切好事、虔诚保护各教堂的人没有丝毫意思要不义地掠夺你或任何其他事物的时候昂起头来反对他呢？如果他被坏的忠告引入歧途，偶然对你做得不太好，则妥当的办法是，由主教们和王国的贵人们告诉他这种情形，或者更恰当些由我们的圣父教皇告诉他，因为教皇是一切教会的头脑，他可以容易地调解一切纠纷。因此，但愿这位新主教能回想到教皇的高贵，靠着自己的谦逊和驯顺，为他自己以及他的教会和他的公民们重新博得国王的好感，而将一切留给国王的意志去支配，使恶魔的无信义的鼓动不能带来凌辱王室的叛国行为或不名誉的杀害
300 兄弟的行为或任何其他类似的罪行。

“如果我知道你们壮丽的教堂被毁了，而且这时有无数神圣的教堂被付之一炬，那我将说你什么呢，我亲爱的朋友，教长和副主教，和你们，教士会的尊贵的教士们？无所不知的他(指上帝——译者)深知道这种情形。我虽然是一个深为三日疟所苦的极其虚弱的病人，此刻也觉得深为此事所感动，欣然愿意牺牲自己而去平息这场叛乱。如果我听到你们城市被倾覆，你们的儿子和妻子被判处流放或被劫掠，无数公民被处死，那我将对你们说什么呢，我常常无私地怀念着的(因为我不记得我是否曾从你们那里得到过一个但尼尔)不幸的公民们？既然等着你们的必然是这种惩罚，那就让它立刻就来吧；

因为如果它由于什么原因被延迟了，那它就会以一种更值得怜悯的方式，被执行得更加横暴、更加严酷：因为只要复仇被延迟了，仇恨就会增长。可怜可怜你自己吧；让高贵的主教可怜可怜自己，让教士可怜可怜自己吧：因为正像一只蚂蚁不能拉一辆车一样，他们绝不能对抗国王的权力，保护博韦城免遭全部毁灭。如果我知道一些事，如果我有些经验，我，老于世故的我，我告诉你，你会看着你长期辛苦得来的东西转到强盗土匪的手里去。你会将对我们国王陛下与其一切继承人的怒火积聚在你的头脑里；你会将永恒的诅咒传给你的一切后代：由于老是回想到这一罪行，你会一笔勾销国王对国内各教堂的虔诚的帮助和永远值得赞美的慷慨，而这种帮助和慷慨曾使你的教堂和其他许多教堂富裕起来。要小心，要小心，深谋远虑的人们，因为我们没有第二次机会来写那些早已刻在你们城市的一个圆柱上的字：‘我们命令重建 Villa Pontium。’”①

两兄弟之间终于订立了一个协定，主教也将自己的精力调转了方向，他的反对其他对手的狂暴性格也不那么强烈了，但比国王更难对付。

这自治市由于它的持续和它在许多场合得到的庄严的保证而巩固了，因此对自己的权利有了信心，它的参议们希望考验考验这些权利。1151 年前后，自治市的一个人因某种权利受到侵害而感到冤抑，便向主教的法庭起诉，参议们反对这种做法，叫他撤销了他的诉状，要

① Villa Pontium 这个名称，在古代作家的书中，有时是用来指博韦市的，因为有大量的桥架在它的河流或小溪上(《法国历史学家文集》，第 XV 卷，第 528 页)。

求他向他们告状并由他们来判决。因自己高贵的地位和出身而沾沾自喜的法国的亨利,由于此举深深地得罪了他,同时自己又未能使市民感到满意,便于盛怒之下离开了他的主教管辖城市,来到国王面前要求他以他的封建主的地位来判决此案;路易这时毫无疑义已对他的兄弟很友好,肯定不想为了一个可怜的初生的自治市而与教士们闹翻,便前往博韦,并于他主持下重读和讨论了自治市的特许状之后作出了下列判决,这个判决是否与特许状上的诺言相符,我觉得是非常可疑的;但人们解释法律和条约时往往有这样的情况,他们一方面显得在确认它们,一方面却在废止它们。

“以圣父、圣子和圣灵这神圣而不可分的三位一体的名义,蒙上帝之恩的法国国王和阿基坦公爵路易,向我们一切时代的信徒们致意。用我们的统治权保护所有那些在我们统治之下
302 的人的权利,尤其是那些如果国王的现世的剑不来救助它们就会立刻被坏人的暴力所倾覆的那些教堂的权利,是我们当皇上的人所应该做的事。因此,谕令一切现在和未来的人们周知,我们的兄弟博韦主教亨利已向我们控告博韦市民,即他管辖下的人,说他们在自治权的掩护下违法的大胆行为又有新的发展,已篡夺了博韦主教和教堂的特权以及主教对每个自由民的审判权:此外,他们的一个自由民竟要求审判主教,主教迫于他们大胆的鲁莽行为不得不设法制裁和报复他们。于是,我们为这事来到博韦,亲自审理了这个案子,并当众朗读了自治市的特许状后,自由民们终于承认,全市的司法权只属于主教一个人,如果人们有非礼行为或是犯了罪,应向主教或其官员控诉。因此,我们以卓越的皇家威仪裁定,凡是控诉都得向主教提出,谁都不得在博韦放肆到干涉主教和教会的权利,尤其

是干涉其审判权，至少在其能执法的时候。但是，如果（这是上帝所禁止的）他竟不能执法，则准许自由民自己来执法，因为由他们自己来执法，毕竟比没有人执法为好。为了使这一切永远存在，有保证且无人违犯，我们已命令将它正式写成法令并隆重地盖上我们的玉玺，使其巩固。耶稣降生 1151 年颁发于巴黎。当时出席于我们王宫并签名盖章的有：我们的宫廷总管拉乌尔·德·韦芒杜瓦，侍卫长居伊，将军马修，御前大臣马修，和雷诺·德·圣瓦莱里，赫利·德·格尔培雷，亚当·德·布鲁斯拉尔，路易·德·考夫雷。由大法官于格亲手颁发。”[①]

这件事暂时由于这个判决而终止了，因为自治市没有力量同时与主教和国王两方面进行斗争，但那个时代的自治市自由民对于自己的权利要求是坚持不放松的，我们不久就将看到博韦的自由民重新开始这场争端。

303

1180 年，法国的亨利被任命为兰斯的大主教。我们可以认为，自治市高兴地看到自己从这个强大而傲慢的封建主手中摆脱出来；他的主教辖区转交给他的侄子、胖子路易的孙子菲利浦·德·德勒；但不知道此举究竟是为了使自己为他的新的子民们所欢迎，还是这个让步是用某种礼物从他那里买来的，这些礼物正是他几年后参加十字军时所需要的。菲利浦于 1182 年赐予博韦自由民以设置一个市长的权利，毫无疑问，这个设施大大增加了这个自治市的特权，因为我们看到，三十年之后，在博韦的记录簿中，对这个问题的痛心的怨言总没有像对主教们的那样宽大，虽然主教

① 卢韦，《博韦主教辖区史》，第 II 卷，第 289 页。

们自己往往是不宽大的。

博韦教士会向主教菲利浦老爷诉苦，作于耶稣纪元1212年6月1日的前夜。

“主教老爷是博韦的伯爵，铸币权是属于他的。

“在博韦自治市，习惯上有十二名参议负责对自治市的事务提意见：现在，这个城市的司法权属于主教，而这十二个参议中没有一个市长，在此混乱之时，那些受损害的人都得请求主教给他们审判。但现任主教已准许这些参议中可以有两个市长，现在人们都把他们的起诉状呈送给他们，正像呈送给他们的实际首脑那样，这有损于主教的职权；同时，既然在一个如此强大的人的时代，主教的审判权已被削减，那就有理由担心，如果他死后当选的是一个力量较小的人，这个审判权将会
304 完全消灭。因此，我们请求主教大人恢复事物的当初面貌，而在这个自治市里可以不设置市长。”①

司铎们未能达到他们所要求的目的；看来没有任何人支持他们，自治市仍由其市长控制着，而且市长的设置，在1182年，在法国新国王菲利浦·奥古斯都登基两三年后颁发给博韦自治市的特许状中得到了确认。

我不想在这里插入有许多条款与青年路易所颁发的相类似的整个这份特许状，我将满足于指出它们之间的不同之处，但我感到吃惊的是《法国国王们的法令汇编》的博学的编者们和奥古斯丁·梯也里先生竟认为这些不同之处是无足重轻的，因而仅仅满足于

① 卢韦，《博韦主教辖区史》，第II卷，第341页。

提示 1182 年特许状的原文，以为早先颁发的一些特许状几乎是完全相同的。这个疏忽是很严重的，因为它使博韦历史上的许多事实成为完全不可理解的了：例如，如果我们把不断地说到市长及其职能并规定了选举市长的方式的菲利浦·奥古斯都的特许状看作是原始的特许状，从而是在这个争端之前颁发的特许状，那我们怎么能理解菲利浦·德·德勒在博韦设置市长和教士会对这个问题的怨言呢？

因此，我认为我应该确切地指出菲利浦·奥古斯都的特许状与其先人的特许状之间的不同之处。

菲利浦·奥古斯都的特许状

第 1 条——ancestor 这个字代替了 father 这个字；由本特许状引入青年路易的特许状的那些新事物是指："我们同意，等等，等等"以及"本特许状所包含的那些惯例"这种词句。 305

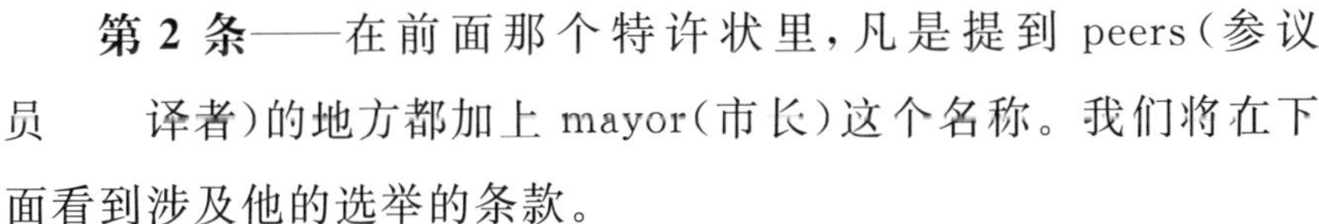

第 2 条——在前面那个特许状里，凡是提到 peers（参议员——译者）的地方都加上 mayor（市长）这个名称。我们将在下面看到涉及他的选举的条款。

第 13 条——在青年路易的特许状里，这一条是没有的：它出现在"如果自治市的任何一个人把自己的钱交托给市里的一个人"这一条的后面，并且是这样说的："如果任何一个人抢了市里的一个人的钱，而躲藏在一个坚固的城堡里，这件争讼案子被送到市长和参议员面前时，应遵照市长和参议员的判断对这个人加以制裁，如果他们能与这个人会面的话，否则就对城堡主的人和货物进行制裁，除非他们归还这笔钱。"

我们在 1144 年的特许状中看到，代替这第 13 条的有一条条款是用下列词语表达的："自治市的人将自己的粮食交托给他人时应十分谨慎。"这在新的特许状里就不是这样的。

第 14 条——在"悬挂布匹的各根支柱应以同样的高度插在地里"这句话之后，在菲利浦·奥古斯都的特许状里还有下列这些话："任何人在有关支柱的任何事情中，如果收受布匹，收买布匹本身，或任何与布匹有关的东西而被提出控诉的话，那他就是犯了罪。等等。"

第 16 条(一条新的条款)——"如果自治市的任何一个人买进一块继承的地产，已管业了一年零一天，且已在上面盖了房屋，如果这时有人对这块地产提出权利要求，可以不给他任何答复，买产者可安然无事。"

306 **第 17 条**(一条新条款)——"自治市里应选出十三个参议员；如果已对自治市宣誓的人愿意的话，其中一两个可被任命为市长。"

第 18 条——我们在 1182 年的特许状中看到，在"我们确认并同意这种判决和决定，等等"之后，还有下面这些话："我们也同意，本特许状在任何情况下都不得在城外执行，而在我们已经同意和确认之后，任何人说反对它的话都可不予答复；为使本特许状长期不被违犯，我们已盖上了我们的玉玺使之具有威信。颁发于耶稣降生 1182 年，即我在位第 3 年(当时在我们王宫出席仪式并签名盖章的有：侍卫长居荣；御前大臣马修；将军德里欧)。[①] 这最后一

① 索耶尔，第 284—299 页；《法令汇编》，第 VII 卷，第 621 页；第 XI 卷，第 193 页；梯也里，《法国历史书信集》，第 300 页，第 3 版。

句在拉丁文版本里是没有的，只有一个古法文的版本里才有，但那个版本看来也是非常古老的。

这个良好的协议并没有在菲利浦·德·德勒与博韦自治市自由民之间保持很久。这位威武好战的主教在他与英国人或自己的邻人进行的无数次战争中的某一次战争中，约于1213年或1214年，要求该城各城门的钥匙归他所有。但已将钥匙据为己有的市长和参议们，我不知道他们怎样拒不将钥匙交给他。菲利浦便向国王控告，国王吩咐人们将钥匙上交给他自己，并规定钥匙的所有权属于主教。人们发现自己的权利已受到怀疑时，十分骇异，而讨论仅仅表明自治市力量和雄心的增长。但菲利浦这位法国国王的性情暴躁的堂兄弟，绝不是能静看着自己的权利被人侵犯的那种人。他看到人们竟与他争论城门的所有权，必然感到尤其生气，因为正是他亲自于1190年根据菲利浦·奥古斯都的命令，辛辛苦苦

增筑防御工事以加强博韦的防卫力量的。出发去参加十字军东征 307
的国王看到一个城市已保证能不受攻击，感到很满意，因为这个城市可能是法国国工们经常指望着去攻击的。

主教与博韦自治社团之间发生了另一次争论，后者无疑在侵犯其特权的借口下彻底摧毁了名叫昂盖朗·德·拉·图尔奈尔的一位先生的宅子。据说，那时昂盖朗并不是自治市的市民，也不是愿意服从它的人。因此，他向主教控诉，主教也希望解决这件事，但他不能说服博韦的参议们服从他的管辖，也不能使他们到他的法庭上来加以说明。于是双方同意用决斗的办法来判决这件事。双方的名单已奉主教之命在城外贴出，主教还派了一个斗士到那边去维护自己的权利，但菲利浦·奥

古斯都的到达使决斗不能进行。此外,解决这个争端的时机也选得不合适。博韦的主教与布洛涅的伯爵之间的争论仅仅是一场更大更具全国规模的战争中的一段插曲;任何一个热爱蒸蒸日上的法国的人,在1214年都在布汶急急忙忙参加保卫国家的安宁和生存的斗争了。这位主教和博韦的自治社团在这充满着爱国精神的记忆的日子里都表现得很杰出。看来他们在战场上都已忘却了他们以前的分歧;至少,在菲利浦·德·德勒于1217年死去以前,我们已不再看到他们之间兴起任何风暴了。主教已得到一条来自国王的命令,说博韦的市长和参议们应向他宣誓。看来他们在这里面并没有插入丝毫障碍。在国王的信里,有一个值得注意的事实;这封信是写给博韦城里的两个陌生人的,他要他们负责执行他的命令。法国的国王
308 们便这样在每一个场合,在每一个地方,利用他们的官吏扩大他们的权力,并不断地致力于养成一些独立于教士、贵族和社团之外的,除他们自己之外不与任何人打交道的正规的国家官吏。

"蒙上帝之恩的法国人的国王菲利浦致书于他的亲爱而忠实的吉朗·德·凡尔赛和雷诺·德·贝西赛,祝你们健康,向你们问好。我命令你们让博韦的所有的人,市长和Jurats[市政官][①],以及自治市的其他一切人士,按这个方式,向我们亲爱的亲戚和博韦的忠实的主教宣誓效忠。让每个人指着神圣的四福音书宣誓,忠

---

① Jurats,在这个情况下,这个字必定被看作和参议员(peer)同义,而不是和自治市的一般成员同义。这种混乱随时可以出现。

实地保卫主教的躯体、他的生命、他的荣誉、他的动产、他的权利，除了对我们承担的法律以外。在此之前，你应该先让他们按照这种方式向我们宣誓效忠。耶稣降生1216年写于默伦。”①

米伦·德·南特伊在排除了某些障碍之后，继承了菲利浦·德·德勒的职位。他与自治市自由民之间保持着一种融洽、谅解的关系。在他担任主教的最初十二年中，没有任何与外界、与国王或与毗邻的领主争吵的事来打扰他，直到路易九世，或说得更确切些，摄政布朗歇颁发了一个非正式的法令，才打破了这种长时间的宁静。

菲利浦·德·德勒的特许状和菲利浦·奥古斯都的特许状，你们知道，已给了博韦的自由民以选举市长的权利，市长的任务是协同参议员管理自治市的事务。1232年，这个任务将被赋予时，我们在关于这事的有点混乱的报告中看到，有两个党派使自治市发生了深刻的分裂：一个党派系由地位高的自由民、富裕的人和今天被称为工业家、当时被称为兑换商[changeurs]的人所组成；另一个党派的成员则是社会地位较低的人，那些充斥于中世纪各城市的好乱而有妒忌心的平民百姓，他们随着财富和文化的发展使自由民的地位日益高过自己、使自由民的利益日益与自己的利益分离而变得愈来愈激烈、愈来愈难以驾驭。

309

这位摄政之所以想干涉博韦的事务也许是由于他自己的爱好；也可能是地位高的自由民想在王家权力中寻求一个支持力量以对付其对手们的动乱。不管实际情况如何，国王任命了一个异

① 卢韦，《博韦主教辖区史》，第II卷，第344页。

乡人为本城的市长，这看来是一个很大的错误；我们看到自由民们都在四周热切地监视着这个闯入者，对于他的非法的任命，他们是有理由愤然加以反对的。

已在其党派势力和权利方面受到了双重创伤的博韦老百姓不甘心屈服于这种被篡夺的地位；于是爆发了一次狂暴的叛乱。我可以在这里叙述人们所犯的暴行，这位青年国王为此而进行的报复，主教对侵犯他的作为高等法院法官的权利的抗议，国王对待这些事情和在某些场合对待主教的傲慢态度，主教因此而向省议会提出的控诉，和最后，这件事的结局，或说得更正确些，这件事的结构；但我宁愿用从那个时代的语言和爱好借来的着色法来叙述这些事情。我在这里还要加上必要的说明，将 1235 年对这些情况所作的调查移译出来；仅仅为了更好地理解所叙述的事情，有时颠倒了证言的次序，但没有在其中增加或改变什么东西。因此，我要从第二个证人开始，因为他更能使你们了解第一个证人。

310

第二个证人

“骑士巴托洛缪·德·弗拉诺伊说，博韦市的自由民和平民之间早已有不和。桑利斯的一个自由民罗贝尔·德·莫雷奉国王之命担任市长后，自由民和平民之间在这个问题上发生了新的冲突；因为许多平民自己想任命市长，他们攻击市长和被称为‘兑换商’的市里的主要人员，把他们投入监狱，据证人作证说，还把他们打伤和杀死了几个。这场袭击发生后，大法官立刻就派证人到驻在布拉耶的主教那里去，告诉主教不要到博韦城里去，除非有足够的武力。这个证人在半路上就遇到了正在前往博韦的主教，便告诉他这个消息；但主教不愿让这个消息挡自己的驾，他在夜间进了博韦城。在听取了事情的整个经过之后，便商议如何为这些事求得公正的解决：大约在半夜里，主教听人说，国王快要到达博韦了，他便派这个证人和官员罗贝尔师傅去谒见国王，请示他对这个重大问题的意见，并说主教准备遵照国王的意见进行审理。国王对此回答说，他自己要来审理此事，王后[①]也作了同样的回答。因此，那一天国王来到布拉耶时，主教便前往请求国王不要到博韦去妨碍他，因为他已准备遵照国王的决定进行审判。国王回答说：‘我要到博韦去，你将会知道，我要做什么事。’

“国王进了博韦城，并去了主教的家。主教再次请求他不要做任何妨碍他的事，因为他已准备按照国王的决定审判罪犯。但国王毫不让步；并于第二天和以后的几天中宣布了禁令，摧毁了一些房屋，抓了一些人。”

第一个证人

“这位修道院首席副院长、博韦的司铎说，三年前四旬斋前后的某一天，具体日期他不记得了，他到在努瓦永城里召开的兰斯市议会去，他在那里听到前博韦主教、已故的米伦，在向议会控诉国王在博韦加予他的种种损害。当时国王不顾他的抗议、警告和恳求，带着武装部队进入他的城市，后面还跟着自治市的许多人民，

---

① 卡斯蒂尔的布朗歇，圣路易的母亲。

说是因为在这个城市里发生过一些杀人和其他重大的犯罪案。国王入城后就宣布禁令、抓人、夷平房屋并捣毁属于主教管辖的家具，所有这一切全都有损于他的领主权和司法权，因为该市的一切管辖权及其行使权都是属于他自己的。为了证明这一点，这位主教提出并朗读了法国国王[①]写来的一些信，这些信都确认他的领主权和他在该市的整个管辖权；他还恳求市议会反对这些事并帮助博韦的教会。

“关于这些事，这位主教曾派其官员和一个骑士去报告并请求国王；下一天，即洁身日的前夜，或其前一天，国王正在布拉耶，这位主教就到他面前去说，‘陛下，请勿冤枉我，我作为您的忠仆，请求您不要干预这件事，因为我准备立刻公正处理这件事，连同您的议会的意见。我还请求您派一个您的顾问跟着我，使他可以知道

312 我究竟处理得是否公正。’但这位主教直到现在还没有从国王那里得到赞成的答复。

“第二天，国王进了博韦城，主教带了教士会的几个人去谒见国王，再次以上述态度请求他，并将国王路易写的涉及博韦主教拥有的管辖权的信和教皇写的也是关于这事的信[②]读给他听，并再次请求他说，‘不管国王下令叫人如何审理此事，假如此事由他主教本人或他的代理人来审理，他愿意在这件事上和国王的议会商量着办’。他以主教的身份通知他，但国王没有给他任何重要的答复。当禁令由国王方面宣布、房屋被摧毁、人被拘捕后，主教向国

① 1151年青年路易的证书，收入法国亨利的事件中。

② 教皇卢西乌斯三世的确认青年路易的特许状的敕书。

王控诉，并要求他将被他剥夺的审判权归还给他。

“市议会回答这位主教说，拉昂的、沙龙的和苏瓦松的三位主教将被派到国王那里去，并代表市议会通知他改正这些事，如果他不改正，则这三位主教将到博韦去调查这些事。这位证人还说，他听这三位主教说，他们已经通知国王，如果他愿意可派个把人参加这项调查工作。于是，这些主教来到博韦，进行调查并接待了许多市民；这个证人认为，其他方面的市民也已向他们提出了证据。主教们建议，被国王任命为城防长官的西蒙·德·皮西和皮埃尔·德·黑尔在调查时应该到场，这个证人看到这些官员都到场了。于是调查结束，主教们按照事前约定，向市议会作了报告；市议会作出决定，必须一而再、再而三地通知国王，这个证人知道大主教和主教们都去谒见了国王，并通知了他两次；他知道这事，因为他和他们在一起。

313

“此外，他说大主教后来带了许多高级神职人员和博韦教士会的使者去见国王，他们恳求他、通知他要怜悯博韦的教会；但国王丝毫不做这种事。于是，大主教和几个高级神职人员会商后，下令按照他信中表示的方式宣布停止教权的判决。可是，他相信这个停止教权的命令是仅仅由兰斯的大主教发表的，但这个在兰斯行省里制定的禁令在拉昂和苏瓦松两个主教辖区里都得到了遵行。”

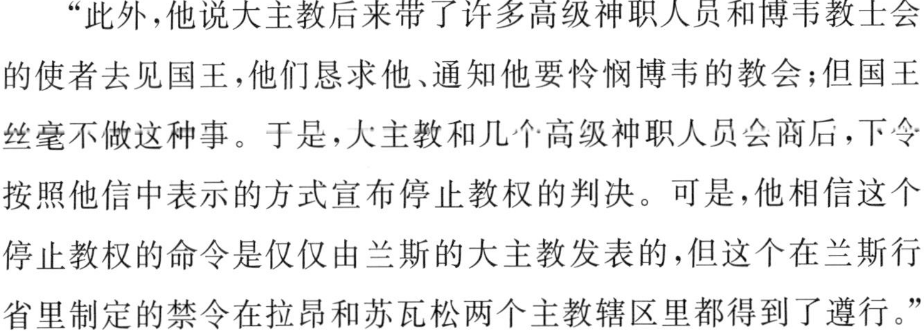

第三个证人

“拉乌尔，博韦的瓦斯特教堂的一个教士，宣誓作证说，他曾听说，这个停止教权的禁令是由市议会发给兰斯省的，因为国王对教会作了不公正的事；还说，他在博韦，那是在三年之前的洁身节，当时，在这个节日的前夜，国王带了许多兵和自治市的人来到博韦，在节前的那个星期一，在公民和平民之间发生了一场小冲突，他看到平民牵着由国王任命的市长，市长的紧身上衣被撕破了，长袍被撕到腰间；许多人被杀死或受伤，并听到平民们说‘我们就是这样叫你做市长的’。现在国王在任命这个市长上已对主教做了一件不公平的事，因为博韦的习俗是，这十二个参议应互选出两个市长来，并将他们介绍给主教；而在这个场合，国王却任命了一个异乡人为市长。

“他说，除此之外他还记得，三十六年前，当国王菲利浦对国王理查德作战时，那里的人民捣毁了某一个昂盖朗·德·拉·图尔奈尔的房屋，为此，菲利浦主教传询了某些自由民；但因为这件事，主教和自治市之间有了很大的矛盾，最后，国王菲利浦来到该市，
314 便发生了一场大动乱。

“这位国王[①]于是派西蒙·德·皮西、某些骑士和一些官吏去支持该市反对主教的权利。主教以自己的名义通知这些人离开该市。这些人顶着不走，结果都被革出了教门。主教还以同样的方法，按照上述方式，警告博韦的市长和参议们，接着也把他们逐出了教门。

“于是，国王的两个官吏桑斯的杜朗和巴黎的克雷蒂安，住进了主教的住宅，夺取了他的房屋和葡萄酒，并征收了主教往年征收的地租，而皮埃尔·德·黑尔卖掉了主教的葡萄酒；主教来到博韦时，只得暂住在司库那里。”

① 圣·路易。

第四个证人

“一个名叫皮埃尔·德·梅斯希纳的教士说，这个城市的司法权是完全属于主教的，即关于谋杀、强奸、流血、盗窃、通奸等案子的审判权，以及抢劫案中的搜查住宅权和公路管理权。”

第五个证人

“圣·卢西安修道院院长、博杜安·德·穆奇的兄弟埃夫拉德领主说，国王有权征发市民参加他的入侵和他的战争，或者如果他愿意的话，收取兵役代金；他还说，他曾听说，他有时收取一千五百利弗作为兵役代金，有时少些。”

上面这个证言外表看来似乎并不比许多其他证言更多地涉及
调查的目的；可是它表明了主教的、国王的和自治市的各种不同的
权利。此外，我们在其中发现了一些关于这三种截然不同的势力 315
的特权的奇闻怪事。”

第六个证人

唱诗班领班贝尔纳德大师宣誓作证说：“主教米伦对教士会说，某一个兰斯的主教曾约许他，如果他将这个禁令施加到自己的主教区，则这个禁令将会施加到该省的一切主教区，他真的将它施行到了他自己的主教区，接着，来到奉兰斯领主之命在圣康坦举行的会议上来，在这个会议上，这个禁令被取消了，因为希望得到和平并与教皇的信函相一致。”

事实上，主教米伦真的强制施行了这个禁令；但为了要取得博韦司铎们的必要的合作，他不得不与这些傲慢的同事磋商，并向他们提出下列声明：

“由于上帝的仁慈而被任为博韦主教的米伦向一切将看到这些信件的人致意，并祝愿大家得到上帝的拯救。我通知大家，由于我已于 1233 年 6 月星期一使徒巴拿巴节起遵从禁令，我自愿不再做任何有损于博韦教士会权利的事，并从这个禁令实施之日起，不管它将持续多久，我将不再从上述教士会取得任何财产权或陋规；但我希望博韦教士会和教会在各方面都完全处于这个禁令在博韦教会及与它一致的教士会中宣布之前的同样的状态。

“耶稣降生 1233 年 6 月颁给。”

两年之后，米伦的继承者戈德弗鲁瓦·德·内斯尔，由于同样的原因，在主教区内重新颁布了这个禁令，同时觉得自己也必须发
316 表一个类似的声明；我们便在那里读到了这个著名的文告：“我通知大家，我已将本主教区置于这个禁令之下，并请求教士会，出于怜悯我，遵从这个禁令。教士会已听从我的请求，根据他们自己的意见，接受这个禁令。”

第六个证人(续)

“他说，这是在这个城市的平民起来反抗该市的市长和货币兑换商三年后的洁身节的前夜，市长和货币兑换商刚用武力占领了他们躲入的那幢房屋，[①]隔壁那幢房屋被纵火烧了起来，他们在袭击下被逮捕，其中几个被杀死。

① 这幢房屋是一个枪炮制造者的。

“他还说，第二天夜里主教来到博韦。同时他听说，这件事中罪行最大的八十个人，由于他们自己的供认，主教传唤他们去接受他的审判。于是他们和市长罗贝尔·德斯穆里[①]商量，这位市长劝阻他们说，如果他们应召前去，他们的生命将有危险。于是他们不屈从主教而走开了。主教对这个劝告很生气并严厉斥责自己的人没有阻留他们；这些人回答说他们没有足够的力量阻留他们呀。这同一天，主教来到布拉耶谒见国王，第二天国王来到博韦，次日国王在博韦把那些被看作犯人的博韦人从主教的监狱里释放出来，并宣布他的公告说，一切的人都须到市场去；他们一到，他就把他们逮捕起来关在市场的屋子里，第二天把其中许多人逐出了王国。国王还把这件事通知了市长和参议们。

“有二十个人被杀，三十个人受伤；国王来的时候，那些被杀的和受伤的人的孩子们都来向国王控诉，但他的议会和自治市的议会都下令夷平有罪的人的房屋，因而有十五幢房屋被推倒了。自治市的市长作了最初的打击，自治市的人民完成了这项破坏工作。[②] 但国王在市里做这些事情的时候并没有对主教做任何不公道的事，因为主教本人没有执行审判，而市长对博韦的一个市民却用斧头来对他的身体、用摧毁其房屋的办法来对他的财物实施制

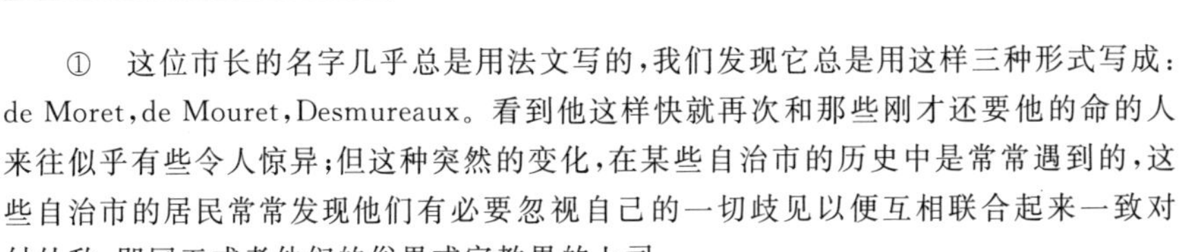

① 这位市长的名字几乎总是用法文写的，我们发现它总是用这样三种形式写成：de Moret，de Mouret，Desmureaux。看到他这样快就再次和那些刚才还要他的命的人来往似乎有些令人惊异；但这种突然的变化，在某些自治市的历史中是常常遇到的，这些自治市的居民常常发现他们有必要忽视自己的一切歧见以便互相联合起来一致对付外敌，即国王或者他们的俗界或宗教界的上司。

② 这个证人显然是偏袒国王的：第八个证人的证言完全属于相反的性质；因此他把被摧毁的房屋说成是一千五百幢，这显然是夸大了。

裁。”

第七个证人

“这自治市的一个人皮埃尔·马亚尔说，菲利浦与布洛涅的伯爵作战时，主教请求国王将该市的钥匙交托给他，而且他还亲自看到有人奉国王之命代表国王将这些钥匙送交给主教。他还说，城墙和壕沟都属于这个自治市。”①

第八个证人

318

“副主教皮埃尔说，耶稣降生1225年9月圣米迦勒节，当法国国王和布洛涅伯爵的平民们，像人们所说的那样，奉国王之命前往博韦时，他是在场的。条目，他说，当以前的主教米伦爵爷于我主降生1232年洁身节前夜，对国王说话时，他是在场的。条目，他说他出席了我主降生1232年四旬斋的第一周在努瓦永集会的省的宗教会议，当时主教将其官员写的一份控告国王陛下对他的不法行为的控诉状带到了会议上，这控诉状是用下列语句写的：‘神圣的神父们：博韦的主教奉告你们，在博韦的审判权和管辖权都属于主教的时候，他能审判博韦的任何一个人，主教本人和他的先人一直和平地享受着这个权利。现在国王陛下趁有人触犯他的机会，带了自治市的许多人，武装进入博韦城，并不顾主教的谏言和请求，在城里宣布他的禁令、逮捕了一些人、摧毁了一千五百幢房屋、

① 在这里，我们看到，这个城市从1214年起已争得某些东西；在其城墙和壕沟之内的土地财产因此而得到了承认和保证。

放逐了许多人，并在离开该市时向主教索要八十个巴黎铸造的利弗作为这五天的费用，[①]对此异乎寻常的新要求，主教请求国王陛下稍延时日，以便与教士会商议，但国王拒绝任何延搁，查封了属于主教住宅的一切东西而走了，把卫兵留在市里和主教的住宅里；为此，这位主教请求神圣的宗教会议给予他和他的教会以忠告和帮助……[②]

“条目。这三位主教来到博韦，并通知博韦的主教和那些在那里为国王陛下办事的人以及罗贝尔·德·穆雷和该市的参议们说，他们是宗教会议派来调查博韦教会的司法权和主教说的他所受到的损害的。于是这些主教调查了这些事情。

“条目。复活节第二周，当宗教会议召开并进行调查时，所说的这位证人到了拉昂。第二年，圣马丁节前的某一天(他不记得确实的日子了)，他到了博蒙特，在那里，他们就如何解决这个问题磋商了很久。由于兰斯的大主教(他说他得到宗教会议的许可)不能 319
办到这一点，他们就商讨提出这项禁令的方式，在那里出席的有桑利斯的、苏瓦松的、沙龙的、康布雷的和博韦的主教，但除了他们自己互相商讨之外，一无所成；那时，大主教和会议有很长一段时间待在一起，大主教对证人说，‘告诉你，判决书将被宣布。’”

实际上兰斯大主教的确带了几个主教和教士会的代表到博蒙特去觐见国王，恳求他饶恕博韦教会并与它和解；但国王不能答应他们，并打发他们走了。于是，大主教立即宣布了这项禁令。

① 圣路易索要的这笔钱，是上级封建主看望其下属时有权向其下属索取的一种东道主的贡金。

② 删节号的地方只是第一个证人叙述的事实的重复。

“条目，当苏瓦松主教不顾博韦主教的呼吁而代表大主教和出席宗教会议的主教们，宣布取消对博韦教会宣布的禁令时，他也在场，这件事是在圣诞节前的星期一或星期二和主教提出呼吁之前的星期日发生的。”

主教们解除这个禁令并不完全出于他们自己的意志，在某种程度上是迫于他们从各方面听到的叫嚷声。桑利斯主教区的两个教士会拒绝服从这个禁令；这个主教区的副主教们“鉴于他们没有由于停止为死者向上帝祈祷而得到任何好处，”威胁其主教说，如果他不解除这个禁令，他们就要上诉。拉昂和苏瓦松两个主教区绝对拒绝服从这个禁令。亚眠的教士会向兰斯的大主教声明说，它既不承认这禁令，也不承认宗教会议。最后，兰斯省的几个主教反对这个措施，甚至在宗教会议面前宣布他们要向教皇上诉。对这件事远为坚决的兰斯大主教，看到自己已不得不让步，而上诉是
320 博韦的主教所能采取的唯一的办法；于是他便求助于它，他的抗议是用下列语句写的：

“大主教阁下：您知道，为了博韦教会所受到的损害，经宗教会议许可，您和您的副主教们已将这个禁令施加于您的各个主教区；可这些损害一个都没有得到补偿；您十分明白，对我来说，这一点十分重要，即在我得到补偿之前，这个禁令绝不能废止；既然这个禁令是得到您和您的副主教的同意而宣布的，我要向教皇上诉反对它的废止。我将我自己、我的教会和我的案子置于他的保护之下。”

但教皇格列高利九世并不像人们可能预期的那样热心地着手处理博韦教会的事；他亲自说服主教解除这个禁令，作为安慰，答

应他如果他得不到赔偿，可以随意恢复这个禁令。外表上主教似乎已经决心服从了；但他看到这个结果，非常伤心，他隐退到罗马，不久便死于罗马。戈德弗鲁瓦·德·内斯尔于1235年继任他的职位，立即恢复了这个禁令，但后来也死于罗马，并没有解决这个与国王的重要的争端；但这时的国王是圣路易，他在这件事中表现得比我们可能预期的更加坚决，甚至可以说是固执。他甚至必须拒绝教皇格列高利的请求，现在还存在着一件具有这个名称的格列高利教皇的敕书：

“格列高利教皇敕书，为派使节到国王那里吸引他使他不再想到他对博韦教会所做的不公正的事。”

这位教皇在这件事上，另外还有三件敕书；最后一件的名称叫作：

“关于因国王对各地教会和主教们所作的损害而对兰斯省下的禁令的书信。”

博韦教会的副主教罗贝尔·克雷桑萨克于1240年继任戈德弗鲁瓦·德·内斯尔之职，国王终于解决了这件旷日持久的争端，这至少在国王方面，多半是依靠东道主应分权而不是依靠司法权而办到的；因为已就第一个问题达成了协议，所以随着便完成了和平，解除了禁令。这次的协议是一个决定性的协议，不像皮埃尔·德·德勒在某一类似的案件中仅仅为他的生命达成的那种协议。这里是这个条约的原文，它实际上是为了这种目的而签订的：

“蒙上帝之恩的法国人的国王路易通知大家，我们坚持说，为了使博韦主教或上述主教对我们友善，我们有权自由决定从他们那里取得怎么样的东道主应得之份；但鉴于现任博韦主教对我们很忠诚，同时我们愿意在这个教会的未来的主教们可能遇到的种种危险和经济负担方面，帮助这个教会，我们决定并容许将来担任博韦主教的人，在东道主应得之份方面，不必每年在我主升天节在巴黎付给我们和我们的继承者超过一百个巴黎铸造的利弗，不论我们去不去博韦；如果我们去博韦的话，所付的这个应得之份也不得超过这个数目。而为了上述这笔钱，我们免除博韦教堂对我们可能向它提出的对东道主应得之份的一切权利要求承担的义务，但我们对博韦的其他教堂可能有的其他权利要求永远除外，不在此列。为了使这个书契永远有效，我们已经下令用我们的印章来加以巩固，下面再签上我们高贵的名字。

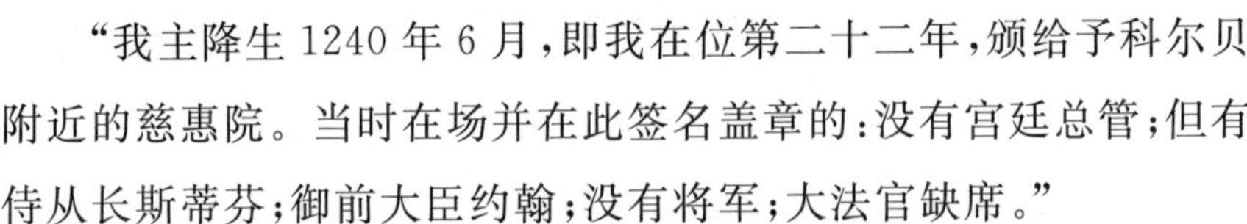

“我主降生 1240 年 6 月，即我在位第二十二年，颁给予科尔贝附近的慈惠院。当时在场并在此签名盖章的：没有宫廷总管；但有侍从长斯蒂芬；御前大臣约翰；没有将军；大法官缺席。”

322 博韦的主教们仍有办法使自己摆脱这种应付之款的一部分。国王已给予鲁昂的教士会一百利弗的年金，其中他只保留了应由这个教士会支付的二十五个利弗。博韦主教让·德·多尔曼于 1363 年为位于韦克辛的某些土地付了这笔年金，他将这些土地转给了这个教士会；因此，博韦主教每年应付给国王的钱只有二十五个利弗，如果国王来博韦，则是一百个利弗。

至于司法权，这个协议中没有提到，它更难以规定，而且像我们将看到的那样，是国王与主教、主教与市民之间的不断争论的一个原因。至于罗贝尔·德·穆雷这个许多分歧的原因，看来他平静地保持着他的市长的职位；诚然，他在市里拥有一个强大的党，即高贵的中产阶级党，如果一场狂暴的骚动使人们深感安静的需要,从而使自任为公众秩序的捍卫者和保证者的那些人取得权势的话,这个党几乎肯定能胜过它的一般的对手们。

1254 年,纪尧姆·德·格雷兹就任博韦主教,在他当主教的最初几年里,他的前任刚刚平息下来的争吵又恢复了。这次自治市必须得对付的是教士会,而主教大概从监视这两个他的权力的竞争者的斗争中得到了某种满足。1257 年巴黎议会颁布的命令清楚地说明了手头的这个问题:

"我主降生 1257 年,路易当政、纪尧姆·德·格雷兹管理着博韦的教会时,博韦的市长和平民向国王陛下控告博韦的副主教和教士会,他们阐明并坚持说,在国王们让与博韦平民的各种自由和特权中,在特许状里被承认和记录下来的还有这样一条:'任何人侵害一个市政官员而被告发后,市长和市参议员应按照他们的判决对犯罪者的人身和财物加以制裁。'他们说,已在修道院院长、骑士和许多其他人身上作出了几个例子。还说,上述副主教和教士会的某一个住在他们马勒伊尔地区的名叫埃蒂昂纳·德·莫奇的人打了市里一个名叫克雷芒的自由民,上述市长和参议员屡次请求副主教和教士会将这个犯罪者送到市里去使他可以按照他们的判决赎自己的罪,但他们不肯这样做;因此,他们要求国王强迫副主教和教士会做这件事。

"副主教和教士会方面坚持说,他们的那个人并没有被判定犯他被控的罪,他也没有承认犯罪,没有被当场捉住,并且表示要在他们自己即副主教和教士会以及他的领主面前维护自己的权利。他们准备并已建议市长和参议们传审上述的这个斯蒂芬,并对这件事发表意见,同时他们还欣然和诚挚地告诫他们的法庭要完全

公正对待任何一个控告这个斯蒂芬的人。

“听了这些道理，并检验了市长和平民提出的特许状，国王陛下和他的参事会决定，副主教和教士会应在他们的法庭上审理这件事。在1257年这同一年，在巴黎，在议会的满座的大院里，公开颁布。”

市民们对于这个使其对手得到完全胜利的布告一定不会满意；也许他们的失败在主教看来正是一个好机会，可以趁此对他们重新提出关于司法权的这个老问题，有利于他重新从事于此事而不让我们知道出于什么原因；而为了用以前的那种反抗来对付博韦的市长和参议们，他于1265年，在给予教士会以他们像要求于他的前任那样要求于他的最谦逊的声明之后，对博韦市及其郊区下了禁令。国王断定，这事应该有他在场，便前往博韦；主教仿佛为他的城市向国王表示敬意似的，在国王愿意在博韦停留的全部时间里，解除了禁令。我甚至倾向于认为，在路易离去后他也不恢复禁令，而双方出于对他们强大的调解人的尊敬，同意某种空洞的和解。他们违反自己的意志而抑制着的热情日益敏捷地重新激起，当纪尧姆·德·格雷兹的继任者雷诺·德·南特伊于1273年想违反当地的老习惯，擅自行使权力撤去市长和参议们在市里发生动乱时设置的哨兵时，博韦城又处于以前那样的动荡状态中了。人民暴烈地起来反抗对自己的权利的侵犯，主教鉴于自己不得不撤出自己的守卫者而让市民们为所欲为，便求助于那决不能拒绝给他的武力，并将这个城市及其近郊置于禁令之下。这个严厉的措施并没有终止暴动，却又增加了一再反复的关于司法权的争论。最

后，在两年的末尾，这个争论已变得严重得足以引起勇夫菲利浦的注意。仅仅他派到博韦去的人的人选就足以说明他赋予他们的使命是何等重要。他们是教皇的使节、红衣主教德·圣塞西尔；奥弗蒙的领主安索尔德和兰斯教堂的牧师。这三位高贵的使节在博韦待了一阵之后，终于使双方协议和解，一般叫作大和解（compositio pacis），卢韦说，毋宁称为大混乱。读者会毫不迟疑地承认这个批评说得公正。发生的种种事件就能证明这一点。

“蒙上帝之恩的法国人的国王菲利浦，通知一切现在的和未来的人，博韦的主教、我们亲爱而高贵的雷诺为一方，博韦市的市长和参议们为另一方，在这双方之间在涉及这里包括的若干条款方面，发生了不和与争吵；最后，通过我们的朋友和信徒、可敬的西蒙神甫，还通过教皇的使节，蒙上帝之恩的红衣主教德·圣塞西尔，骑士、奥弗蒙的安索尔德，和我们为此事派到博韦市来的我们的秘书、兰斯的唱诗班领班蒂鲍·德·蓬索先生的调解，在对所说的条款争论了几次并作了许多调解工作之后，双方已在这一点上达成了协议，即上述主教代表他自己和他的一伙人为一方，上述市长和参议们代表他们自己和他们的一伙人为另一方，双方除了一种特殊情况，即对双方都感到过于严厉的条款，我们将按我们认为合适的加以修正外，已在上述使节安索尔德和蒂鲍面前达成了下列协议：

325

“1.不论在此以前是怎样做的，将来，市长和参议们都不得公然干涉或审理任何犯法行为或罪行，即使控诉状所涉及的都是像下面提出的那种、以前除休战时外都是向他们告发的事。

“2.他们也不得审理违法者为此而丧失生命或其一肢体的

任何罪行或违法行为，虽然当事人在向主教或其官员控告之前已向他们控告；即使市长或一个参议员被一个市民打了，也是如此。同样，他们也不得审理那些首先应向主教或其官员控告的案件。

“3.虽然如此，主教或其官员不可以阻止或禁止任何一个市民，或以宣誓来约束他使他不向上述市长和参议们控告（如果他愿意）而向主教或其法官控告，或是除主教的权力以外，若无上述主教或其官员的许可，不得与另一方议和。

“4.将来，上述市长和参议们也不可以砍掉打他们或他们中任何一个人的手，也不可以砍掉他的任何其他肢体；但可以用金钱或其他比他打普通平民时受到的更严厉的惩罚来罚他。

“5.上述市长和参议们也不得审理涉及有争议的遗产的案件，虽然这件争讼案在提请主教或其法官审理之前可能已提请他们审理了。

326 “6.但如果任一市民，在向主教或其法官控告之前，已向他们控告他的邻人将其房屋的阴沟转向不应转的方向，致使他有遭受损失的危险；或是如果由于一个邻人的房屋的山墙或胸墙向他的房屋倾斜，使他有遭受损失的危险，因而发生了争论、冲突；在这种情况下，上述市长和参议们可以接受控告、审理此事，并根据宣过誓的木匠的报告纠正冤情，让他们为此目的而选定的这些有宣誓证明的木匠在主教或其法官面前或在上述市长和参议们面前宣誓而忠实地履行其承担的责任。

“7.如果任一市民用刀、剑、棍棒、石头或其他武器伤了另一个人，当伤口未痊愈时，上述市长和参议们可不审理也不干涉此罪行，虽然当事人在向主教或其官员控告之前已向他们控告，但为了该市的安全和公共利益，他们可以根据他们的职务命令双方在某个时间之前保持和平，违者处以若干但尼尔的罚款，但他们不能命令任何人提出担保人。

“8.如果他们命令他停战而他不肯停战，则他们不能强迫他，但可以不承认他并从市民名册上抹掉他的名字，然后请求主教或其法官强迫他在他们规定的时间之前停战，并缴纳因不服从他们的命令而被课的罚金。

“9.而上述主教或其法官应在市长提出请求后三天内用扣押其人身和财物或将他逐出博韦市的办法来强迫这个人；如果他没有这样做，则上述市长和参议们三天后可以为执行他们的命令而求助于我们；但如果有人说，没有人请求过主教或其法官，在不执行据说是人家曾请求做的事上，他们并没有错，则已向我们上诉的上述市长和参议们必须宣誓证明他们已竭力请求上述主教或其法官，但他们没有在指定的时期内予以执行；在这种情况下，则应相信他们，而无须另外的证明。

“10.条目。双方同意并决定，如果任何人在其伤口医愈后在向主教控告之前就向市长和参议控告，则上述市长和参议可以审理此事，但不可课以任何罚款，即使有躯体致残或砍掉手足的问题；他们只可以按照该市的习俗，判处犯法的人赔偿受伤者的损失，即（如双方同意的那样）对受伤而未成残废者，惯例是付给二十个苏又三个但尼尔，连同一切治疗费用；如果受伤者是一个工人，则还应赔偿他因伤而误工的工资损失。如果这个受伤者是一个素来靠自身和四肢的劳动而生活的人，现在由于上述的伤残而不能工作，则他们在看到这个人的处境和伤的性质后可以判给他某个适当的数目，并命令犯法的人或(如果他后来死了)他的后嗣每年付给受伤者这个数目，直到他死为止；上述市长和参议们亦应按照犯罪的性质使罪犯付出一笔罚款。

“11.如果这个犯法者不顺从他们的判决，他们不可以强迫他，只可以将他的名字从市民名册上抹掉，并请求主教或其法官用扣押其人身和财物或驱逐他出境的办法迫使他执行他们要求他做的事。如果上述主教或其法官说，上述市长和参议在这件事上没有按照他们应该的那样行事，或者说，这件案子并不是他们应该审理的案子，则上述市长和两个参议应向上述主教宣誓声明说，这件案子他们能按照法令和上述教皇使节安索尔德和蒂鲍的协议以及本文件中所包含的规定加以审理，同时他们已忠实地、合法地开始进行这件事，主教或其法官或任何其他人都不能再阻止他们，而是相反，应该像上述那样执行他们的请求；如果他在上述时期内不办这件事，则市
328 长和两位参议可以到靠近巴黎的地方——图尔、布尔日或其他更近的地方，觐见我们，要我们支持他们所安排和规定的事。

“12.万一有人说，主教或其法官是没有得到详细的通知的，因而没有错，则上述市长和参议如在我们面前宣誓说，上述主教或其法官是得到了详细的通知的，但他们没有在规定的时间内做他们应做的事，我们就应相信他们而无须任何其他证明。因此，如果我们愿意，我们可以命令上述主教并迫使他通过扣押其家具(可是这样做时不能有丝毫损害)去强迫这个被逐的市民像受到了表扬似的回到上述市长和参议的管辖区来。如果我们当时所处的地方比图尔和布尔日更远离巴黎城，不论在什么地方，上述市长和参议都不必亲自来觐见并请求我们像上述那样强迫这个主教，但他们可以到我们为此目的而派驻在桑利斯代表我们的大法官[①]那里去，请他强迫上述主教用扣押其财物的办法使上述被逐的市民回到市长和参议的管辖区来；这个大法官按照规定的方式就应作的拜访和主教的不在场宣了誓之后，应像我们离巴黎较近并在休战时所做的那样，威逼这个主教(但应做得对他丝毫没有损害)。

“13.条目。如果布尔日的一个市民对另一个市民说了诽谤的话，或用手、足打了他，如果他在向主教或其法官控告之前已向上述市长和参议们控告，甚至说他的鼻子、嘴和指甲都流血了，则上述市长和参议可以审理此案；他们可以命令侮辱和伤害了另一个人的那人，按照该市的惯例，赔偿他所加于他人的侮辱和伤害的损失，即对侮辱或尚未流血的伤害付给五个苏，如果已经流血则付给二十个苏和三个但尼尔；此外，他们还可以判处犯罪的人付给他们一笔罚款。 329

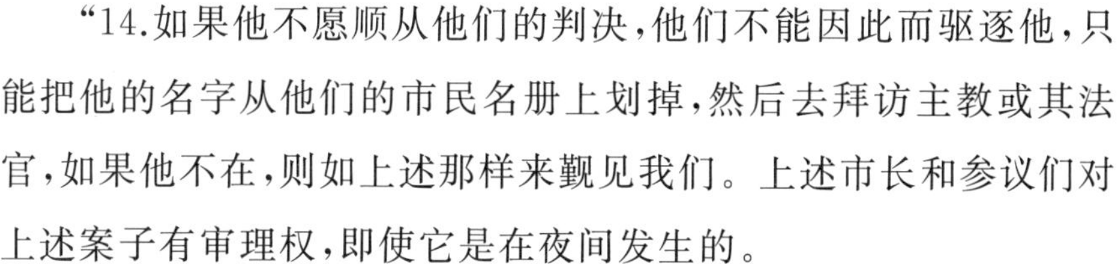

“14.如果他不愿顺从他们的判决，他们不能因此而驱逐他，只能把他的名字从他们的市民名册上划掉，然后去拜访主教或其法官，如果他不在，则如上述那样来觐见我们。上述市长和参议们对上述案子有审理权，即使它是在夜间发生的。

“15.如果这个市的任何一个人在一件关于家具或家用物品的讼案中，先向市长和参议们控告另一个平民，然后向主教或其法官控告他，则市长和参议们可以传审被告，并在听了他的对手的陈述

---

① 我们将看到这位高贵的官员常常介入博韦的事务，因为博韦坐落在他的大法官辖区内。据洛伊塞尔说，博韦这个城市在1682年之前是没有它自己的大法官辖区的。但他自己在第465—466页上(这里指的是原书页码，相应的内容见本卷第360—361页——译者)引录了博韦的大法官于1330年作出的一项决定。

后命令被告承认或否认被控之罪。如果被告拒绝承认或否认，或者完全拒绝在他们面前进行诉讼程序，则他可以自由而安全地离去而不接受他们的审判；但如果他否认并在他们面前驳斥被控之罪，则他们可以问他是否愿意接受他们的审问；但是如果他回答说，他不愿在他们面前而愿意在他认为更合适的其他地方为自己辩护，则上述市长和参议们不能强迫他再继续进行下去，而他却可以自由而安全地离去。如果他同意他们查究这件事，他们可以着手查究；如果通过查究，发现他应对人家向他索要的财物负责，或者一开始无须深究他就承认这笔债务，则他们可以强迫他在二周内偿付此款，或归还人家要他归还而他自己承认应该归还或查究后发现应该归还的东西，但不课以任何罚款。如果他不能归还他们，或在规定的时期内付出这笔钱，他们不可以因此而课他以任何罚款，或将他逐出本市，或将他从本市的名册上除名；但他们可以到他的家里去或派他们的警官去，如果看到门开着就可以进去，但如果门关着，则既不能用武力打开门窗，也不能打开任何入口；看到门开着，进去后，他们可以扣押在这个宅子里他们能找到的属于他的一切东西，但不能打破门、窗、箱柜或锁。如果这个已由法院对他下了执行命令的人，或是他所派遣的另一个人，力图收回已被扣押或即将扣押的财物的所有权，他们不可以为此非法劫回行动而不扣押和拿走这些财物以偿还他承认的或法官判决的债务，同时他们可以为此未遂的非法劫回的行动而课他以一笔罚款。

“16.如果被告不愿归还他非法劫回的财物或缴纳罚款，他们不可以因此而将他逐出城市，但可以将他从本市的名册上除名，然后请上述主教或其法官命令他归还他非法劫回的财物并缴付罚款。他必须按照前面关于致残或未致残的已愈的伤口的那条所说的方式，遵命办理。如果他拒绝或拖着不还债，则市长和两个参议可以按照上述条款中所说的方式来觐见我们。但是，不管怎样，上述市长和参议们如处在像上面那样一笔已在他们面前承认了或证明了的债款的场合，就不可以根据法院的执行命令，在公共场所或市场里，或另一个人的宅子里，而只可以在债务人自己的家宅里扣押其家具和财物。

“17.双方协定，今后上述市长和参议在任何情况下都不得把任何人开除出博韦自治市，也不得在惩罚任何人时使用开除或逐出等词语；但他们可以从他们的市民名册上划掉他的名字，并请求上述主教或其法官，或者他不在时请求我们来办理，像上面提出的那样。

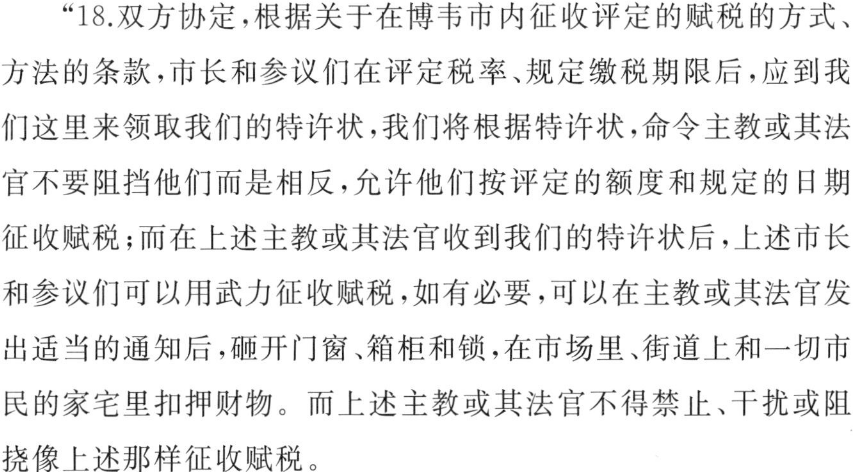

“18.双方协定，根据关于在博韦市内征收评定的赋税的方式、方法的条款，市长和参议们在评定税率、规定缴税期限后，应到我们这里来领取我们的特许状，我们将根据特许状，命令主教或其法官不要阻挡他们而是相反，允许他们按评定的额度和规定的日期征收赋税；而在上述主教或其法官收到我们的特许状后，上述市长和参议们可以用武力征收赋税，如有必要，可以在主教或其法官发出适当的通知后，砸开门窗、箱柜和锁，在市场里、街道上和一切市民的家宅里扣押财物。而上述主教或其法官不得禁止、干扰或阻挠像上述那样征收赋税。

“19.上述市长和参议们说，他们在很长一段时间里一直平静地拥有着在本市的各城门和各壁垒设置禁卫军和哨兵的权利,后来主教剥夺了他们这个权利,撤销了这些哨兵而代之以另一些哨兵。现在这件事已经双方协商并决定如下:博韦的市民在上述教皇使节安索尔德和蒂鲍的面前,第一次承认了城门和钥匙的主权和权利属于主教而防卫是为他的利益,因此,往往当一个新主教在博韦上任时,他们必须把该市各城门的钥匙送交给他,即使他不需要也要这样做,他保管了一些时候之后把它们还给他们,并委托他们照管城门壁垒和城墙。但这些钥匙和照管的任务,主教愿意时随时可以收回,当他这样要求时,他们必须把它们归还给他。上述主教考虑到博韦的市民已有这种认识、并承认了这个事实,愿意和同意撤回他设置的守卫城门和壁垒的那些人,而上述市长和参议可以像以往那样在那里设置另一些人。

“20.条目。上述市长和参议们说,他们从很古的时候起,就平332 和地拥有在博韦市设置禁卫军和哨兵以在夜间保卫该市的权利,而上述主教赶跑了他们在该市设置的禁卫军而擅自代之以另一些人,因而制造了麻烦和混乱。现在双方已约定和承认,上述主教应撤回他在那里设置的禁卫军,而上述市长和参议将来必要时,在得到主教或其在博韦的法官的许可后,和假如上述禁卫军逮住了罪犯而将其投入主教的监狱时,可以随时在那里安置另一些人。

“21.双方还商定了关于布的制作的条款,即,将来主教应让市长和参议们从博韦的收税人那里接受秤布的秤和秤砣,如果关于它们的重量有什么争论,应该根据收税人的秤砣来决定,因为它们是属于收税人的,而收税人是真诚而尊敬地从主教那里拿到这些秤砣的。

"22.双方还议定，市长和参议们由于比主教更了解能干的布业[1]工人，将来应不受主教或其手下人的掣肘而选择六七个、最多十个擅长这项技艺的诚实人，让他们负责使织成的布的质量达到应有的程度，并在市长、参议和主教面前宣誓说，他们将仔细而忠实地执行他们的任务。如果他们发现某匹布的缺点多得在他们看来应该焚毁，则上述市长和参议应叫人把它连同木柴和火拉到博韦市场去焚毁。而在三点钟以前，[2]他们应通知主教的法官来给上述布匹点火。如果他没有到场，也没有在人们去圣彼得教堂做晚祷的钟点之前焚毁上述布匹，则上述市长和参议可以不经主教或其法官的许可而将上述布匹赠送给博韦医院。如果布的缺点并不严重到上述诚实人能宣布说应予焚毁的程度，而只需加以剪掉，则上述市长和参议应将它带到博韦的市场，并在三点钟之前通知主教的法官来剪上述布匹；上述法官应该而且可以在惯常的让人 333
们去博韦圣彼得教堂做晚祷的钟点打钟之前剪完上述布匹。剪过的布块应还给其所有主，使他不得不在博韦市内用零售的方法把它们卖掉。如果像上述那样传唤后，主教的法官没有在指定的钟点之前剪掉这种布匹，则市长和参议可以在市场里或他们举行公开答辩的地方加以剪掉，而将剪过的布块还给原主，让他在博韦市内以零售的办法出售。

"23.双方同意，如果四十厄尔长的一块布有两磅重，二十厄尔

① 各种羊毛织造业在博韦非常活跃。博韦的居民大部分都与布、哔叽和花毯等的织造有联系。那里，在十二世纪以前还有染工，这是我们在1099年对安塞尔主教发布的命令中看到的。

② 三点钟相当于我们的上午九点种。那时晚祷是在下午五点左右举行的。

长的这块布比公认的重量少一磅，则这块布如无其他缺点，可以不焚毁也不需加以剪掉，而应整个儿留给其所有者，只需他为不足的重量付出十二个但尼尔；或者如果差额较小则按照所缺少的数量支付；上述但尼尔应给予前面所说的过磅的人。但是如果四十厄尔长的那块布的重量缺少二磅以上，或二十厄尔长的那块布的重量缺少一磅以上，则应像上述那样，予以焚毁或剪掉。

“24.关于主教传唤博韦的市民的方式问题，双方商定，上述主教或其大教堂教长可以通过主教的警官传唤市民，无须市长的警官到场或将他叫来。他们可以惩罚那些经主教的警官传唤后没有到场的人，因为这是博韦市的习俗。

“25.双方商定，将来主教和他的法官可以传唤任何一个市民，虽然对此人的控诉状，在上面各条中提出的属于市长和参议的管辖范围的案子中，已预先送到市长和参议的面前，倘若市长和参议
334 并非已不能审理这种在他们管辖范围之内的案子。

“26.条目。双方同意，在上述各条中，这一点已经阐明，即市长和参议应承担审理讼案的职权，如果市长由于患病或其他原因不能到场，则其副职可以承担并与参议一起行动，仿佛市长在场似的。

“27.条目。双方同意，将来博韦的大教堂教长或是他的管司法的其他官员不可以传讯一个市民，也不可以为了个人的或家庭的债务，或其他情况而在其家宅里设置警卫，除非为了一件罪行，只要他同意在他们面前进行诉讼程序并给予他们适当的保释金。

“28.条目。关于对面包的监督管理，上述市长和参议最近宣称，此项监管权已被主教剥夺，将来他可以委派他认为合适的监督管理人员。

“29.条目。我们和我们的朝廷已经规定，上述市长和参议无论如何不得对上面提出的那些事利用他们在此以前可能已经有了的任何惯例，这将对他们毫无好处，也不会有损于主教及其教堂。

“30.条目。我们还规定，上述协议或和解，除在上面这个协议中所包含和提出的这种事情上以外，在任何事情上都不得更多地颁发比主教、他的教会或上述主教现在拥有的我们的先人已故法国国王路易还多的特许状，更多地损害上述市长或参议员或他们的自治市特许状。我们认为上面这个协议和其中包含的一些事物都是合适而永存的；我们在各方面的请求下，已在本文件上签字盖章，这在一切事情上和对一切人保留了我们自己的权利。我主1276年8月颁发于蒙太奇。”

卢韦说，“看来，双方批准这个协议多半是出于他们对教皇使节和国王陛下派来的官员的敬意，而不是由于他们认为这个协议是公平而合乎正义的，特别是在阅读中人们发现有几条条文写得非常不妥、一点儿公正都谈不上，以致双方都会有充分的理由婉拒它们。”[①]而事实上，不管这是否由于这大协议的一些缺点使它的执行成为不可能，还是由于没有任何条约足以使像博韦市和它的主教这样两种完全相反但又紧密地混合在一起的利益和势力在充分的谅解中联合起来，一个新的争论的问题不久重新点燃了相互仇恨之火，而斗争比过去任何时候更凶猛地重新开始了，虽然有着大协议的三十条条文。

---

① 卢韦，《博韦主教辖区史》，第II卷，第465页。

在自己的职务需要时可使用市民的马匹这项权利是博韦主教各种古老的权利之一。1278 年，雷诺·德·南特伊为了利用这项权利，让他手下的人把他们扣押的几匹马，以市里需要它们为借口，凭市长的命令，从人们手中夺过来，因为到现在为止他还不敢全面攻击这项特权，虽然他已开始觉得它的使用是一项陋习。主教调查了这件事，可市长拒绝承认他的司法权，这个案子被提交巴黎议会审议，巴黎议会颁布了下列命令：

“在国王陛下为一方与博韦主教为另一方之间，在关于整个博韦自治体的审判权问题上，发生了争端。一份调查上述审判权的调查报告已被送请国王陛下不是作为有关的一方而是作为一个上司来审理，但上述调查报告迄未被作出决定，而上述主教要求迅速办妥上述调查，因为上述调查如有稽延，他和他的教会在关于他在

336 博韦的管辖权方面，就会受到巨大的威胁。在这个场合，他不能判断博韦市长纪尧姆·维耶里在博韦为了其人民为主教的事而扣押的一匹马而对其人民作的一次非法劫回的行动；而上述市长说，他是为市里的事拿走这匹马的，他不愿为了这件涉及市里的事而在这位主教面前进行答辩，他能在一切情况下说这同一句话；为此，上述主教提出要求说，这种混乱状况应该得到纠正。听了这位主教的要求和市长的辩护词之后，国王陛下撤回了他对一切涉及非法劫回的行动的事的保护。

“条目。已经决定，上述调查，博韦市的证人不能参加，因为这件事与他们有关。我主降生 1279 年颁布于巴黎万圣议会。”[①]

① 卢韦，《博韦主教辖区史》，第 II 卷，第 467 页。

这个城市受到这样的谴责后，不得不服从并允许主教任意拿走它的马匹。他们于 1395 年终于摆脱这种烦恼，但这只是在每年缴付十四个巴黎铸造的利弗这个代价之下才取得的。

1280 年，不满于赋税的评定和征收方式的博韦的市长和参议们，就这个问题向国王提出了控诉；议会把他们从国王那里送到了他们的天生的主人那里，但将监视主教履行义务的权利留给了国王。议会不能为高贵的当局少做一些事，但使我吃惊的是，它由于认真地参加了博韦市民的控诉而毫不多做一些事。这个命令是用这些词语写的：

“听了博韦市民哀求说，国王要下令如期征收其官员所评定的赋税，必要时可使用武力，他们就想请求他们的主教，如果主教不履行责任，国王会注意这件事，并迫使主教努力设法使这种遭到抗议的事不再继续下去，而在赋税的征收中不犯欺诈之罪。 337

“条目。国王的官员们为了完成征税任务，对每个市民按其动产的价值每利弗征收三个苏的税，而上述市长和参议们擅自减低税率，将三个苏减低为两个苏，据说，对这种降低税率的事不应等闲视之，每个人都应按其动产的价值每个利弗缴付三个苏的税。[①]”

博韦的主教也希望找到某种事物来对“大协议”表示意见，在这个“大协议”中他肯定没有被人们所忽视。1281 年，他向国王提出一个请求，想取得对博韦地区的更广泛的管辖权。公民们在议会里坚持说，主教所要求的这个管辖权是属于国王的，而且这个问

① 卢韦，《博韦主教辖区史》，第 II 卷，第 469 页。

题已几次由法院作出决定。这个论据很有可能不被接受。议会发布的命令给国王保留了对有关该地区各种自由权的一切问题的决定和管辖权。这并不是主教所要求的，市民们打败了他。

“蒙上帝之恩的法国国王菲利浦通知一切现在的和未来的人，我们亲爱和高贵的博韦主教恳求我们允许他享用他自称在博韦对整个地区和每个市民拥有的审判权，他说，这项权利是他先人和他自己迄今一直拥有着的；另一方面，博韦的市长和参议们，经我们召来听取上述恳求并保卫我们的和他们自己的权利（如果他们对这件事有兴趣的话）后，已坚持说，我们一向平静地拥有着对整个博韦自治市任何一件有关该市的案子的司法权，而且他们曾屡次在我们法庭上这样声明过；读了奉我们之命对这些事进行的调查的报告，听了双方都要求知道的我们法庭的报告，看了双方提出的

338 特许状、特权状和保证书以及已经充分审理过的双方的理由之后，已经在我们法庭上宣布判决如下：在整个博韦地区，对关于各种义务、合同、协议和犯法行为的事情的审判权属于上述主教。同时根据这个判决已经判定，关于所谈论的事的审判权，和关于作为特权让与上述地区的种种自由，和关于上述自治市的一切权利的审判权都属于我们。为了确认这件事，我们已在本文件上盖上我们的玉玺。我主降生 1281 年 8 月颁发于巴黎。”①

1288 年，在巴黎议会处理的一件事情中，这个自治市的事业又获得了胜利，的确，在这件事情上，正义看来完全在它这一边。谈到的这位主教名字叫作西蒙·德·内斯尔。

---

① 洛伊塞尔，《博韦回忆录》，第 299 页。

“在博韦市长和参议们为一方与亨利·阿劳姆和博韦主教(他们两人在一切有关自己的事情上都各自代表自己)为另一方的双方之间发生了争论;这个亨利说,这个市长和参议强迫他接受他们的审判,既然他住在主教的管辖区内,睡着醒着都对主教没有做错,他要求把他送交主教审判,因为他并不是博韦市长和参议的自由民,而且很久以前就已离开了他们的自治市,并已完成了离开时要他做的一切工作。而上述主教则要求说,应将上述亨利送交他的法庭,他准备十分公正地对待他。上述市长和参议则说,这不应当这样做,因为他们是把亨利作为他们的市民而强迫他接受他们的审判的,他对向他征课的捐税是有缴纳的义务的,他们坚持说,关于这种事情的审判权是属于我们的。因为,他们说,博韦的习俗和惯例是:谁要求离开博韦自治市就应通知市长和参议,提出能对

他负责的合适的保释人,或者将他的财物放在我们手里;如果他还 339
负担任何费用的话则应付清欠款并在离开时努力缴付捐税,一切事物说明他的管理情况;然后他可以离开自治市;否则他将永远是一个市民而且还要缴纳捐税。对所有这些事情作了细致而深入的调查并听了双方的辩论之后,事实表明,市长和参议已充分证明他们的陈述,因此,我们的法庭判决,不应将亨利送往主教的法庭,但他就这个案子而言,必须经受我们的审判。收入图萨央议会发出的调查和估计中,耶稣诞生 1288 年。[①]”

“西蒙·德·内斯尔是一个态度蛮横、习性好战、脾气倔强的主教,因而非常不能适应于博韦市民的那种好骚动的性格;因而他

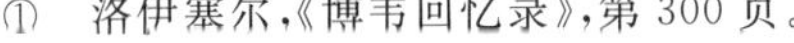

① 洛伊塞尔,《博韦回忆录》,第 300 页。

们不能长期和睦相处，据当时的编年史家们一致的说法，最初的一些错误是在主教这一边。他们写道，“人民起来反抗他，因为他力图将几种令人困恼的习俗引进博韦市里来。”看来，最强烈的抗议是由于主教的官员在向每个使用主教管辖的磨坊和烤炉的人索取的费用上增加了额外的勒索而发生的。由于博韦市民虽有许多自由权，但没有到自己愿意去的地方去碾麦粉、烤面包的权利，这些在生活的第一需要方面，每天折磨着他们的令人烦恼的事激怒他们到了极点，市长和参议们向全市宣布，谁都可以到他愿意去的地方去碾麦粉和烤面包，谁都可以同样自由地在河上安放过河的厚木板。这最后一条无疑与主教设置的妨碍泰兰河上诸桥的交通的通行税有关。西蒙·德·内斯尔正像人们猜想的那样，受不了人们这种拒不服从他的做法。双方便互殴起来并发生了血淋淋的残
340 暴行为；但主教吃了败仗，不得不在向近郊纵火后离开了该市。他被这次失败所激怒并对被人挖苦地称为‘剥掉衣服的西蒙’非常生气，便向他这个主教辖区的教士们发出了呼吁，并在下列公文中向他们宣布了博韦人民的罪行。我们马上就可以看到博韦人民反过来谴责他们的话；看来双方的描述都并不夸大：

“蒙上帝之恩的博韦的主教西蒙向居住在博韦市及其郊区的一切教士致送本文件。祝愿大家在上帝保佑下得到济度。

“这是一件臭名昭著并经公众的言语证实的真实的事。博韦的市长、参议员、议会和平民不顾其向作为博韦主教的我们合法地作出的誓言，冒着自己灵魂的危险，乖离了天主教的信仰，任性地毫不考虑自己的济度而大胆地敲响了自治市集会的钟，举行了会议；然后，大大有损于我的主教的职权和我们的教堂，大大损害、冒

犯、伤害、藐视和侮慢了全知全能的上帝、有福的圣母玛利亚、光荣的使徒彼得(上述教堂就是为使他增光而建立的)、一切圣徒、一切教会的自由和一切基督教徒,他们率领着一支装备着弩、弓、标枪、小圆盾、石块、斧头和刀剑的大军凶恶地来攻打坐落在博韦市的我们的家宅和主教庄园;他们以一种敌对的态度猛烈地侵犯它,攻击我们设置来保卫它的人,并纵火烧毁了这个庄园的一大部分,他们这样烧了这一部分后又进入另一部分,砸破门、窗和锁,将放在主教辖区和圣彼得教堂里供我们和我们的官员饮用的十六大桶葡萄酒倾洒在地上。他们还拿走了其他食物、家具和用具,我们估计其价值达两千个巴黎铸的利弗。

“他们还横暴地打开庄园监狱的门,砸裂它的锁,释放了几个被我们官员拘留的犯各种罪的俗人和教会中人——即犯有罪恶昭彰的谋杀罪的康坦·德·罗昆考特;伪造文书的马修·普兰;犯强奸罪的让·德·博蒙特;全都是教士。犯谋杀罪的俗人格列高利·巴杜尔;和其他几个犯各种不同的罪而被拘留在这些监狱里的教士或俗人。

341

“而且他们还不满足于所有这些事情,而是罪上加罪,犯的罪愈来愈凶恶;他们强行进入受教皇宣福礼的和被奉为圣地的小礼拜堂或教堂,砸开门、锁、窗户、窗框、窗上的铁制品,并拿走圣餐杯、书籍和上述教堂里受教皇宣福礼而被奉为圣物的一些装饰品。

“而且说来可羞,他们在上述教堂里,犯了几种恶劣的猥亵行为,因而像不信教的人那样,恶毒地、对上帝毫无畏惧地犯了一件重大的亵渎神圣罪,那些砸开并侵犯教堂,尤其是那些被赐予大量终身的收入的教堂的人活该遭司铎们宣判逐出教会。后来他们在继续进行他们的恶意的顽固行动时，几次以一支庞大的军队和战斗武器，像上述那样可怕地邪恶地攻击建筑在我们屋后的我们主教区的塔楼以及与它相邻的用以保卫它的城堡。

“为了这些事，我们命令你们，凭借宗教的服从，在你们的教堂里和办公处大声当众指责侵犯上述教堂的人并革除其教籍，直到他们受到足够的惩罚，如果你们不做我们命令你们做的事，我们将严词谴责你们并使你们受到停职和革除教籍的惩罚。还命令你们在你们的教堂里明白地公开召唤博韦的市长、参议员、议员和全体人民按照我们的命令在圣·马格达伦节到主教区的圣贾斯特教堂去看和听我们准备在那一天宣布的关于依法应该作出的关于上述罪行的法令和判决，并通知他们说，不论他们是否到场，都同样会受到控告。而作为一个标志表明你们已经执行了我们的命令，你
342 们应在本文件上盖上你们的图章。此件于我主1305年，圣马丁夏宴节后的星期四，加盖了我们的图章后颁给。”[①]

我不知道，在任何情况下，市长和参议员会认为宜于屈从他们对手的命令，并作为有罪的子民承认他的至高无上的判决：无论如何，他们不会在胜利的时刻作出这样一种让步。但是他们免去了拒绝传唤的麻烦，因为传票通知他们的日期正是他们被命令出庭的日期。从博韦到主教当时所在的圣贾斯特的距离是六里格；他们需要时间来作出决定并准备一份答辩；总之，在这样一种情况下，一份像样的托词就是一宗财富；市长和参议们利用了它，不去出庭。由于他们没有投案，他们正像他们毫不怀疑地预料的那样

---

① 卢韦，《博韦主教辖区史》，第II卷，第481页。

被革除了教籍,同时博韦市被置于禁令之下。由于这一点,他们通过 1305 年 7 月 12 日通知主教的下列文件,提出了上诉。他们利用了这种不正常的传唤。

“为了上帝的缘故,1305 年,即小纪第三年,7 月 12 日,盖博·德·拉封丹这个言行谨慎的人,以这里在场的博韦的市长、参议员和全体人民的名义,在可敬的神父、博韦的主教及其官员的面前,公开宣读一份议事日程表,其要旨如下:

“因为您主教阁下、您的法官、您的手下人和官员大大地损害了博韦的市长、参议员和全体人民,对他们做了许多错事和进行压迫,殴打、打伤和杀死了某些市民,没收和毁坏了他们的财物,以各式敌对的方式毁坏和烧掉了他们的财物,其价值达十万利弗之巨,您还不以此为满足而变本加厉,要上述市长、参议和全市的人在传唤的当天到贾斯特来受您的传讯,这是一件闻所未闻的不合理的

343
事。上述市长、参议和全市人民都为您在这些事中的违法行为深受委屈,并认为他们今后还将更多地吃您和您的官员的苦头。

“为了这些缘故,我们,市长、参议、自治市的市政官员,根据这些错误和冤情向罗马教廷提出上诉。

“为了使您不再控诉该市或该市的任何平民,我们现在再次明白地告诉您,我们提出了上诉,要求将上述市长、参议、我们自己和全体市民置于罗马教廷的保护之下,让一切在场的人作证,并请求您最神圣的罗马教会的公证人詹姆·德·雅西安授予我们关于这一切事情的一条公法。

“这些事情是在上述年月日在博韦的圣卢西安大教堂内完成的。”

看到一份注明某年某月某日发自圣卢西安大教堂的对博韦主教的抗议书时，我们不必吃惊。西蒙·德·内斯尔已经激怒了各方面的人来反对他，因为他不饶恕任何一个人。支持他的那些强盗焚烧司铎们的房屋时并不比焚烧市民们的房屋时手软些，糟蹋教堂的土地时也并不比糟蹦自治市的土地时手软些：而他们异想天开地要去抢劫、虐待甚至杀死一个敌人时，他们大概绝不肯费神去调查一下他是受哪一方面管辖的。至于小教堂，那确实是丝毫不值得注意的；人们常常看到他们和博韦主教争吵，人们对这些傲慢而名利熏心的显贵们毫无敬意。但是为纪念这位博韦地区使徒而建立的并被赋予如此多的特权的圣卢西安大教堂却受到如此高度的尊敬！——对它施加的暴行确实是令人反感的。因此，这位傲慢的西蒙自己觉悟到必须发表一封具有牧师风度的信，在这封信里我们可以看到他因之而受到他的对手们的谴责的种种暴行的

344 证据。

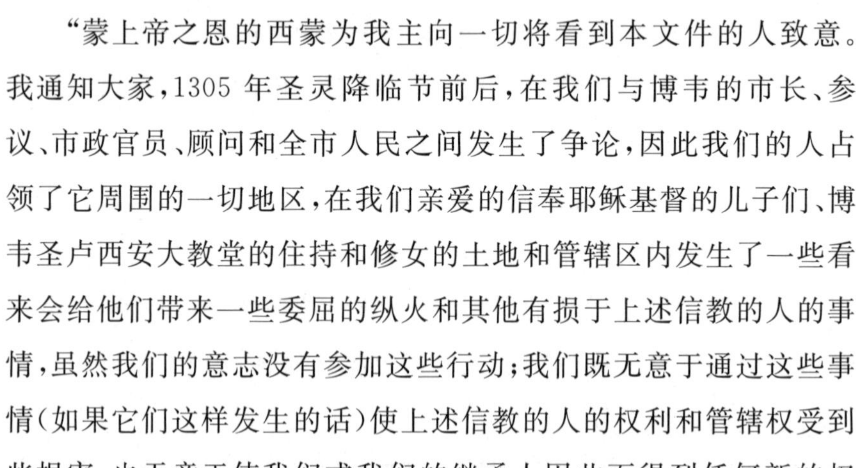

“蒙上帝之恩的西蒙为我主向一切将看到本文件的人致意。我通知大家，1305 年圣灵降临节前后，在我们与博韦的市长、参议、市政官员、顾问和全市人民之间发生了争论，因此我们的人占领了它周围的一切地区，在我们亲爱的信奉耶稣基督的儿子们、博韦圣卢西安大教堂的住持和修女的土地和管辖区内发生了一些看来会给他们带来一些委屈的纵火和其他有损于上述信教的人的事情，虽然我们的意志没有参加这些行动；我们既无意于通过这些事情（如果它们这样发生的话）使上述信教的人的权利和管辖权受到些损害，也无意于使我们或我们的继承人因此而得到任何新的权利。为了保证这一点，我们已在本文件上盖上我们的图章。本件

写于我主降生 1305 年，圣玛利亚马格达伦节后的星期六。”①

圣卢西安大教堂的教友们的怒气大概已被这位主教的公开的道歉平息下去而不再想到与博韦市长和参议们的联合，也不再想到向有力的当局上诉以求赔偿其所遭受的损失。可是，西蒙的狼狈处境仍不稍减，因为他立刻就得设法去对付一个更难对付得多的敌人，即看来一直在注视着找个借口介入这个争端的法国国王美男子菲利浦。他那时正待在佩尔什地区的蒙特米雷尔，听人说，博韦的市民和主教之间的争端仍在继续，而后者觉得靠精神武器无济于事，正想用饥饿来压倒自己的敌人，有鉴于此，他已下令禁止附近各地的居民将任何食物运入这个反叛的城市，违者革除教籍。于是，美男子菲利浦大声抗议主教的这种滥用权力的行为，斥责他侵夺他至高无上的权力，甚至谴责他（这是出自国王之口的一种奇特的谴责）从而侵犯了教皇的权利，因为该市已就此事向教皇 345
上诉；最后他授权桑利斯的大法官立刻制止这种压迫。从他语言的尖锐上可以明白他对执行这个命令何等重视：

“蒙上帝之恩的法国国王菲利浦致书桑利斯的大法官，祝你健康！我们用下列方式写信给我们忠实而亲爱的博韦的主教：

“蒙上帝之恩的法国国王菲利浦致书给我们忠实而亲爱的博韦主教或其副主教，祝您健康和爱的仁慈！我们知道，关于您与博韦的市长、参议和全市市民之间发生的争吵和双方所犯的过度行为，虽然我们已责成某些委员通过调查探索出它们的真相，但调查正在进行的时候，您在过度行为的借口下发表了一份判决书，阻断

① 卢韦，《博韦主教辖区史》，第 II 卷，第 494 页。

博韦市和那里的一切居民的交通，并禁止邻近的各个市镇将任何食物运入该市，违者革除其教籍，这样做无疑会损害我们和世俗领主们的利益，还会损害上述市长和参议在此以前向教皇提出的控告您和您的官员的上诉。因此，我命令你立即撤回这种压制以使我安心，否则我们不能容忍而会立刻采取一种及时的补救办法。9月15日写于佩尔什区的蒙特米雷尔。”

“我们命令你立即将此信送给上述主教，并代表我们，要求他毫不耽搁地终止或吩咐终止这种压迫。如果他不愿照办，则你立即采取正确的补救办法来捍卫和保护我们的权利和在这整个问题上的管辖权，把事情办得没有任何由你的过失所造成的控诉，也无须我们来责备你疏忽。我主降生1305年写于布列特伊。”①

国王的命令几乎没有得到服从。桑利斯的大法官的确去了博
346 韦，并在那里向双方宣布了一个特别禁令，如果违反禁令，今后仍对对方做错事或损害对方，则处以罚款或其他惩罚；但他们的激情狂暴得听不进当局的话，而发生了和以前同样可怕而带来同样多的罪行的冲突。国王对这种蔑视其命令的事非常生气，于是下令将博韦市长约翰·德·莫利昂和主教的大法官两个人都拘捕起来。美男子菲利浦不敢攻击主教本人，但他向他的教外人士和仿佛作为博韦自治市的财物和管辖权而被扣留的管辖权报复。此外，桑利斯的大法官接到了有力地进行这件事的命令。他着手进行的行动加上已经采取的措施所造成的恐惧，使双方倾向于取得和解，而为了得到它，他们互相放松了各自的要求。于是双方一致

① 卢韦，《博韦主教辖区史》，第II卷，第495页。

同意某种休战。1305年万圣节后的星期四，博韦的市长和参议们将全权委任状交给三个人，叫他们前往可望见到博韦的主教和大概还能见到国王的利昂去，以便代表他们就商议一份持久的和约、取消禁令和革除教籍的处分等事进行谈判。下面就是这次和谈的纪录，仅仅略去了已在其他文件里说过的那些细节。

“以上帝的名义，阿门！愿一切将看到这个国家法令的人都知道——”

下面接着列举了这个自治市和主教各自控诉的种种疾苦。

“最后，经某些体面的人干涉并说服双方为公众和他们自己的利益以和平友善的方式进行诉讼后，双方来到我这个公证人和在下面签名的证人的面前，主教是亲自到场的，市长、参议和市政官员们则由市长们正式指派的诉讼代理人、博韦的市民约翰·德·凯卢、威廉·德·马歇尔和提奥巴尔德·勒·梅里安为代表，拿着
他们在1305年万圣节后星期四收到的盖有博韦自治市印章的公 347
函前来出庭的。上述双方在我这个公证人和在下面签名的证人面前，像下面这样进行了诉讼：

“即，上述诉讼代理人和一个博韦市民西蒙·德·蒙特雷代表授权给他们的那些人，也代表他们自己，在肉体上接触了福音书并宣誓要履行教会的仪式和支付可能加于他们身上的罚款（如果被这样判决的话）之后，来到主教面前，代表市长、参议、市政官员和全体市民，祈求赦免的恩典，如果他们在任何个别事情上需要它的话，还祈求解除禁令所加于他们的负担。于是，他们完全地、明确地放弃了在罗马法庭或任何其他教会法庭上提出的对主教的控诉或给予主教的巡视费，以及在这件事上作的一切传讯和诉讼程序、和一切由于这种控诉、巡视费、传讯和诉讼程序而他们可能得到的、但有损于主教或其拥护者的利益；同时他们在誓约上答应将涉及这件事的一切法令或教皇诏书，以及国王陛下的高级官员们所颁给的其他法令放弃给我这个公证人。此外，上述诉讼代理人和上述西蒙都以他们自己和授权给他们的那些人的名义答应，上述事情和将由上述诉讼代理人和上述西蒙说出和作出的一切事情将被上述自治市的市长、参议和市政官员认为有确实根据而有效，并将由他们或为此目的而被派到主教面前来的那些人予以批准，否则处以一千个图尔铸的利弗的罚款，同时他们答应完成这件事，否则处以上述罚款。

“此外，维斯诺蓬的领主、骑士和国王陛下的顾问、贵族威廉，在上述诉讼代理人和上述西蒙的请求下，答应上述主教说，国王陛下将凭高贵的权威迫使市长、参议、市民、诉讼代理人和西蒙忠实
348 地履行上述事情并缴纳（如果招致罚款的话）约定的罚款。

“上述主教已默许上述诉讼代理人和西蒙的上述要求和允诺，分别按照教规规定的仪式赐给他们赦免的恩典，并整个地、明确地解除对他们的禁令：他还明确地说，上述市长、参议、市政官员、顾问和全市人民可被解除一切革除教籍的判决或他们可能从教区主教那里遭受到的其他教规惩罚。他说他要设法中止在教士们为了上述事情而遭受的并被他们谴责的革除教籍的判决中涉及他的一切。此外，这个主教答应，如果法官为上述任何一两件事需要对市长、参议、市政官员、顾问或市民课以罚金，他将不去规定这种惩课，除非它是奉国王命令办的或是与国王商议过的。本文件于 1305 年 12 月 8 日，写于里昂附近的圣贾斯特教堂。

“后来，库顿的市长约翰派上述市民为代表，像上述诉讼代理人和西蒙所证实的那样，宣誓认可了上述一切事情”①。

禁令解除了，教会也因这个和解而平静了下来；但是国王还丝毫没有表示意见；市长以及主教的大法官仍在监狱里。因此，这件事又被控告到美男子菲利浦那里，美男子菲利浦颁发了下列法令：

“以上帝的名义，阿门！蒙上帝之恩的法国人的国王菲利浦向一切将看到本文件的人致意，祝健康！我们通知大家，由于博韦的市长、参议、市政官员和全体市民告诉我们说，我们的亲爱而忠实的博韦主教、他的大法官、亲信、官员和同谋者率领大批武装人员焚毁了他们的农场，拘捕了他们看到的所有的人，将流经该市的河流改了道，并以敌对的态度犯了另外一些已在当场采得的情报中提出的重大的暴行。我们由于我们的职责所在，的确已指派了某

些有责有权的稽核员代表我们传唤双方并查明一切真相。亲自到 349
场的上述主教向稽核员们明确地说，他不愿成为诉讼中的一方，也不愿在他们面前进行诉讼程序，但坚持说，他在像过去那样合法地行事的时候，他已行使了他自己的权力，并公正地对待了他的子民。此外，他还断言，他有充分的理由为自己辩护，并表示愿意在我们面前进行诉讼。

“现在对这件事已进行了仔细而不断的调查，而由于调查应该像判决所宣布的那样，为平民的目的而进行，这一点已得到充分的证明，即，市长、参议员和市政官员方面已在博韦公开发表文告说，任何人都不得在主教或其官员面前进行辩护，但一切人都应在市

① 卢韦，《博韦主教辖区史》，第 II 卷，第 498 页。

长和参议员面前进行辩护；

“任何人都并非必须在主教的磨坊和烤面包房里磨面粉和烤面包，而可以到自己喜欢去的地方去办这些事；

“任何人都可以在上述城市的河流上安放过桥的木板；

“市长和参议们已冲着主教和他手下的人用强力打开了该市的城门，并通过袭击占领了主教的邸宅，焚毁了他的一些房屋；

“他们利用这些叛逆行为激起了一场反对主教的叛乱；主教则自称，在一些义务、契约和犯法行为方面他对全市有管辖权，但某些细目，如国王赐给该市的各种自由和特权以及该市本身所有而其管辖权属于我们的那些权利，则不在此列。

“这种侵犯和焚毁城门的暴行都是在我们方面特别为这个目的派去的桑利斯的大法官发布了禁令之后发生的。

350 “由于这个缘故，市长、市政官员和市民在涉及我们的问题上，被判处向我们缴付一万个巴黎铸的小利弗的罚款；同时通过这同一条敕令，我们解除了对市长职位和自治市市民地位的扣押，并下令将叛乱时期担任市长的约翰·德·莫利昂从监狱中释放出来，因为事实充分证明，他仅仅是由于害怕而接受市长这个职位的。同时由于上述调查已证明，有些暴行是上述主教的官员们在我们特别为此目的派去的桑利斯的大法官发出禁令后对该市市民犯的，因此这个敕令也命令上述主教将这笔与我们商定的罚金交给我们；此款除了其中涉及他的那部分之外，他已立即交出。

“条目。考虑到我们法院院长所作的处置，我们命令主教到庭受审，提出自己的理由证明上述调查不应判处他付给自治市市民什么赔款，或者提出他认为宜于提出的其他理由。

“同样，上述市长、参议和市民也应到那里受审，而为了听听一方对另一方说些什么，我们指派他们在即将到来的议会期间，在桑利斯大法官办公的日子待在巴黎；在那里，我们的法官将据理对他们主持公道。

“条目。通过这同一条敕令，我们解除了我们由于上述事实而对上述主教的俗产和司法权所施加的扣押，但禁止主教和他的官员因上述调查而以任何方式对市长、参议、市政官员和市民采取任何行动的那种扣押除外。我们也已释放了为这事而拘留在我们监狱里的主教的大法官和其他官员。

“最后，我们的法庭禁止主教在诉讼悬而未决期间，因这些事而对市长、市政官员和市民做任何不公道或有害的事，或容忍他的人民或官员做这种事。为保证这些，我们已在本文件上盖上了我们的印章。我主降生1306年使徒圣·巴拿巴节后的星期四，在我 351
们亲临之下颁发于普瓦西。”①

在这里，该市缴付给国王的罚金金额已明白地说出，至于主教缴了多少罚金则没有说出；但我们从下列文件得悉，这项罚金达六千个巴黎铸的利弗。对主教所犯的罪行来说，这并不是一个过于严厉的惩罚；但是按照对待自治市的同样的方式来对待他，确是一种强有力的措施。他对这个敕令，肯定不是乐意的。

“蒙上帝之恩的法国人的国王菲利浦向一切将看到本文件的人致意。我现在通知大家，我们亲爱而忠实的、圣洁的博韦主教被人控告说，他本人或他手下的人违反我们对他们下的禁令，对他的

① 卢韦，《博韦主教辖区史》，第II卷，第501页。

博韦市民做了许多夺取和扣押财物的事，并使他们的人身和财物都受到损害，但这个主教为他自己和他手下的人说了种种托词，尤其是他对我们并没有犯任何不服从的罪，因为他坚信，他有权做他手下的人已对市民们做的一切事情。最后，上述主教已出于他自己的意志，答应在几个固定的时期缴付六千个具有适当重量和成色的巴黎铸造的利弗，因此我们认为应对这个主教和他手下的人全部赦免我们可能加于他们身上或财物上的大大小小的一切惩罚，同时我们已下令释放一切因上述事情监禁在我们的监狱中的，以及已经保释出去的他的手下人，并将他们交还给主教。为了保证这些事，我们已在这些文件上盖上我们的印章。我主降生1306年6月18日发于普瓦西。”①

这时，主教和自治市的市民们已完全知道国王与其议会之所
352 以采取这种严厉的手段，是希望他们不再陷在这样一件双方不断地互相谴责的事情里。因此，他们提出仲裁的方式并选出了有全权决定是否同意他们的条件的两个仲裁人。从他们的诺言的诚挚上，不难看出他们对于他们的漫长而艰难的争斗必定是多么厌烦。下面是市民们宣布他们的决心和选择时所说的话：

“博韦自治市的市长、参议和市政官员们向一切将看到本文件的人致意，祝您们健康并得到上帝的宠爱。我们通知大家，由于在蒙上帝之恩的博韦的主教，即我们宗教方面的也是我们世俗方面的大人（既代表他本人也代表其主教的职权）神父阁下和领主大人梅西耶·西蒙为一方与我们（既代表我们自己也代表自治市）为另

① 卢韦，《博韦主教辖区史》，第II卷，第508页。

一方的双方之间发生了诉讼和争论，因为上述主教控告了我们，等等”。

下面跟着来的是主教控告自治市博韦的一些罪名。市长和参议们在详细列举了这些罪名之后，加上说，“就我们方面而论，我们说，”接着他们提出了他们自己的控诉。后来，出现了用这样一些词语说出的关于和解的话：

“最后，为了得到和平的幸福，我们经一致同意，已将处理双方之间发生的每一件暴行和纠纷的全权交给昂热的司库、名叫博内的威廉大人和法国人的国王、最著名的君主菲利浦的骑士和顾问威廉·德·马尔西先生这两位谨慎而可敬的人，使他们可以在任何时候，任何一天，不论是否节假日，对上述每一件事着手进行，比如说，制定、宣布和作出最后判决，使双方约定不违反而是忠实地、

不可侵犯地服从上述官长对上述事情的判决和决定，对任何一个 353
上司或其他人不提出任何抗议、祈求或请求，使他们撤回或改变自己的意见、判断和命令，不希望通过任何其他人的意志使公断有所减轻。如有违反，则判处违反上述判决的一方付给服从判决的一方一万个利弗的罚金。

“为了履行这些事，我们，即市长、参议、市政官员、顾问和全市市民，以我们现在和将来的一切动产和不动产具结保证。为证实这一点，我们已通知了一切需要通知的人，并在这里盖上自治市的印章。我主降生 1306 年，使徒圣·西门和圣尤德节前夜，星期四，颁发。”①

① 卢韦，《博韦主教辖区史》，第 II 卷，第 509 页。

自治市的人因为真心希望和解和真心约许服从调解者的决定,所以大概比主教更热切希望结束这场争吵。在这长时期的不和中,他们的实业受到了损失,他们的农业天天受到威胁,毫无疑义,种种社会关系都变得松懈了,那些时候虔敬的人最害怕的事大概就是禁令的恢复了,因为禁令是在一切生活环境方面渗入到各个家庭内部的悲惨的根源。因此,自治市的人以最和平的心情寻求仲裁者的判决,大概他们是由于迫切需要和解而欣然接受它的。述说了我们已经知道的那些事情之后,仲裁者这样表达了自己的意思:

“因此,我们为和平的利益接受了上述任务,察看了被上述罪行所毁坏的废墟和地区,与正直的人士商议,查究了真相,考虑了一切应该考虑的事情之后,命令、宣布、决定和判决如下:

“上述市长、参议、市政官员应来到我们面前,全体市民则应双
354 联手地跪着,一起为上述事情恭顺地请求主教阁下的宽恕,并为这些事,分别以自己的名义承担支付下文中提到的罚款的责任。

“条目。他们应将他们在上述叛乱时期从主教宅邸中拿来的手铐、脚镣和原来挂在那儿的代替巨人骨的雄鹿角归还到原来的地方,并在我们面前履行这种复归和谦恭、尊敬的表示。

“条目。市长或某个参议员或市政官员应在洁身节或圣母领报节、当队伍向主教宅邸的大教堂行进时,将叛乱时期从那里拿来的一个四马克重的银制的圣母像永远供奉在那里,以向上帝和圣母表示敬意。

“条目。主教可以将三十个该自治市的人暂时扣押在他的监狱里,但在我们认为合适的时候,应将他们交出来。

“此外，我们判处市长、参议员、市政官员和市民付给上述主教八千个巴黎铸造的利弗，作为他们所犯的每一件罪行的罚金。这笔付款应在下列几个时期付出，即，一千利弗在复活节，二千利弗在下一个万圣节之前。条目，二千利弗在我主降生1308年的复活节之前(等等)。此外我们还规定和宣布，如果他们在任何一个付款日期拖延八天不缴款，不得因此而将罚金提高到一万利弗；如果拖欠超过八天也不得将它提高到一万利弗；但在八天之外每拖欠一天他们应付给主教额外的罚金五十个苏。而主教，作为一个世俗的主官，可以强迫他们做到这一点，但我们说过的每句话都永远是可靠和不可违反的，因此，任何对手在任何法院里都不得因此而对他提出任何抗议。双方应和我们一起在本文件上盖上印章，以昭信实。

“顾念到这种罚金和补偿，我们规定并宣布，上述主教在任何问题上都不得因上述过度行为而直接、间接地去打搅、干扰或烦恼 355
市长、参议、市政官员、顾问或市民，也不得命令任何人去烦恼他们，不得请求任何人这样做，不得使人做出这种事来或设法促成这种事，但恰恰相反，应在一切曾是自己的同党人的面前，维护他们的安全。同样，上述市长、参议、市政官员、顾问和市民以及其中的每一个人，都不得为上述这些事而对上述主教或其手下的人或这件事中的同谋者，特别是雷恩赛瓦尔的领主约翰或骑士索尼翁斯的约翰，采取任何行动或控告他们；但他们应支持他和他们，使他和他的任一同伴不因这件事而受到控告。这个决定中如果有什么意义含糊或模棱两可的地方，我们给自己保留其解释权。

“此外，如果市长、参议、市政官员和市民要求主教查明他的磨坊(他规定人民磨粉都应到他的磨坊去磨)的工作人员是否有超过规定的惯例,作为磨粉特权,索取额外费用的情况,则主教应予照办。如果发现确有这种情况,则应将超过的部分减去,使事情归于正常状态。

“因此,所有这些事情因已像上述那样由我们宣布、规定、决定和裁决,上述主教已以他自己的名义和教会的、他的继承者的和他的人民和他们的同伴的名义,上述市长、参议、市政官员和市民已以他们自己的名义和全市人民的名义给予了同意和承认。为了保证这一点,我们已会同主教和自治市的人在本文件上盖上我们的印章。我主降生 1306 年万圣节前的星期五,颁发于博韦。”[①]

这件大事就这样结束了;十分清楚,在博韦,人们必定非常强烈地渴望着和平,以致这样一个依靠两个仲裁者的独一无二的权
356 威作出的判决被奉为至高无上的法律和几乎是一种恩惠。事实上,这个自治市受到了历史的惩处;它犯的一切错误都成了反对它的原因,而它受的一切苦都被忽视了;它不得不承认那个自己原来希望摆脱的权威,不得不为自己的违命而付给国王一笔罚金,又为损害了主教而付给主教另一笔罚金,可是主教的党羽掠夺了他们的财产,他们却没有得到丝毫的赔偿。他们一定久已感觉到了这种危机的后果。的确,他们对它的记忆非常深刻,以致他们再也不想发挥自己的力量,再也不为自己招来内战的灾祸,首先是招来国王的愤怒,现在国王已是自治市,甚至主教们的一个强大的对手了。博韦的这位主教对这场争吵的结果也没有太多的理由私自庆

① 卢韦,《博韦主教辖区史》,第 II 卷,第 516 页。

幸。诚然，他已得了八千个巴黎铸的利弗，同时怀着敌意的人民深信他已将此款用于建筑他的主教大厦的塔楼并以其武器和自己的雕像装饰它。但他已被判处付给国王六千个巴黎铸的利弗，作为对他违命的惩罚；他不得不按照仲裁者的判决，付给博韦市的教士们六百利弗，以赔偿他的人在博韦市里纵火时期对他们的房屋的损害；最后，他自己的房屋也已完全成为一片荒地。自治市给他的这八千个利弗，他肯定不会留下多少了。只有国王的财库是这笔交易的得主：它丝毫没有受到损失；它从自治市得到了一万个利弗，从主教那里得到了六千个利弗。国王的权力日益凌驾于一切地方小当局之上的趋势已变得如此明显，以致从那时起在博韦已没有人怀抱想逃出它的势力范围的念头了。他们都从国王那里恭顺地寻求申雪一切冤屈，判决一切争端：他们已不再想用除谦恭的语言之外的其他手段来达到这个目的；如果仍然还提到他们昔日

357

的权利和古老的特权的话，那只是出于一种对旧时代的尊重，与其说是旨在驳斥他们的恭顺，毋宁说是旨在为他们的恭顺涂脂抹粉。

人们的这种新的心态不久找到了一个公开表现的机会。1308年春，即我们刚才引述的判决之后不到两年，自治市的人和主教之间在他们的老争端的若干问题上又发生了冲突，但这次社会上已不再有关于公社鸣钟集会或该市被置于禁令之下之类的流言飞语，更没有关于巷战的闲话，人们只是将这件事和平地依法呈请巴黎议会审理。议会公布的法令充分地说明了这一点。

“蒙上帝之恩的法国人的国王菲利浦向一切将看到本文件的人致意：我通知大家，在我们法院里，在博韦主教与博韦市长和参议之间发生了争论，上述市长和参议们以上述自治市全体市民的

名义，坚持说，他们过去在博韦全市一直行使和拥有着指派监督人员之权，以监理羊毛、纺纱、印染和一切与布匹织造有关事宜；还行使和拥有着惩罚、改革和使上述事情中他们认为必须加以改革的事得以遵行之权。他们还说，他们过去一直行使和拥有着拘留其市民之权，可以拘留市民中一切因在上述织造工作中犯的罪而已被他们按照习惯处以罚款的人，但豁免由于这种罪名而应由上述主教施加和征收的其他一切惩罚。他们还说，他们过去有权征收在博韦习惯上为筑路而征收的钱款，并有权任意使用该款于修理该市的道路，但主教对这种钱款的征收既无权干涉，也无权以任何方式改变其使用。他们抱怨上述主教在上述种种事件中用无数方法妨碍和困扰他们，请求我们设法制止这种困扰，迫使主教弃绝这种行径。上述主教代表他本人就上述事情为其法院要求审判权，并
358 不断地坚持说，他过去拥有并经常使用上述一切权利，因此要求将他的法院归还给他，而上述市长和参议应作为他管辖下的人而接受他的审问。上述市长和参议则坚持说，这件事的审判权应属于我们的法庭。于是，我们的法庭经细心审问双方后在判决中规定；在这次开庭期的末尾，将就上面双方所说的权利的拥有和使用情况及一切事实进行调查。对一切事情作了调查，听取了双方的理由，检验了自治市方面在这个问题上提出的一些特权和特许状之后，我们法院的判决宣布，对上述一切事情的审判权应移交给上述主教。为了保证这一点，我们已在本文件上盖上我们的印章。我主降生 1308 年圣枝主日前的星期四，颁布于巴黎我们的议会里。”①

---

① 洛伊塞尔，《博韦回忆录》，第 311 页。

这一次,我们看到议会作出了有利于主教的判决;但自治市仍然敢于向议会陈述自己的意见,并在那里寻求公道,反对它的领主的顽固的权利要求。不幸的监督人昂盖朗的兄弟让·德·马里尼最近晋升为主教,1313 年学他前任的样,恢复了他与自治市市民之间的一切争端;自治市的人不想用武力来解决争端,但不顾主教的反对而将争端呈请巴黎的议会去解决。我不知道这事是否受到了监督人的影响,或者议会的裁决是否出于真心,但自治市再一次败诉了。

“蒙上帝之恩的法国人的国王菲利浦向一切将看到本文件的人致意:我通知大家,博韦市的市长和参议们在我们法院里坚持说,该市的社团和对该社团的司法权都属于我们,而我们亲爱而忠实的博韦主教扣押了该市的某些货物,这是有损于该市和我们的权利的,为此缘故,他们提出要求说,上述货物应由我们取回,并由我们以封建主的身份将它托付给上述市长和参议。 359
另一方面,自称为法兰西的贵族和博韦的伯爵和领主的主教则坚持说,对该自治市的司法权应归属于他,同时,他凭他法庭的判决扣押上述货物是做得对的,因为主教为捍卫自己的封地和博韦教堂的权利而传唤上述市长和参议时,上述市长和参议不遵从主教的委任统治权。

“条目。上述主教控诉说,上述市长和参议曾迫使博韦市的某一个人忍受某种惩罚,虽然这种权利正像他自己说的那样,属于上述主教而不属于上述市长和参议;因此,上述人士这样做是有损于主教和博韦教会的,虽然他们由于曾对他宣誓效忠而对他负有义务。于是,上述主教的法庭传唤了上述市长和参议，经一再审讯，宣布他们为反抗法院命令者并按当地习惯认为他们有罪，因此他们应为主教控诉中所要求的一切事情给予主教以补偿，即将他的货物和对该市的管辖权归还给他。与此相反，上述市长和参议和我们的代理人则坚持说，为了若干理由，事情不应这样办，对上述事情的审判权应归属我们。于是，仔细地检查了根据我们法院的命令进行的调查，同时考虑了我们法院的某些法令和双方提出的文件之后，我们法院的判决是：上述货物应归还给主教，这两个讼案的审判权应交给他，但是，上述市长、参议和博韦自治市提出的关于主要事实的理由和抗议应除外，还有我们对所有这些事情的权利也应除外。为证明以上这些，我们已在本文件上签名盖章。我主降生1313年，耶稣升天节前的星期四颁发于巴黎。”①

360 这个自治市在这件事上失败后，1330年，在桑利斯大法官审理的一件案子中，它报了仇。在这个案子里，主教固然是无关的，但代替他地位的一个国王委派的长官，虽然是博韦的本地人却凭着他的职务要求豁免人头税，桑利斯的大法官不同意他，判他履行自治市市民应尽的一切义务，否则按照正常方式离开自治市。这个判决书是用古法文写的：

“现任桑利斯大法官让·德·桑皮向一切应听到和看到本文件的人致意，祝大家健康。现在通知大家，有一件以博韦市市长、参议和市政官员为一方和国王派在桑利斯军区的警官亨利·德·圣梅西昂为另一方的争讼案被送请我们审理，上述市长、参议和市

① 洛伊塞尔，《博韦回忆录》，第312页。

政官员坚持说，这位亨利过去和现在都是他们的市民，有义务对他们缴纳各种捐税，而日积月累共应缴总数已达十六利弗左右，因此他们要求我们判处并责令他将上述拖欠未缴的税款十六个巴黎铸的利弗连同其利息和向我们提出申请的费用付给自治市。另一方面，这位亨利断言并争辩说，他是国王的警官，因此应免缴自治市一切捐税，而且他和他的历届前任好久以来都有权创立惯例和豁免一切这样的捐税；还提出了另一些理由，说明为何上述市长、参议和市政官员不该强迫他缴付这种捐税，为何他不应受他们的追索。于是双方到庭接受我们的审判，并当场宣誓、提出他们的证词；接着，我们指派了几个委员彻底调查此事并随即向我们报告。这种调查一结束，双方就诚挚地要求我们宣布判决书。我们仔细考虑了上述行动和上述调查，并征求了与此事有关的一些有学问的人之后，宣布说，上述市长、参议和市政官员已比上述亨利更好地证明了自己的情况，而上述亨利，现在是、过去是和应该是他们 361
自治市的市民，应由他们课税，虽然是他的警官，他不可以让自己优于其他市民而免缴任何捐税。因此，他必须缴付上述捐税和一切与此有关的拖欠款项。为了确认这项判决，我们已在本文件上盖上我自己的印章，它在此事和一切其他事情中赋有国王的权力，1330年复活节后第一个星期日之后的星期六颁发于我们的桑利斯法院。当时在场的有：议会的辩护律师纪尧姆·德·巴勒尼大师；桑利斯的司铎杰克·杜·尚日大师；我们上述大法官戈蒂埃·德·莫伊的副手亨利·杜·尚日阁下；纪尧姆·德·希勒；我们的办事员热拉特·德·帕特；桑利斯军区司令的办事员让·洛奎特；皇家律师西蒙·德·拉费尔泰；杰汉·德·汉和几个其他人，此外

还有上述双方的人。”[①]

看来,自治市的人对于诉讼颇感兴趣:1331 年,博韦的司铎们向巴黎议会告了他们一状,控告市长和参议们对教士们声称属于他们管辖的一些犯法的人施加了某种惩罚,但议会并不认为市长和参议有罪,而认为他们的理由“这样行使权利绝不可能是不正当的”是很充分的,于是宣布他们没有司铎们指控的那种罪。对自治市来说,这必然是相当大的胜利。

“蒙上帝之恩的法国人的国王菲利浦向一切将看到本文件的人致意,敬祝健康。我通知大家,在我们法院里诉苦的博韦教士会的代理人和会长已针对博韦市的市长、参议和该市的自治社团提出起诉,控告上述市长和参议滥用特权,违反他们特许状的条文,对某些在上述会长和教士会的管辖下的封臣施加俗称
362 hachies 的惩罚;而这样做,照这代理人说,是没有任何正当的理由的,只是冤枉、损害和污辱了上述会长和教士会,而且他们是无权这样做的。上述会长和教士会看到了该自治市的特许状后就要求我们的法院宣判市长和参议滥用特权,为此应取消他们的自治市地位并剥夺上述特权;如果法院不愿取消他们的自治市地位,可以命令他们不再对封臣们和那些在会长和教士会管辖下的人施加这种刑罚;而上述会长和教士会为达此目的提出了许多方法和理由。与此相反,市长和参议们则声称,这讼案不能按照上述代理人所作的推断和目的进行审判和作出判决;而我们也不能在那个基础上作出不利于他们的决定,因为上述自

① 洛伊塞尔,《博韦回忆录》,第 313 页。

治市是从属于我们的，是由我们和我们的祖先创立的：上述会长和教士会仅仅是它的邻人，不能作出不利于市长和参议的决定，说他们滥用了他们的特权，应该剥夺他们自治市的地位，而在上述这个案子里，只有我们的代理人能够作出如此不利于他们的决定。他们还补充说，关于罚金，上述代理人也不能由于罚金是由上述会长和教士会强加于封臣的而作出不利于他们的决定，因为他们并不是他们的侍仆，同时，绝不能把行使权力看作一种非法行为。他们还提出许多理由来支持自己的意见。

“审问了双方，听了双方陈述的理由，还专注地听了上述会长和教士会的推断之后，我们的法庭作出了判决，其大意是他们不承认代理人所得出的结论。为了证明这一点我们已在本文件上盖上我们的印章，我主降生 1331 年 2 月的最后一天颁发于巴黎我们的议会里。”①

363

自治市的这些公民拥有很多特权，他们要求并通过法律的命令而取得的这种种权利的行使，在今天的我们看来，正是最高主权的行使中所固有的，但他们没有在实际上拥有他们的市政厅和他们的市场；他们不得不向主教缴纳一种徭役地租来保有这些权利，如果他们迁延缴纳，主教可以禁止他们使用。下面这份判决书是很奇特的，因为有这种明显的对照：

“1379 年 11 月倒数第二个星期二，以德·博韦阁下的代理人为一方，博韦市市长和参议为另一方，在博韦出庭接受我们博韦的大法官吉尔贝尔·道布莱特的审判，博韦市市长和参议由他们的

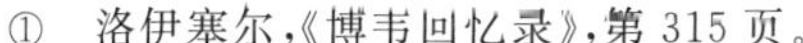

① 洛伊塞尔，《博韦回忆录》，第 315 页。

代理人大法官尼凯斯带着盖有博韦郡大印的委任状到庭。在这个讼案中到场的有上述大法官尼凯斯，让·德·拉·克罗瓦，拉乌尔，让·杰克·德·桑利斯，克里蒙·德·康贝龙，让·但尔维尔和克雷托夫·杜·普伊。上述的尼凯斯提出其委任状后，诉讼顺序便开始进行。自治市的市长和参议控诉说，被称为武尔特大厦的和上述市长和参议召开大会并举行庆宴的那座大会堂已被我们的一个警官托马斯·古蒙按照德·博韦阁下的愿望霸占了，每年缴付给主教一笔地租，武尔特大厦每年分别于圣·雷米节和耶稣圣诞节以同等数额共缴付六个博韦铸的但尼尔，大会堂及其附属建筑物每年在同样的日期共缴付十四个博韦铸的但尼尔，这些地租从上一个圣雷米节起都得按照上述日期连同其拖欠之数一并缴付。

364 “上述占有是上星期一由警官像他所说的那样，在博韦的圣·皮埃尔教堂打晨祷钟时，通知市长和参议们的。上述自治市代理人向我们承认说，提及的两处地方是以上述租金从上述主教阁下那里租来的，同时他同意，上述租金应由上述自治市的司库纪尧姆·勒·格朗德-维利耶和蒂鲍缴付，即现在的租金二十个博韦铸的但尼尔和上一个圣雷米节到期的欠款七个苏、六个但尼尔。而上述主教的代理人说，关于上述欠款另外还应付出一笔钱；上述自治社团及其代理人则说，如果上述主教能够证明他对这些之外的巴黎铸的七个苏、六个但尼尔的权利，则当于将来的某一天缴付，使合法的权利无所损害。于是上述市长和参议要求我们让上述主教大人不再占据上述大厦和大会堂。对此，我们回答说，因为自从那边被人以主教的名义占据以来，上述市长和参议已在上述地方举行过几次大会;因此,并为其他原因,上述主教的代理人已几次以他主人的名义向我们国王陛下的警官控告上述市长、参议和他们的官员。这位警官读了双方的协议和声明之后,已将此案呈请国王陛下交给他的议会裁决。同时我们回答说,关于上述控告和与此有关的一些事情,我们无论如何不能干预。但我们说,如果上述主教代理人同意,同时不影响我们议会审理此案的话,就我们而论,我们是愿意解除上述占领状态的。为了证明这些,我们已在本文件上盖上我们的印章。"①

于是,正像人们清楚地看到的那样,一切都被正义的呼声所终止;不再有诉诸武力,不再有成为中世纪社会生活的特征的那些精力充沛而野蛮的诉讼。博韦的市民和当局者都进入了法兰西王国的正常的、日益进步的状态。他们的城市仍然拥有许多特权;主教仍然是博韦的伯爵和法国的一个贵族;但是共和精神也像封建的 365
风气和教会的傲慢一样都消失了。神职人员和市民都认为自己是同一个主人的子民,只要求法国国王尊重过去,为现在好好治理国家。因此,我们将不再在博韦的历史中遇到那种热烈而暴乱的场面,那时候社会上最大的利益集团、最初的共和势力正在国家历史上一个不著名的小城市的街道里进行战争。意见不合这个老问题依然存在;因为,1617 年时,关于司法权的问题在巴黎议会里仍然悬着没有解决;但这些事情都按照单调的审判方式不声不响地进行着;同时它们的讨论只有极小的效果,以致博韦的史学家们都忘了让我们了解它的沧桑变化了。

① 洛伊塞尔,《博韦回忆录》,第 316 页。

可是，自治市仍然存在，由于王权的扩大而受到最大损失的并不是那个社会机构。自治市不但由于那个制度而赢得了休养生息和对其工商业极为需要的内部秩序，而且还代表国王与一个对小市民的自由不像主教那么猜忌的封建主打交道。主教更深切地忧虑小市民的自由，也更多地受到那些自由的妨碍，他的先人们曾耗费毕生的精力与它们作斗争。为了报答这个城市在反对英国人的战争中的良好行为，它的特权甚至被扩大了。1360 年，授予它举办两个一年一度的大市场的特权，还给予到市场去的人以政治权利、给货物流通以自由。博韦的居民在 1350 年时已被置于国王的特殊保护之下，到 1472 年，更被豁免一切捐税，就在这一年，又得到了可拥有贵族的封地的宝贵权利而无须为此付出补偿或者去作战或被派到战地去——防守博韦已被认为是十足的兵役。路易十一更进一步赐予他们，作为贵族，免去各种征课。1572 年，查理九
366 世确认自治市的一切自由权。最后，亨利四世，为了报答博韦人民对法国王室的忠诚，通过 1594 年的特许状，答应不给他们委派总督，不在他们城市里保留堡垒或城堡，也不在那里设置卫兵。

这些重大而有利的恩典可能大大地安慰了博韦市的公民，因为原来他们的特殊的审判制度已被巴黎议会的审判权弄得黯然失色，他们市长的征税权已被负责代表国王行使那种职权的估税员所限制，最后，防守城市的任务也已由国王任命的一个队长分担。但是主教，他的领主权受到的损失比自治市的特权所受到的更大，他的世俗事务的管辖权天天受到议会的限制；他眼看着人家违犯他的古老的特权在博韦建设一座铸造皇家货币的大院；他每天感到在行使自己的权力方面受到那群司法和财政官员的掣肘，皇家

的政策就是靠这群人在整个法国贯彻的；我说，主教所受的损失虽然和自治市的一样多，但没有得到与自治市同样的补偿；他的损失至少和自治市的一样多，但他没有得到丝毫东西。什么特权能使一个中世纪主教的权力有所增加？什么豁免能够补偿一个高等贵族日益衰微的权力？

有一件事是使博韦的主教们感到安慰的：他们的永久的夙敌也像他们一样受到了许多损失；在很长一段时间里，没有人提到过这些城堡主；在自治市日益壮大、王权日益增长之下，这些曾一度非常可怕的领主已完全被压垮了；他们的抱负已烟消云散；他们的努力和作用几乎连一个影儿也没有留下。但博韦教士会的情况绝非如此：它日益独立于主教，甚至想支配他；而在这种斗争中，有利的条件并不总是在主教这一边。由安塞尔给予教士会的革除教籍之权是一个可怕的武器，司铎们可以用来反对一切人，特别是他们

的主教。1109 年，主教戈德弗雷为了一块地产的所有权和他们争 367
论；教士会就对他下了一道禁令。1145 年，罗贝尔主教的大教堂教长亨利·德·布拉其斯对司铎们诉诸暴力行动，教士会就对他下了一道禁令，于是主教不得不屈服，他的教长被交给教士会，装在一辆粪车里可耻地拉出博韦，送往圣地去。1266 年，发生了与此同样的事，主教不得不苦苦哀求司铎们赦免他的罪，请求他们解除这个禁令，并饶恕他的官员们。1272 年，又发生了这种事，而于 1281 年再次发生了这同样的事。于是，在 1355 年，禁令的威胁就够教士会用的了；主教在禁令执行之前就屈服了。在 1232 年的大争吵中，我们看到，一个主教如果想得到他的傲慢的同伴的合作来反对他的敌人，必须把自己的语调放低到何种谦卑的程度，再也没

有什么方法能使他们继续处在博韦的封建主们长期以来所争夺的那个管辖权之下了。教士会在其凶猛的独立的范围内得到巩固之后,便公然反抗伯爵和主教了。除了它自己之外,谁也不能审判它的任何一个成员:它有它的发布禁令之权;必要时,它可以调动它属下的武力来反抗对它权利的任何侵犯。

因此,我们不难想象,博韦的主教们看到这些困恼的邻人屈服于国王权力之下时,他们暗地里是多么高兴啊,同时,他们又如何以赞许的目光看着这些实现了司铎和神职委任者的命令所从未实现过的事的巴黎议会的法令。因为他们自己没有这种力量,所以他们看到国王沉重地打击了这些犯法的司铎们时,非常高兴。当他们看到司铎们在1614年被总督和巴黎议会的一道法令判处他们在自己的教堂里宣布一项由主教发出的禁令时,这一天必然是他们得到极大安慰的一天。

368 司铎们对于加到他们头上的禁令,长期以来一直在默默地加以拒绝;秩序和规律的急迫的发展不允许有这样的例外的事和这样的过度行为;他们拒绝它,没有公开承认它,但他们仍然拒绝它。因此,从这时起,主教和教士会重新纳入了教会权力的常轨,他们已不再使我们关心了。

自治市对皇家当局来说不像教士会那么陌生,行政管理的进步也比较固执地保存了它的个性,我们几乎每年都能看到它的生活和特权的某些迹象。详细叙述所有这些情况,那是十分令人厌倦的;但我们可以引录若干可以从中看到博韦的社会生活和地方自治精神的继续存在的事例。

1472年,奉派去管理博韦医院的几个圣·拉扎尔修道院的修道士被扣留了，在谁该担任这项管理工作的问题上发生了很大的争论。施赈主任、博韦主教和教士会为此争论不休；市长和参议们则以自治市代表的资格要求担任这项工作。要结束这件事我原不知道需要议会发布多少法令和经过几十年上百年时间，但它像几乎所有这类事件一样，也以和解告终。

1488年，博韦主教一职出缺，于是继承者的选择成了千百种阴谋的根源。认为延迟选举对自己有利的这一方，使用了贿赂、约许甚至威胁等手段来阻碍教士会进行此事；但中产阶级对这种拖延和它的种种动机很不耐烦，市长和参议们便决心纠正它：他们在该市各个大门和各条大路上都设置了哨岗，甚至禁止一切偶尔来的人进入博韦市，以保证教士会无所恐惧。于是举行了选举。

1568年，市长和参议们不向博韦的主教和教士会而向国王的官员们要求执行奥尔良的法令，规定在每个教士会里，一个教士的薪俸应按照一个负责免费教授本市贫民和儿童的老师的生活费来拨给；他们的请求达到了目的。

1583年，一个到博韦来征收新开征的补助金的赈济委员在城门口拒绝放下他携带的武器；人民看到这种侵犯它的特权的行为非常震惊，愤怒地集合起来；在此群众造成的混乱中，有几个人被打倒了，旁观者大声叫喊：守门人都要被杀死了。关于这事的谣言传遍全市，二千武装人员立即在巴黎城门集合，如果不是几个有远见的、果敢而冷静的公民介入，并从危险的境地中把他救出来，这位委员很可能已连同他的手下人全部被杀死。

1617年，教士会在主教的职位出缺的时期，行使主教的权力批准了在博韦建立最小兄弟会的修士会，并要求市长和参议们的同意，他们在市政大厦召开了大会，以征得大家的同意。

1626 年，我们看到了与此相同的关于乌苏拉会的一所女修道院的这件事；唯一的不同之处是，在这件事上，路易十三世的特许状已先于市长和参议们的同意而颁发，可是得到了路易十三的特许状后仍需得到市长和参议的同意。

这样的事我还可以提出许多，但只提这些也足够了。我已一步一步地从十一世纪到十七世纪探索了法国的一个自治市的历史。在这样有限的活动场所里，你们已经看到了自治市自由民精神的各种状态：顽强而野蛮的血统；坚强不屈捍卫其特权；立即承担任务，并巧妙地支持远处的更强大的势力，以冀免受附近的下属势力的压迫；随着社会和政府的逐渐变化而变化自己的语调，甚至自己的权利要求；但始终坚忍地、明智地、以一种透彻的洞察力设法使文明的一般进程变得有利于自己。第三等级就是这样形成
370 的。从十七世纪起，我们不再需要在各种特许状和各城市内部事件中探索它的命运的历史了。这些人已在一个远为广大、远为崇高的领域里阔步前进了。他们已经成为法国的命运。

译名对照表

A

Abailard 阿倍拉尔
Abbo 艾博
Abruzzi 阿布鲁齐
Acadie 阿卡地
Achaia 阿黑亚
Achaean 阿黑亚人
Acincum 阿辛古姆
Adair,James 阿代尔,詹姆斯
Adarbert 阿达尔贝尔
Adarbert Formoso
阿达尔贝尔·福尔摩索
Adalhard 阿达尔哈德
Adelbert 阿德尔贝尔
Adhémar 阿代马尔
Adelung 阿德隆
Adige 阿迪杰
Ado,St. 阿多,圣
Adrian I. 阿德里安一世
Adriannople 阿德里安堡
Aelbert 艾尔伯特
Aeneas 埃涅阿斯
Aëtius 埃提乌斯
Agadir 阿加迪尔
Agapetus 阿加佩图斯
Agde 阿格德
Agen 阿让
Agenois 阿热诺阿
Agilof 亚基洛夫
Agnes 阿格尼斯
Agobard 阿戈巴尔德
Agraecius 阿格拉西乌斯
Agritius 阿格里提乌斯
Aigues Mortes 艾格·莫尔特
Aimery I. 艾梅里一世
Aire 艾雷
Aix 艾克斯
Aix-la-Chapelle 艾克斯-拉-沙佩勒
Alain 阿兰
Alani 阿兰人
Alaric 阿拉里克
Alberic II. 阿尔贝里克二世
Albi 阿尔比
Albigenses 阿尔比派
Albinus 阿尔比努斯
Alcuin 阿尔昆
Alderic 阿尔德里克
Alduin I. 奥尔登一世
Aledran 阿莱德朗
Alès 阿莱斯
Alesia 阿来西亚
Algasie 阿尔加西

Alemanni 阿勒曼人
Aller 阿列尔
Alsatians 阿尔萨蒂亚人
Amalaire 阿马莱尔
Amalfi 阿马尔菲
Amand,St. 阿芒,圣
Ambroise,St. 安布罗斯,圣
Amiens 亚眠
Amianus Marcellinus
阿米阿努斯·马尔切利努斯
Anatolius 阿纳多利乌斯
Ancre 昂克尔
Andelot 安德洛
Andrew,St. 安德鲁,圣
Angers 昂热
Angesise 安吉西斯
Angilbert 安吉尔贝尔
Angoulème 昂古莱姆
Angy 安吉
Anianus 阿尼阿努斯
Anjou 安茹
Ansegise 安塞吉斯
Ansel 安塞尔
Antioch 安提阿
Antonin 安东尼
Antonius 安东尼乌斯
Apodemus 阿波德穆斯
Apollonius 阿波罗尼厄斯
Appius Claudius Sabinus
阿皮乌斯·克劳狄乌斯·萨比努斯
Aprouaque 阿普罗格河
Aquitaine 阿基坦
Apennins 亚平宁山
Arago 阿拉戈
Aragon 阿拉贡
Arbo 阿尔博
Arborius 阿尔鲍里乌斯
Archambaud jambe-Pourri
阿尚博·詹姆比·普里
Ardennes 阿登
Ardrieux 安德里厄
Area Bachis 巴希斯地区
Arians 阿里乌斯教派
Arianism 阿里乌斯派教义
Arles 阿尔勒
Armagnac 阿马尼亚克
Armorica 阿尔莫里克
Arnobius 阿尔诺比乌斯
Arnoul 阿诺尔
Artois 阿图瓦
Ataulphe 阿陶尔夫
Athanagilde 阿特那吉尔德
Athanasius,St. 亚大纳西,圣
Athyes 阿赛斯
Attigny 阿底尼
Attila 阿提拉
Aube 奥布河
Aublet 奥布利
Auch 欧什
Audarchius 奥达奇乌斯
Augsburg 奥格斯堡
Augustin,St. 奥古斯丁,圣
Aurès 奥雷斯
Aurigny 奥里尼
Aurillac 奥里亚克
Auriol 奥里奥尔
Ausone 奥索恩(奥索尼乌斯)
Austrasia 奥斯特拉西亚
Austregesilus,St.
奥斯特里吉西勒斯,圣
Autun 欧坦
Auvergne 奥弗涅

Auxentius 奥克森提乌斯
Auxerre 欧克塞尔
Avares 阿瓦尔人
Avaricum 阿瓦里库姆
Avignon 阿维尼翁
Alcimus Ecdicius Avitus 阿西穆斯·埃克迪修斯·阿维都斯
Avitus, St. 阿维都斯,圣

B

Bachis 巴希斯
Bade 巴登
Baluze 巴吕兹
Bapaume 巴保姆
Barcelone 巴塞罗那
Baron 巴隆
Bartholomew de Franoy 巴托洛缪·德·弗拉诺伊
Barthou 巴尔图
Basile, St. 巴西尔,圣
Batavians 巴塔维人
Baudouin 博杜安
Baudry 博德里
Baune 博纳
Bavon, St. 贝冯,圣
Bayeux 贝叶
Bayle 裴尔
Bayonne 巴永纳
Bearn 贝阿恩
Beaucaire 博凯尔
Beauce 博斯
Beaudouin 博杜安
Beaujolais 博若来
Beaulieu 博利厄
Beaumanois 博马努瓦尔
Beauvais 博韦
Bellême 贝莱姆
Bell-Fontaine 贝尔-封丹
Benchor 本科
Benedict, St. 本尼狄克特,圣
Benevento 贝内文托
Benoit, St. 圣本笃
Berauld I. 贝劳尔一世
Bérenger 贝朗热
Berard Trancalion 贝拉德·德兰卡里翁
Bernard II. 贝尔纳二世
Bertha 贝尔塔
Bernier 贝尼埃
Berry 贝里
Berryer 贝里耶
Besançon 贝桑松
Beseleel 贝塞利尔
Bessmer 贝色麦
Beziers 贝济耶
Bignon 比格农
Bigorre 比戈雷
Binden 宾根
Bineau 比诺
Blanche 布朗歇
Blois 布卢瓦
Blücher 布吕歇尔
Bobbio 博比奥
Boians 博伊人
Boü 博伊
Bois-Commun 布瓦-康蒙
Bolland 波朗德
Bonet, St. 博内特,圣
Boniface 卜尼法斯
Bonn 波恩
Bordeaux 波尔多
Borny 博尔尼

Borrel 博雷尔
Boson 波松
Bosson II. 博桑二世
Bossuet 波舒哀
Bouchard I. 布查德一世
Boucher 布谢
Bouillé 布耶
Boulanger 布朗热
Boulainvilliers 布兰维里耶
Boulogne 布洛涅
Bourcheresse 布舍勒斯
Bourdelle 布尔代尔
Bourdon 布尔顿
Bourg 布尔格
Bourges 布尔日
Bourmont 布尔蒙
Braga 布拉加
Braelle 布拉耶
Braines 布雷纳
Bray 布雷
Breteuil 布列特伊
Bretons 布列塔尼人
Brittany 布列塔尼
Bruce 布鲁斯
Bruères 布鲁埃尔
Brunehault 布吕娜奥
Brussel 布鲁塞尔
Bucania 布科尼亚
Bucy 比塞
Bünau 比诺
Bugey 比热
Bureau 比罗
Burgundy 勃艮第
Burgundians 勃艮第人

C

Caesaria 凯撒利亚
Cahors 卡奥尔
Calabria 卡拉布里亚
Calais, St. 加来,圣
Caligula 卡利古拉
Calonne 卡伦
Caluppa 卡卢巴
Cambray 康布雷
Campagna di Roma 坎帕尼亚-迪罗马
Capetians 卡佩王朝
Cappadocia 卡巴多西亚
Campigny 康皮尼
Caprais, St. 卡普拉亚,圣
Capua 卡普阿
Carcassonne 卡尔卡松
Carloman 卡洛曼
Carnac 卡尔纳克
Carnot 卡尔诺
Carolingiens 加洛林王朝
Caron 卡隆
Carpentras 卡庞特拉斯
Carousel 卡鲁塞尔
Carthaginians 迦太基人
Cassel 卡塞尔
Cassien(Cassienus) 卡西安
Cassiodorus 卡西奥多鲁斯
Castar, St. 卡斯特,圣
Catti 凯蒂人
Cayeux 凯尤
Celestius 塞莱斯蒂乌斯
Celestine 塞莱斯廷
Celtes 凯尔特人
Celles 塞伊斯
Ceneda 塞奈达
Centulf II. 森图尔夫二世
Ceran, St. 塞朗,圣
Cerdagne 塞尔达尼

Cernunos　塞尔努诺斯
Cerny　塞尔尼
Cesaire,St.　塞泽尔,圣
Cesarius　塞萨里乌斯
Chablais　夏布莱
Chadoin　查多因
Chaillon-sur-Loire(Sonchalo)　卢瓦尔河畔夏荣
Chalais　夏莱
Chalcidonia　卡尔西顿
Chalgrin　夏尔格兰
Challou　沙隆
Châlons　沙龙
Chalus　沙吕斯
Chamouille　夏穆伊
Champagne　香槟,香巴尼
Chantereau-Lefevre　尚特罗-勒菲弗尔
Chanzy　尚齐
Chaptal　夏普塔尔
Chardin　夏尔丹
Charente　夏朗德
Charett　夏雷特
Charibert　夏里贝尔特
Charlemagne　查理曼
Chaleroi　沙勒罗瓦
Charles Martel　铁锤查理
Charles le Chauve　秃头查理
Charles le Gros　胖子查理
Charles le Simple　天真汉查理
Charlevoix　沙勒瓦
Charlieu　沙尔略
Charolais　夏罗莱
Charost　夏罗斯特
Charroux　沙鲁
Chartres　沙特尔
Château-Landon　兰顿堡
Chateauneuf　夏托纳夫
Chateauneuf-sur-Cher　谢尔河畔夏托纳夫
Chateau Thierry　蒂耶里堡
Chaumont　肖蒙
Chavigny　夏维尼
Chavones　夏沃纳斯
Chequites　切奎特人
Chevy　谢维
Cherboug　瑟堡
Chevreul　谢弗雷尔
Chieti　基耶蒂
Childebert　希尔德贝尔特
Childeric　希尔德里克
Chilperic　希尔佩里克
Chindasuinthe　钦达苏英特
Chloderic　克洛德里克
Chlotaire　克洛塔尔
Choldwig　乔尔德维格
Cholet　肖莱
Chrodegaud　克劳特冈
Cicero　西塞罗
Cimbrians　辛布里人
Clair-sur-Esste　埃斯特河畔克莱尔
Clairvaux　克莱尔沃
Claude Mamertin　克劳德·马麦丁
Claude,St.　克劳德,圣
Claudius　克劳狄乌斯
Claudel　克洛代尔
Clemence　克莱门斯
Clement　克雷芒
Clermont　克莱蒙
Clermont-Ferrand　克莱蒙-费朗
Cléry　克莱里
Clichy　克利希
Clorus　克洛拉斯

Clotaire 克洛泰尔
Clothilde 克洛蒂尔德
Clovis 克洛维
Cluny 克吕尼
Cobden 科布登
Coblence 柯布伦茨
Cocherel 戈什雷尔
Cognac 科涅克
Colbert 柯尔伯
Colmar 科尔马尔
Cologne 科隆
Columban,St. 高隆班,圣
Combarelles 孔巴雷尔
Combes 孔布
Comin 科明
Compiegne 贡比涅
Conan I. 科南一世
Concordia 贡考尔迪亚
Condat 孔达特
Condé 孔代
Condorcet 孔多塞
Consencius 孔森西乌斯
Constance 君士坦斯
Constance Chlore 君士坦斯·克洛尔
Constantin 君士坦丁
Constantius 君士坦提乌斯
Constantin Auguste
君士坦丁·奥古斯都
Constantius Chlorus
君士坦提乌斯·克洛卢斯
Constantinople 君士坦丁堡
Conti 孔蒂
Cooper 库珀
Corbeil 科尔贝
Corbie 科尔比
Cordova 科尔多瓦
Corrèze 科雷兹
Cornutum 考尔努多姆
Corsica 科西加
Cortone 科尔托纳
Coucy 库西
Coudun 库顿
Coulaine 古兰纳
Courbet 库尔贝
Coutras 库特拉
Crècy 克雷西
Crediton 克雷迪顿
Cremieux 克雷米厄
Cremona 克雷莫纳
Crespy 克雷斯比
Creuse 克勒兹
Creusot 克勒索
Croix,St. 克鲁瓦,圣
Croy 克罗伊
Cujas 居雅斯
Cuvier 居维埃
Cyprus 塞浦路斯
Cyrilla 西里尔
Cybèle 西贝尔

D

Dagobert 达戈贝尔特
Dalimier 达利米埃
Dalmatia 达尔马提亚
Damesne 达梅斯纳
Damien 达米安
Damiett 达米埃塔
Darlan 达尔朗
Daumier 多米埃
Daunou 多努
Dauphine 多菲内

Delfand 戴芬
Degoutte 德古特
Degueldre 德盖尔德尔
Delacroix 德拉克罗瓦
Delawares 特拉华人
De Asperüs 德阿斯普娄斯
Delille 德利尔
Denain 德南
Denis,St. 丹尼斯,圣
Descartes 笛卡尔
Devon 德文
Didier,St. 迪迪埃尔,圣
Digne 迪涅
Dijon 第戎
Dimont 狄蒙
Diocletian 戴克里先
Dionysius 狄奥尼西
Diospolis 狄奥斯波利斯
Dizy 迪齐
Dizier,St. 迪齐厄尔,圣
Domagne 多马纳
Dombes 东布
Domfront 冬弗隆
Domnicius 多米尼修斯
Domnulus 多姆努勒斯
Donatus 多纳图斯
Donatists 多纳图斯派
Dordogne 多尔多涅
Dornberg 多恩贝格
Douai 杜埃
Douaumont 杜奥蒙
Doullens 杜朗
Douzy 杜济
Drancy 德朗西
Draveil 德拉韦依
Drogon 德劳贡
Drome 德龙河
Drumont 德律蒙
Dubos 杜博
Dubois 杜布瓦
Dubreuil 迪布勒伊
Du Cange 迪康热
Dugard 迪加尔
Dugommier 迪戈米埃
Duisburg 杜伊斯堡
Dumfries 邓弗里斯
Dumouriez 迪穆里埃
Dun-le-Roi 邓-勒-罗瓦
Dunes 邓斯
Dunois 迪努瓦
Durance 迪朗斯河
Duren 迪伦
Dutillet,John 达特勒,约翰

E

Eanbald 恩鲍德
Ebbo 埃博
Eblé 埃布莱
Ebro 埃布罗河
Ebroin 埃布罗恩
Ecosse 苏格兰
Edes 埃德斯
Edward III. 爱德华三世
Egica ou Egiza 埃吉卡或埃吉萨
Eginhard 埃金哈德
Ehresburg 爱雷斯堡
Eichstaedt 埃赫斯塔特
Elbe 易北河
Elchingen 埃尔欣根
Eléonore 埃莱奥诺
Eleusippius 埃留西庇乌斯

Èloi 埃鲁瓦
Eloy,St. 埃洛伊,圣
Elpaud 埃尔保德
Embrun 恩布伦
Emerius 埃默里乌斯
Emessa 埃梅萨
Emilie 艾米利亚
Emma 爱玛
Engelshalk 恩格尔沙尔克
Enguerand 昂盖朗
Eous 厄俄斯
Epaone 埃巴奥纳
Epaonense 伊巴奥南斯
Epernay 埃佩尔奈
Ephesus 以弗所
Epiphanius 伊皮凡尼乌斯
Equitius 埃奎提乌斯
Erastianism 埃拉斯都主义
Erfurt 爱尔福特
Erigena 埃里金纳
Eriphius 厄立菲乌斯
Ernodius 埃诺提乌斯
Ernoul 埃尔努尔
Escurolles 埃斯库罗斯
Esterhazy 埃斯特尔哈齐
Estienne 埃蒂安纳
Etampes 埃当普
Etienne,St. 艾蒂安,圣
Euchere 尤奇亚
Eudes 厄德
Eulalia 尤拉莉亚
Eumenius 欧梅尼乌斯
Eumiza 欧米扎
Euphronius 欧夫罗尼奥斯
Euric 尤里克
Evreux 埃夫勒
Eusebius,St. 优西比乌斯,圣
Eustace Deschemps 尤斯塔斯·德尚
Eutychian 优迪克派
Eutropius 优特罗庇乌斯
Evagrius 埃瓦格里乌斯
Eylau 艾劳

F

Fabretti 法布里蒂
Fabien 法比安
Fabry 法布里
Falaise 法莱斯
Fallieres 法利埃
Falloux 法卢
Farroul 法鲁尔
Fastrade 法斯特拉德
Fauré 福雷
Faustus 福斯图斯
Favara 法瓦拉
Favorinus 法沃里努斯
Fawcet 福西特
Felix 菲利克斯
Fenel 费奈尔
Fenelon 费内隆
Ferdinand 费迪南
Ferney 费尔内
Ferré 费雷
Ferrieres 费里埃雷
Ferry 费里
Feydeau 费多
Fezenzac 费曾扎克
Fichet 费歇
Figeac 费吉阿克
Filain 菲莱恩
Fimes 斐姆

Fismes 菲斯姆
Flaccus 弗拉克斯
Flacius 弗拉希乌斯
Flagonard 弗拉戈纳尔
Flanders 佛兰德
Flandin 弗朗丹
Flavius Damaetas
弗拉维乌斯·达美塔斯
Fleurg 弗勒里
Florentius 弗洛伦提乌斯
Florus 弗洛鲁斯
Flot 弗洛特
Fontaine 枫丹纳
Fontaine Couverte 枫丹·科韦尔特
Fontanet 丰特奈
Fontenell 丰特奈尔
Fonlenay 丰特努阿
Formigny 福尔米尼
Fornoue 福尔诺阿
Fores 福雷斯
Formosus 福尔摩苏斯
Fortunatus 福蒂纳图斯
Fouche 富歇
Fougère 富热尔
Foulques Nerra 富尔克·内尔拉
Franks 法兰克人
Franche-Comté 弗朗什-孔泰
Fredégaire 弗雷代盖尔
Fredégonde 弗雷代贡德
Fredegarius 弗雷德加留斯
Frederic Barbarosa 腓特烈(红胡子)
Frenay 弗雷内
Freysingen 弗雷辛根
Frisons 弗里西亚人
Friedgies 弗里德吉斯
Frodoard 弗罗多阿尔
Froges 弗罗热
Frossard 弗罗萨尔
Fugger 富热尔
Fulda 富尔达
Furnes 菲尔纳

G

Gabriel 加布里埃尔
Gaius 盖尤斯
Gall,St. 高尔,圣
Galargues 加拉克
Galibis 加利比人
Galicia 加利西亚
Gallas 加拉人
Gallien 盖利安
Galsuinthe 加尔斯温特
Gand 根特
Gap 加普
Garcia Arnould I.
加尔西亚·阿诺德一世
Gard 加尔德
Gardon 加顿
Garonne 加龙河
Gascons 加斯科涅人
Gascony 加斯科涅
Gâtinais 加蒂奈
Gauffred I. 高弗雷德一世
Gauguin 戈甘
Gaulois 高卢人
Gauthier I. 戈蒂埃一世
Gaza 加扎
Genest 杰纳斯特
Gennade 金纳德
Gennadius 金纳迪乌斯
Gentily 真蒂利

H

Haute-Seine　上塞纳
Haute-Villiers　上维利耶
Havez　阿韦
Hedibie　海迪比耶
Hébert　埃贝尔
Heinsius　海因西乌斯
Héligoland　赫尔戈兰
Heinrich　亨利希
Helgaud II.　埃尔戈二世
Helvetes　赫尔维蒂人
Hemery　埃梅里
Henke　昂克
Henriette　亨里埃特
Heraclius　希拉克略
Hérodote　希罗多德
Hesiode　赫西奥特
Herbert II.　赫伯特二世
Herbert I.　赫伯特一世
Hermanfried　赫尔曼弗里德
Hermogenes　赫莫杰尼斯
Herodius　希罗狄乌斯
Herold,John　埃罗尔德,约翰
Hésiode　赫西奥德
Héros　希罗斯
Herulé　赫鲁利人
Hervé　赫威
Hilaire　伊莱尔
Hilarion,St.　希拉里翁,圣
Hildebold　希尔德博德
Hildegard　希尔德加德
Hillel　希勒尔
Hilo　希洛
Himerius　希迈里乌斯
Himera　希梅拉
Hincmar　辛克马尔
Hippocrate　希波克拉底
Hippone　希蓬
Hiram　希兰
Hirtius　希尔提乌斯
Homère　荷马
Honke　昂克
Honorat　奥诺拉
Honorius　荷诺里乌斯
Honoratus,St.　荷诺拉多斯,圣
Honorius　荷诺里乌斯
Horace　贺拉斯
Horatius Pulvillus
霍拉提乌斯·普尔维勒斯
Hospitius　霍斯皮提乌斯
Hottentotes　霍屯督人
Houghton　霍顿
Houlton　霍尔顿
Hucbald　于克巴尔德
Hugues Capet　于格·卡佩
Hugues I.　于格一世
Hugues Bardoulf　于格·巴杜尔夫
Humbert II.　亨伯特二世
Huns　匈奴人
Hurons　休伦人
Hyeres,Isles of.　耶尔群岛

I

Icare　伊卡尔
Illinois　伊利诺伊人
Illyria　伊利里亚
Inde　英德
Ingelheim　英格尔海姆
Innocent　英诺森
Irenopolis　伊雷诺波利斯
Iroquois　易洛魁人
Isauria　伊索里亚

Laniel 拉尼尔
Lannes 拉纳
Lanrezac 朗雷扎克
Laon 拉昂
La Rochelle 拉罗歇尔
La Rocque 拉罗克
Larrey 拉雷
La Salette 拉萨勒特
Lascaux 拉斯科
Latran 拉特朗
Lauresheim 劳雷希姆
Lauriacum 劳里亚古姆
Lautrec 劳特雷克
Lazarus 拉扎勒斯
Lecclanché 勒克朗谢
Leclere 勒克莱尔
Lectoure 勒克图尔
Leger 莱热
Leibnitz 莱布尼兹
Leidrade 利德雷德
Leinster 伦斯特
Le Mans 勒芒
Lendit 朗迪
Lens 朗斯
Leo,St. 利奥,圣
Leontius 莱昂提乌斯
Lepon 勒蓬
Leporello 莱波雷罗
Leptines 莱普廷斯
Lerens 勒朗
Lerida 莱里达
Lerins 勒林斯
Lespinasse 莱斯比那斯
Lestines 莱斯廷斯
Leutard 栾塔尔
Levaillant 勒韦朗
Leticia 莱蒂西亚
Leto 勒托
Leucas 莱夫卡斯
Liege 列日
Lienz 利恩茨
Liestal 利斯塔尔
Liguge 利古日
Ligorio 利戈里奥
Lille 里尔
Limoges 利摩日
Limousin 利穆赞
Lindenbrog 林登布罗格
Lippe 利珀河
Lippenheim 利彭海姆
Livy 李维
Lodewig 洛德威克
Loire 卢瓦尔河
Loiret 卢瓦雷
Lomagne 洛曼
Lombards 伦巴第人
Longuet 隆盖
Lorraine 洛林
Lothaire 洛泰尔
Lother 洛泰尔
Louis,St. 路易,圣
Loubet 卢贝
Loucheur 卢舍尔
Louis le Bègue 口吃者路易
Louis le Debonnaire 虔诚者路易
Louis le Germanique 日耳曼人路易
Louis le Hutin 顽夫路易
Loup,St. 卢普,圣
Louvel 卢韦尔
Louvois 卢瓦
Loysel 洛伊塞尔
Lucca 卢卡

M

Mauriacus 莫里亚古斯
Maurice, St. 莫里斯，圣
Maurus 莫罗斯
Maximien 马克西米安
Maximus 马克西穆斯
Mayence 梅因兹
Mayenne 马耶纳
Mayeul 马耶尔
Meaux 莫城
Médard, St. 梅达尔，圣
Mede 米底人
Medea 美狄亚
Meen I. 米恩一世
Melaine 梅莱纳
Melchiades 曼尔希阿德
Mihiel, St. 米希尔，圣
Michael, St. 米哈伊尔，圣
Mehun-sur-Loire 卢瓦尔河畔梅亨
Meiners 梅内尔斯
Mela 梅拉
Meletius 梅勒蒂乌斯
Meleusippius 梅留西庇乌斯
Melgueil 梅尔盖尔
Melun 默伦
Menphis 孟斐斯
Mentana 门塔纳
Mercier 梅西埃
Mercoeur 梅尔克尔
Mercury Trismegistus 墨丘利·特里斯麦杰斯都斯
Merovingiens 墨洛温王朝
Merrheim 梅兰
Messire Geoffrey 梅西耶·杰弗里
Messire Simon 梅西耶·西蒙
Metz 梅斯
Meulent 默伦特
Meuse 默兹河
Meyer 迈耶
Mier 米耶尔
Michel 米歇尔
Michelet 米什莱
Milan 米兰
Milevum 米利文
Millebourg 米莱布尔格
Millerand 米勒朗
Mingrelia 明格列尔
Modestin 莫德斯坦
Molay 莫莱
Moesia 莫西亚
Mohicans 莫希干人
Moise 穆瓦兹
Moliens, John de 莫利昂，约翰·德
Moncontour 蒙孔图尔
Monet 莫内
Monophysites 基督-性论派
Monothelites 基督-志论派
Mons 蒙斯
Montaigne 蒙田
Mont Cassino 卡西诺山
Monteil 蒙泰尔
Montesquieu 孟德斯鸠
Montalembert 蒙塔朗贝尔
Montbéliard 蒙贝利亚尔
Montereau 蒙特罗
Montfort 蒙福尔
Montmorency 蒙莫朗西
Montpelier 蒙彼利埃
Montreuil 蒙特勒伊
Montmartre 蒙玛特尔
Montmaurin 蒙莫兰
Moor 摩尔人
Morreau 莫罗

N

O

Orange 奥朗日
Oran 奥兰
Orbais 奥尔培
Orches 奥尔恰
Orderic Vital 奥尔德里克・维塔尔
Origen 奥里金
Orleans 奥尔良
Orosius 奥罗修斯
Orsini 奥尔西尼
Ostrogoths 东哥特人
Ostun 奥斯顿
Otfried de Weissembourg (魏森堡的)奥特弗里德
Otger 奥特格
Otho the Great 奥托大帝
Othon William 奥托・威廉
Oudinot 乌迪诺
Ouen,St. 乌昂,圣
Oustric 乌斯特里克
Ouvrard 乌弗拉尔
Ovon 奥冯

P

Pachomius 帕科米乌斯,圣
Paderborn 帕德博恩
Paeonia 培奥尼亚
Palatine 帕拉丁
Pallarie 巴拉里
Paleologue 帕莱奥洛格
Palissy 帕利西
Palladius 帕拉第乌斯
Pamiers 帕米埃
Pampelune 庞普吕纳
Pams 庞斯
Pancirolc 潘西罗尔
Paoli 保利
Papin 帕潘
Papinianus 帕皮尼安努斯
Parentis 帕朗蒂
Parme 帕尔马
Parny 帕尔尼
Pascal 帕斯卡尔
Paschal 帕斯加尔
Paschase Radbirt 巴夏斯・拉德贝尔特
Passau 帕绍
Patient 佩兴特
Patroclus 帕特罗克勒斯
Patterson,Robert 帕特森,罗伯特
Parthians 安息人
Paul 保尔
Paulin,St. 保林,圣
Pavia 帕维亚
Paulinianus 保利尼阿努斯
Paulinus 保罗
Pausanias 保萨尼阿斯
Pelagianism 贝拉基教义
Pelagius 贝拉基
Pelagians 贝拉基派
Pechiney 佩西内
Pepin le Bref 矮子丕平
Pennine Alps 彭尼阿尔卑斯山
Pedroncini 佩德龙契尼
Peguy 佩居伊
Perche 佩尔什
Perigord 佩里戈尔
Perigueux 佩里格
Peronne 佩罗纳
Perpétus 珀佩图斯
Perpignan 佩皮尼昂
Persigny 佩尔西尼
Petion 佩蒂翁

Petrarque 彼特拉克
Petreius 彼特雷乌斯
Pharamond 法拉蒙德
Philimathius 菲利马修斯
Philippe-de-Valois 菲利普·德·瓦卢瓦
Philippe le Hardi 勇夫菲利普
Phoroneus 福洛纽斯
Phrygia 弗里齐
Picardy 皮卡迪
Pierre de Fontaine 皮埃尔·德·封丹
Pigalle 皮加尔
Pignerol 皮涅罗尔
Pillnitz 皮尔尼茨
Pinay 比内
Pissarro 皮萨罗
Pison 皮松
Pistes 皮斯特
Pitres 皮特尔
Plato 柏拉图
Placidus,St. 普拉西杜斯,圣
Planck 普朗克
Pliny 普里尼
Plutarch 普卢塔克
Poissy 普瓦西
Poitiers 普瓦捷
Poitou 普瓦图
Polignac 波利尼亚克
Polyaenus 波利艾努斯
Polybius(Polybe) 波利比乌斯
Pomerius 波美里乌斯
Pompey 庞培
Pomponius Mela 蓬波尼乌斯·梅拉
Pont Audemer 奥德梅尔桥
Pontoise 蓬图瓦兹
Ponthieu 蓬蒂安
Pontion 蓬蒂翁
Pontus 本都
Ponticos 蓬蒂科斯
Pontvallain 蓬瓦兰
Portal 波塔尔
Postumus 波斯图穆斯
Pothin 波坦
Presbourg 普莱斯堡
Pretextat 普雷特克斯塔特
Priam 普里阿摩
Primutus 普利姆多斯
Priscillianists 普里西利安派
Prosper,St. 普罗斯珀,圣
Provence 普罗旺斯
Prudentius,St. 普鲁登蒂乌斯,圣
Provins 普罗万
Ptolemy 托勒密
Puiseaux 普瓦梭
Pyrenées 比利牛斯山

Q

Quebec 魁北克
Qurcy 凯尔西

R

Raban Maur 拉邦-莫尔
Radbirt 拉德贝尔特
Radegonde,St. 拉德贡德,圣
Ragnachrius 拉尼亚卡里乌斯
Raguse 拉古萨
Ranc 朗克
Raspail 拉斯帕伊
Ravaillac 拉伐亚克
Raoul I 拉乌尔一世

Ratiaria 拉蒂阿里亚
Ratisbonné 拉蒂斯蓬内
Ratramne 拉特拉姆
Ravenna 拉韦纳
Raymond III. 雷蒙三世
Raynouard 雷努阿尔
Regniel 雷尼尔
Reims 兰斯
Remi,St. 勒米,圣
Remois 雷莫瓦
Rémy 雷米
Renaud de Nanteuil 雷诺·德·南特伊
Rethel 雷特尔
Rennes 雷恩
Renoir 勒努瓦
Retz 雷兹
Reucy 留西
Reuss 罗伊斯
Rheims 莱姆斯
Rhodez 洛德茨
Rhine 莱茵河
Rhone 罗纳河
Rhotade 罗塔德
Richard-sans-Peur 无畏者理查
Richtrude 里奇特鲁德
Richemont 里什蒙
Riculf 里库尔夫
Riez 里兹
Rigault 里戈
Rigbod 里格博德
Riom 里奥姆
Ripuarian 里普利亚人
Riquieri,St. 里奎里,圣
Robertson 罗伯逊
Roger I. 罗杰一世
Rogge 罗格
Rochambeau 罗尚博
Rochefort 罗什福尔
Rocroi 罗克罗瓦
Rollo 罗洛
Roget 罗热
Romanus 罗曼努斯
Romier 罗米埃
Rome,St. 罗马,圣
Romilius Vaticanus
罗米利乌斯·瓦提卡努斯
Romulus 罗慕路斯
Rothade 罗泰德
Rotrude 罗特鲁德
Rouen 鲁昂
Rouergue 鲁埃格
Rouher 鲁埃
Rousseau 卢梭
Roussillon 鲁西永
Rouvier 鲁维埃
Roye 鲁瓦耶
Rupert Willibald 鲁佩特·威利鲍尔德
Rusticulus,St. 鲁斯蒂戈勒斯,圣
Rutilius Numatianus
鲁棉利乌斯·纳马提安努斯
Rymer 赖默

S

Saba 赛伯伊
Sablonieres 沙勃洛尼埃尔
Saint Jean d'Angély 圣·让·唐吉莱
Saintes 桑特
Saintonge 圣通日
Saint-Quentin 圣康坦
Sale 萨尔
Salic 萨利克

Salius 萨利乌斯
Salona 萨洛纳
Salonique 萨洛尼卡
Salvaing 萨尔韦央
Salvienus 萨尔维努斯
Salzbach 萨尔兹巴赫
Samory 萨莫里
Sancerrois 桑塞鲁瓦
Sanche Mittarra II. 桑切密塔拉二世
San Marco 圣马可
Santerre 桑泰尔
Saône 桑恩河
Saracens 萨拉森人
Saragossa 萨拉戈萨
Sardica 萨迪加
Sardis 萨尔台斯
Sarre 萨尔
Sarrebruck 萨尔布吕肯
Sarrelouis 萨尔路易
Sarthe 萨尔特
Saturnin 萨图尔宁
Savigny 萨维尼
Savoy 萨沃伊
Scabini 斯卡皮尼
Scharnhorst 沙恩霍斯特
Scheldt 斯海尔德河
Schoen 舍恩
Scott, Waltter 司各脱，沃尔特
Scythia 西徐亚
Seans 塞昂斯
Seine 塞纳河
Sénach, St. 塞诺，圣
Senghor 桑戈尔
Senlis 桑利斯
Sens 桑斯
Septimania 塞蒂马尼亚
Septines 塞普坦
Sergius 塞尔吉乌斯
Servian 塞尔维安
Sestius Vaticanus
塞斯提乌斯·瓦提卡努斯
Severus 塞维鲁
Seville 塞维利亚
Shangallas 上加拉人
Sicumbria 西坎勃里亚
Sidonius Apollinarius
西多尼乌斯·阿坡利纳里乌斯
Siegfried 齐格非
Sigebert-Claude 西吉伯特·克劳德
Sigismond 西吉斯蒙德
Silesie 西里西亚
Silvestre, St. 西尔韦斯特，圣
Simapo 锡马坡
Siméon de'Antioche
安提阿的圣·西美翁
Simon 西蒙
Simonneau 西莫诺
Simplicius 辛普利西乌斯
Siricius, St. 西利修斯，圣
Sirmium 西尔米乌姆
Sirmond 西尔蒙
Sisinnius 西辛尼乌斯
Sisley 西斯莱
Sismondi 西斯蒙第
Sisteron 锡斯特龙
Sligestadt 斯里吉斯塔特
Smarade 斯马雷德
Soissonnais 苏瓦松奈
Soissons 苏瓦松
Soleil 索莱伊
Solius 索利乌斯
Solomon 所罗门

Solon　梭伦
Sommiers　索米耶尔
Sophocles　索福克勒斯
Soubise　苏比兹
Sourcy　苏尔塞
Speusippius　斯珀西庇乌斯
Spoleto　斯波莱托
Stein　斯泰因
Stephen II.　斯提反二世
Stephen Boileau　斯蒂芬·布瓦洛
Strabo　斯特拉波
Strasburg　斯特拉斯堡
Subiaco　苏比亚科
Suebi　斯维比人
Suinifred　绥尼弗雷德
Suger　絮热
Sulpicius, St.　苏尔比西乌斯，圣
Sulpicius Camerinus
苏尔比西乌斯·卡梅里努斯
Sulpicius Severus
苏尔比西乌斯·塞维卢斯
Swabian　士瓦本人
Syagrius　西阿格里乌斯
Symphosius　西姆福修斯

T

Tacitus, Cornelius　塔西佗，科内利乌斯
Tacitus, Marcus Claudius
塔西佗，马库斯·克劳狄
Taillefer, William　泰弗，威廉
Tarragona　塔拉戈纳
Tassilon　塔西龙
Tennemann　坦尼曼
Teutons　条顿人
Terence　泰伦提乌斯
Tertullian　特土良
Tertullus　特尔图勒斯
Testry　泰斯特里
Thebaid　底比斯地区
Thebrade　提布雷德
Thegan　戴冈
Theodobat　狄奥德巴特
Theodahat　狄奥达哈特
Theodebert　狄奥德贝尔
Theodoric　狄奥多里克
Theodose　狄奥多西
Theodosius II.　狄奥多西二世
Theophilus　狄奥菲卢斯
Thessalonica　提萨洛尼卡
Thibault　蒂鲍
Thierry, Augustin　奥古斯丁·梯也里
Thiers　梯也尔
Thionville　蒂永维尔
Thrace　色雷斯
Thivrier　蒂弗里埃
Thuringian　图林根人
Timothée V.S.Conte　提摩太子爵
Tite-Live　蒂特-利弗
Tilsit　提尔西特
Tolbiac　托尔比阿克
Toledo　托莱多
Tonance Ferréol　托南斯·费雷尔
Toscane　托斯卡纳
Toul　图勒
Toulon　土伦
Toulouse　图卢兹
Touraine　图赖讷
Tournefeuille　图尔纳弗伊
Tours　图尔
Tournay　图尔奈
Tournus　图尔纳斯

Treny 特兰尼
Trente 特兰托
Trentino 特兰提诺
Trier(Treves) 特里尔
Treviso 特雷维索
Tribur 特里布尔
Troli 特洛利
Trosley 特洛斯雷
Troyes 特鲁瓦
Tullius,Julius 尤利乌斯·图利乌斯
Turenne 蒂雷纳
Turin 都灵
Turkmans 突厥人
Turpin 图尔宾
Tyrhenia 第勒尼亚

U

Ulm 乌尔姆
Ulrich 乌尔里希
Ulpian 乌尔比安
Ulster 阿尔斯特
Ulban I.,St. 乌尔班一世,圣
Ulbicus 乌尔比古斯
Urgel 乌尔盖尔
Ursulus 乌尔苏勒斯
Ursinus 乌尔西努斯
Utrecht 乌得勒支

V

Vaisly 韦斯利
Vaison 韦松
Valais 瓦莱
Valance 瓦朗斯
Valancia 巴伦西亚
Valanciennes 瓦朗谢讷
Valentinian 瓦伦提尼安
Valerius 瓦勒里乌斯
Valery,St. 瓦莱里,圣
Valois 瓦卢瓦
Vandales 汪达尔人
Vandrille,St. 范德里尔,圣
Vannes 瓦讷
Varlet 瓦尔莱
Varlin 瓦尔兰
Vedras 韦德拉什
Vendée 旺代
Vendome 旺多姆
Vendres 旺德雷
Verberie 凡尔勃利
Verceil 韦尔切利
Vercingetorix 韦辛杰托里克斯
Verdun 凡尔登
Verman 维尔曼
Vermandois 韦芒杜瓦
Vermerie 韦尔梅里
Verneuil 维尔纳叶
Verona 维罗纳
Verres 威勒斯
Versailles 凡尔赛
Verviers 韦尔维耶
Vervins 韦尔万
Vesalius 维萨里乌斯
Vettius Epagatus
维蒂乌斯·伊巴盖都斯
Veturius Cicurinus
维图里乌斯·西库里努斯
Vexin 韦克辛
Vézelay 韦兹莱
Vicovaro 维科瓦罗

Victor, St.　维克托，圣
Viennes　维也纳
Viennoise　维央诺瓦兹
Vigilance　维吉朗斯
Vigny　维尼
Villars　维拉尔
Villèle　维莱尔
Villeneuve-le-Roi　鲁瓦新城
Viminacium　维米那西姆
Virgile　维吉尔
Visigoth　西哥特人
Vistule　维斯杜拉河
Vitruve　维特鲁韦
Vitry　维特里
Vivarais　维瓦雷
Voissines　瓦西纳
Volney　沃尔内
Volusianus　沃吕西阿努斯
Vosges　孚日
Vospicus　沃斯皮克斯
Vulfoleud　伏尔福栾德

W

Wala　瓦拉
Wandregisilus, St.　旺德雷吉西勒斯，圣
Walfrid Strabo　瓦尔弗里德·斯特拉波
Wallon　瓦隆
Warnacher　华尔纳奇尔
Wattignies　瓦蒂尼
Weissemburg　维桑堡
Wenilon　维尼隆
Wermerie　凡尔梅里
Weser　威悉河
Wiarda　维阿达
Wilfred　威尔弗雷德
Wilhelm　威廉
Willibrod　威利布罗德
Wietzes　威尔兹人
Winfried　温弗雷德
Witikind　维蒂肯德
Witan　贤人会议
Wolfenbuttel　沃尔芬比特尔
Worms　沃尔姆斯
Wulfad　伍尔法德
Wulfilaich　伍尔菲莱克
Würtzburg　维尔茨堡

Y

Ypres　伊普雷
Yssel　伊萨尔河
Yssoire　伊苏瓦尔
Yves　伊夫斯

Z

Zachary　扎迦利
Zachée　扎奇
Zacheus　扎切乌斯
Zephyr　泽菲尔
Zercho　泽尔乔
Zosimus　佐西穆斯
Zurich　苏黎世

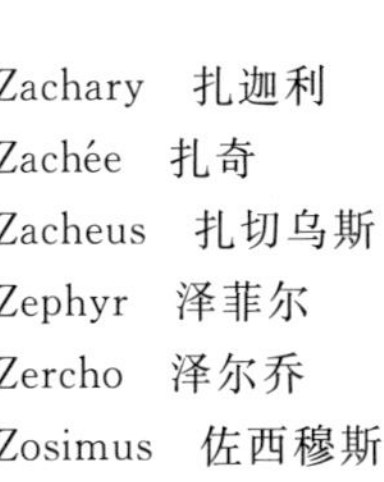

图书在版编目(CIP)数据

法国文明史:自罗马帝国败落起.第4卷/(法)基佐著;沉芷,伊信译.—北京:商务印书馆,2017
(汉译世界学术名著丛书:120年纪念版:珍藏本)
ISBN 978-7-100-14287-8

Ⅰ.①法… Ⅱ.①基… ②沉… ③伊… Ⅲ.①文化史—法国 Ⅳ.①K565.03

中国版本图书馆CIP数据核字(2017)第139437号

汉译世界学术名著丛书
(120年纪念版·珍藏本)
法国文明史
——自罗马帝国败落起
(第四卷)
〔法〕基佐 著
沉芷 伊信 译

商 务 印 书 馆 出 版
(北京王府井大街36号 邮政编码100710)
商 务 印 书 馆 发 行
北京通州皇家印刷厂印刷
ISBN 978-7-100-14287-8

2017年12月第1版　开本710×1000 1/16
2017年12月北京第1次印刷　印张24¾
定价:120.00元